北大史学博士揭秘明朝太监秘史

大明那些九千岁

叁 大太监衰亡记

胡丹 著

陕西新华出版传媒集团
太白文艺出版社

图书在版编目（CIP）数据

大明那些九千岁：北大史学博士揭秘明朝太监秘史 / 胡丹著. — 西安 ：太白文艺出版社，2018.1

ISBN 978-7-5513-1346-9

Ⅰ. ①大… Ⅱ. ①胡… Ⅲ. ①宦官—列传—中国—明代 Ⅳ. ①K827=48

中国版本图书馆CIP数据核字（2017）第289052号

大明那些九千岁：北大史学博士揭秘明朝太监秘史·叁

DAMING NA XIE JIUQIANSUI：BEIDA SHIXUE BOSHI JIEMI MINGCHAO TAIJIAN MISHI ·SAN

作　者	胡　丹
责任编辑	王婧姝
封面设计	张洪海
版式设计	新纪元文化传播
出版发行	陕西新华出版传媒集团
	太 白 文 艺 出 版 社（西安北大街147号 710003）
	太白文艺出版社发行：029-87277748
经　销	新华书店
印　刷	西安市建明工贸有限责任公司
开　本	880mm×1230mm　1/32
字　数	300千字
印　张	10
版　次	2018年1月第1版 第1次印刷
书　号	ISBN 978-7-5513-1346-9
定　价	29.80元

前言

一

“明宫揭秘”系列一共三部，依次为《大明王朝家里事儿》《大明后宫有战事》和《大明那些九千岁》。前两部都只一本，唯第三部分为三本，分别是《大太监是怎样炼成的》《大太监斗法》和您手头这本《大太监衰亡记》。可见关于明代宦官的话题，是非常多的，而我还只是择要写了写大太监。

这一系列始于2013年在天涯论坛上连载的《明宫闹鬼》，从2014年10月第一部出版，到今年最后一本问世，其间已历三年！三部皆有幸由陕西太白文艺出版社出版。还因太白文艺出版社牵线搭桥，前两部的繁体字版，分别由台湾的大旗出版社和远流出版公司在台湾地区出版发行，韩国版则还在漫漫翻译之路上。

三年，发生好多事啊！有国家兴起，攻城伐地，各方大战，倏忽间又败了……这都是世界大事，对我来说，铭刻在这“三尺”时光之柱上的，就是这几本书。“明宫揭秘”系列三部，总字数达到了120万，明宫史，明代宦官史，于此皆尽，真可称“蔚然大观”了。

在这里，我要感谢太白文艺出版社以及本书责编王婧姝小姐，当然还有喜欢本书的广大读者，由书做“媒”，我与许多读者结识，有的还成了很好的朋友。

感恩！祝福！

二

这个系列都是围绕“明宫”展开的，三部侧重不同：《大明王朝家里事儿》以这家的男主人，也就是大明历代皇帝为序，挨着个儿地讲述大明的家事；《大明后宫有战事》仍然依朝代为序，历数这家的女人——后妃们的秘闻故事；第三部《大明那些九千岁》则以明皇室的大管家——大太监们为中心，讲述了一个大太监视角的明代史。

“九千岁”三本书，分别为明代的前期（开国到英宗土木之变）、中期（景泰到正德）和晚期（嘉靖到明亡）。原先拟名为“明朝100太监秘史”，在网上发了一部分。我对写出100个大太监是很有自信的，不写出至少100个大太监，岂敢妄称明代宦官史？我们熟悉的太监如郑和、王振、汪直、刘瑾、魏忠贤，或《明史·宦官传》所载的那十几名太监，是无法完整代表整个明代宦官阶层的状况的。

三本书写完了，有没有100个？我没有细数，但在每卷的开头，我都列出了“本卷关键人物（即本卷要写的大太监）”，三本书，每本四卷，每卷起码10个关键人物，肯定是超过100了。这还是有故事的大太监，还有不少大太监，因为没有细讲其事迹，书中即便提到，也不会就把他作为“关键人物”。比如郑和，我就没有把他列入第一卷的关键人物，因为本书基本没讲他的故事。

三

郑和，这么重要的太监，为何不讲？是否为大遗漏？

这就涉及到全书的材料取舍与安排的问题了。我的原则是，大家熟知的不讲或少讲。不讲郑和，主要是因为读者对他太熟悉了，而且他“下番”的事迹自有“下西洋学”研究，不在“宦官学”的范畴，故此，我将郑和这位著名的大太监放下了。相反，那些与他同时、地位与之比肩、而读者多不熟悉的大太监，我就细讲了不少（见本系列第一本）。

再比如，刘瑾是大家非常熟悉的“权阉”，我讲得就比较粗，而对与刘瑾同在“八虎”之列的张永，了解他的人不多，他的地位又确实十分重要，我讲得就多而且细，并且在第二本（正德朝）、第三本（嘉靖初）都占了一定内容。

讲史，总无法避免“人云亦云”，人家讲过的重复再讲，但简单重复是毫无价值的，必须在写时找到新角度、新方法和新材料，这就是学术研究所谓的“三新”。本书写明史，在利用材料时，便以此“三新”为旨归。

《大明那些九千岁》是一代宦官的通俗史记。从学术的角度研究明代宦官，我已经完成了《明代宦官制度研究》一书，该书有幸获得2016年度国家社科基金后期资助，已由浙江大学出版社出版(2017年)。该书研究明代宦官，旨在奠定一代之制的大框架，议论有规范，缕述有条例，相对来说，建立纲目不难。而《大明那些九千岁》是一部要写得有趣好看的“故事书”，每个故事以一两位大太监为主角，如何将这些故事串起来，线索不断，衔接自然，文气畅通，却不是件简单的事。毕竟，这不是一部大太监的故事集，我讲大太监的故事，更力图从大太监的视角写一部新的明代史，故此应该有内在的发展逻辑。

为此，我首先确定，按“明宫揭秘”系列的定例，以时代为序，一代接一代地讲，令每一代宦官制度的变迁、宦官势力的消长及其原因，绵绵而来，一目了然。

其次，我所选择的大太监，必须与时政、时局紧密相关，不是独立地讲太监的故事，而是就大政争和朝廷大案，讲太监的言动，讲他们在其中发挥的作用。正是这些大案体现了一代政治的特点，一系列政争推动着明代史的发展，当我把大太监们放到里面去讲时，线索自然串联起来，一部“大太监视角的明代政治史”也就顺流而下，应运而生。

这种尝试是前人没有做过的，我之所以能够熟练地驾驭这个题材，对太监的史事拈之自如，与我多年来专攻宦官这个选题、具有深厚的学术积累是密不可分的。可以说，《大明那些九千岁》与我撰写的学术著作《明代宦官史料长编》《明代宦官制度研究》，形成了一个“专”与“通”的搭配，后者是学术，具有专的特性，前者是普及读物，面向喜欢明史、宦官史、制度史的读者，具有通的性质。

事实上，欲用三本书、60余万字的规模，讲清有明一代的宦官史，还是很显局促的——一个侧面证明是，作为学术专著的《明代宦官制度研究》一书，就有46万字。为了有效控制篇幅，使行文精简，戒臃肿之弊，我不得不舍弃许多材料，这就像裁缝制衣，总要产生大量的“边角废料”的。然而这些料，都是有用的，只是不可硬行填入一本书里而已。

如果朋友们看过某位大太监的故事，觉得意犹未尽，或尚有疑惑，想了解更多的情况，不妨在我的微信公众号（皇帝不称朕，hdshuoshi）点题提问，那些“边料”也许就能发挥作用了，正好连缀成一件件短小的新衣（历史短文），奉献给大家。

最后祝大家好运，咱们在下一部作品里见！

胡丹

目录

第一卷

隐形的权阉

本卷关键人物：云奇、刚铁、魏彬、张永、谷大用、张锐、张忠、张佐、黄锦、鲍忠、麦福、高忠

第一章　忠义宦官，拼死救驾

传说，在洪武十三年（1380年），明太祖朱元璋经历了一次极为凶险的刺杀事件，多亏一名义士拼死相救，才得以避险趋吉。

事情的经过记在嘉靖四年（1525年）——已经是一百四十五年之后的一通墓碑上。

这通名为《赠司礼监太监云公奇墓志铭》碑的主人，便是那位奋不顾身、救主上于危难的义士云奇。他不是什么江湖大侠或忠臣烈士，只是看守紫禁城西门西华门的一名内使。

内使官不大，算是宦官中的基层干部。司礼太监不是云奇本来的官职，而是他的赠官。所谓“赠官”，是人死后追认的官。

云奇生任内使，死赠太监，司礼太监这官，是他拼出性命换来的。

当时丞相的居所离门很近，就在西华门外百余步的地方。这位丞相怀

有不臣之心，然而他的相府离宫门那么近，有任何异动，总逃不过云奇的眼睛。

云奇眼里不揉沙子，他知道丞相早晚要搞动作，就在兔子洞旁蹲守：你啥时候出洞，我啥时候放鹰！

这天，相府忽然报喜，说府中井里涌出了醴泉。

醴泉又称甘泉，是好东西，宛如仙露，常饮可治痼疾久病，增人之寿。《礼记》上说，“天降甘露，地出醴泉”，都是王朝昌盛之兆。

大明建国不过十余年，突然上天赐惠，降下和美的嘉泉，而且不生于田野，乃奔涌于京城相府之井，当然是一件令人欢欣鼓舞的大好事。朱元璋闻奏大喜，当即命驾西来，要亲自入府验看。

相府内张灯结彩，大排筵宴，恭候圣驾光临。

然而听着相府那边鼓乐沸天，云奇心中甚是不安。他晓得，相府宴无好宴，那排的，定是鸿门宴——丞相欲借醴泉诱引皇上入府，他要发动大明版的“甘露之变”哪！

云奇满心焦急，怎奈他官太小，没法进谏当面给皇上发警报，正在踌躇，忽听东边銮铃声响，万岁爷的车驾从宫城那边不紧不慢地过来了。

他急得直跳脚。

朱元璋骑在马上，头戴翼善冠，身穿黄金袍，精光四射，盈盈带笑，大批侍卫围护在身前马后。所过之处，大小臣工纷纷避让，伏在御道两边叩头。眼看就要进西华门洞子了，人群中忽地跃出一人，急插入队伍，向圣驾扑来。此人来得好快，影子一闪，护驾勇士还不及反应，已被他突至马前，伸手就把马衔环抓住了。

銮驾队伍顿时大乱，有人大呼道：“有刺客！”

朱元璋吃惊不小，低头看时，见此人身着宦官巾服，面露张皇之色，双手紧揪马衔，口中喋喋叨叨，却不知在说些什么。朱元璋好奇，正待俯身下问，不料两旁护驾勇士紧拥上来，刀剑高飞，挝锤齐落，已将此人砍翻在地。奇怪的是，这内使满身血污地躺在地上，不顾身受重伤，依然努力地抬起折断的手臂，向西华门外指去。

朱元璋略有所悟，便不再前行，弃马登上西华门城楼，往相府方向眺望。只见相府屏风帷幕之后，身穿重甲、手持利刃的壮士，伏了一层又一层，杀气升腾，直贯云天。朱元璋大惊，急命返驾，回到棕殿，马上下诏捕拿丞相，从而挫败了一起十分惊险的政变阴谋。

待逆党平定，想起那舍命报警的内使，派人去召他时，不想救驾忠臣早已气绝身亡。

朱元璋哀悼云奇死于忠义，遂"赠"他为某监左少监，在南京太平门外钟山西麓赐葬地一块，官府营葬，春秋祭祀，额设差役六名，负责云奇墓的岁时洒扫。

据说这是云奇墓的缘起。

正德十五年（1520 年），南京守备司礼监太监黄伟、高隆、芮景贤等重修了云墓的享堂和亭台，事后请南京兵部尚书乔宇撰写了堂记。

又过了五年，新任守备太监王堂在前往巡视孝陵（朱元璋陵）垣墙时，途经云奇墓，听说了云奇的忠义故事，于是与太监高隆、秦文等一起上疏，为云奇请到了司礼监太监的赠官。朝廷还专门派人前来致祭，同时由南京内官监对墓区重要建筑进行了全面修葺。

工程结束后，在茔域内树碑一通，这就是嘉靖四年（1525 年）由何孟春撰写的云奇墓志铭。

何孟春原任吏部左侍郎，因参与嘉靖初年"大议礼"中的"哭门"事件，被贬到南京任工部侍郎的闲职。他对云奇的事迹并不太了解，但在听了高隆、王堂等人的介绍后，写下了这篇墓铭。

后人作文，无非夸云奇忠义，以"感励天下后世臣子"。至于那位府邸在西华门外的谋逆丞相是谁，高、王两位太监则未明言。何孟春乘兴发挥了一点考证功夫，他说，洪武时，有胡（惟庸）、蓝（玉）二党，胡之不轨在洪武十三年（1380 年），蓝在二十六年（1393 年），胡被诛后，太祖下诏不再设丞相，事在蓝案前十四年。故他断定，那位"丞相"，一定是大明最后一位丞相胡惟庸。

何孟春所记云奇事，不见于之前的史籍，诚可“补旧碑之缺”。南京云奇墓也不知其确切的修建年代。虽然云奇的故事，很容易将那位因设“醴泉计”而伏诛的丞相指向胡惟庸，但何孟春的考证未免太过简单。他说“备他日史官之考证”，后来果然有一位史官接手做了些考证，不料“大家”一出手，差点把云奇“考”没了。

王世贞是明末的掌故大家，也是第一位系统研究明朝宦官的史家，他手辑的《中官考》，是第一部明代宦官史料的专题汇编。王世贞听说云奇的故事后，感到好奇，为什么在明初“胡案”中发挥了如此重要作用的一个人，在正史和档案中没有一个字的记载呢？

王世贞利用在南京做官的便利，亲自到西华门等处走访。实地验证的结果是，胡惟庸不可能将府邸建在西华门外，即使相府在此，由于西华门城台甚矮，从那里也无法看到相府内伏兵的情形。“云奇救驾”的故事虽然活灵活现，却绝不可信（见王世贞《旧丞相府志》，《弇州续稿》卷一百四十一）。

朱元璋杀胡惟庸、兴胡党大案、裁废中书省、终结宰相制度，绝非一次失败的刺杀阴谋引发的连锁反应，而是一系列复杂的政治进程的必然结果；云奇的故事，就像许多类似的故事和传奇一样，不过为宏大的历史事件提供了一个形象化的简易版本而已。

王世贞的考证比何孟春进了一步，而我们又当比王世贞更进一步，除了辨析云奇救驾故事的真伪，还要探讨是什么人、出于什么目的，虚构出一个名叫云奇的忠义宦官形象出来。

事实上，当“云奇”在南京声名鹊起时，北京也出现了一个忠义太监形象，此人名叫刚铁，他的名气更大、影响更为深远。

第二章　宦官捧出一位“祖师爷”

中华人民共和国建立初，北京筹建烈士公墓，选址在京西的八宝山。那里原有一座褒忠护国寺，当时还住着一些前清的太监，俗称“太监庙”。

这座古寺已有几百年的历史了，据说开山始祖是明朝永乐年间的大太监刚铁。刚铁死后葬在这里，此后以他的墓为中心，不断增修扩建，形成一个名为“黑山会”的宦官祭祀中心，成为明清两代太监的祖庭。

刚太监名气非常大，可是一查国史实录，却扑了个空。原来，刚铁跟云奇一样，在明代正史里没有一个字的记载。

刚铁之名，最早见于黑山会一通年代不详的墓碑，题为“洪武年开国元勋正承奉刚铁之墓”。

十四个字，信息不少。首先，墓主人姓刚名铁；其次，他是“开国元勋”；第三，官居“正承奉”，而承奉是宦官之官。

应该说，只有追随太祖朱元璋打过天下的人，才有资格称开国元勋。看起来，刚铁来头不小。可懂行的人马上就能发现，墓碑不对！

一般来说，墓碑上刻的应是墓主人最后的官职。这位叫刚铁的宦官，作为“开国元勋”，官却不大，他最后所任的“正承奉”，不过是个王府官。

朱元璋在洪武三年（1370 年）封诸子为王，王府设立专门的宦官机构“承奉司”，有承奉正一人，正六品，副二人，正七品。与之相比，王相府的左、右相，品级高达正二品，文、武傅，也达从二品。① 宦官的品级是很低的。刚铁以六品低秩，妄称“开国元勋”，恐怕有点托大吧？

【宦官小词典】明代宦官，可分为“内府、东宫和天下藩府（王府）”三大类。内府宦官指两京二十四衙门宦官。东宫宦官包括典玺、典药、典膳、典服、典兵、典乘等六局，其中最重要的是典玺局。王府宦官以承奉司为首，下设典宝、典膳、典服三所。在这三大类里，东宫官不常设（须立有太子），而王府宦官地位最低。

万历、天启年间的太监刘若愚，曾去黑山会拜谒，看到刚铁墓坟冢较大，左右各列石鼓四对，依次渐矮，形如坐凳，四周松林茂盛，其为古迹无疑。

---

① 王府左右相、文武傅，后来皆裁废，改设长史司。

坟前树立石碑两块，其中一块年代“差古”，刻“燕府承奉正刚公讳铁之墓”。另一块稍新而较大，刻“赠司礼太监刚铁之墓”（刘若愚著《酌中志》卷二十二《见闻琐事杂记》）。

我怀疑刘若愚所见“燕府承奉正刚公讳铁之墓碑”，就是前面那通“洪武年开国元勋正承奉刚铁之墓碑”。

据刘若愚考察，黑山会褒忠寺藏有刚铁遗像三轴，“京县”宛平县还有专门的祭祀，皆称刚铁为“靖难时有功之太监”。对于刚铁的事迹，虽然说不太清楚，但多肯定他是随成祖朱棣起兵靖难的宦官。很可能刘若愚在记述所见碑文时，随手加上“燕府”二字，而去掉了不可信的“开国元勋”。

“燕府”是朱元璋第四子燕王朱棣在北平（今北京）的府邸。刚铁如果真的担任过“燕府承奉正”，那他就是朱棣潜邸宦官的总头目。

我检阅史料，见明廷在封王三年后（洪武六年七月）任命了一批王府宦官：以金丽渊为秦府承奉正，李清为副，刘寿、吴祥、刘旺、潘亨为晋、燕、楚、靖江府承奉副。这是明实录里任用王府宦官的唯一记录，其中唯秦府配齐了承奉正、副，他府皆有副无正，燕府承奉副为吴祥，并无刚铁其人。

当时皇子们都还小，且刚刚封王，府邸都没建好，除了长子秦府，其他王府官员配置不全，也是可以理解的。如燕王朱棣，直到洪武十三年（1380年）才“之国”，那已是七年后的事情了。

黑山会明代碑刻，以嘉靖以后者居多，一些碑文均提到刚铁有“靖难犁庭等功”。

“靖难”与“犁庭”是两件事，前者指从建文元年七月开始的、长达三年的“靖难之役”（1399 年～1402 年），后者指永乐中朱棣多次发动的针对漠北蒙古部落的讨伐战争。

如果刚铁既为“开国元勋”，又预“靖难犁庭”之功，那他简直就是明初第一流的大功臣！如此劳苦功高，不封公也应封侯。可这样的牛人，却默默无闻，在正史里连一个字都没挣到，岂非头等冤案？

如果刚铁参加了“犁庭”等军事活动，则必然活到永乐八年（1410 年）以后（朱棣在本年首次亲征）。此时朱棣称帝已久，他潜邸的宦官个个发达，纷纷做了太监，刚铁作为燕府宦官的头子，岂能终官于“正承奉”？

可以说，后世修刚铁坟时所勒碑文，对其“开国元勋”“靖难功臣”等身份的追述，都是值得怀疑的。

从“正承奉”到“司礼太监”，刚铁在死后升官了。

他大概是在弘治中做到司礼太监的，在弘治八年（1495 年）的《重修黑山会坟茔碑》中，第一次出现“永乐年间开国元勋、司礼监太监刚公铁”的说法。

虽然早在弘治年间，刚铁就已经以国初著名太监的身份出现在碑刻里，并成为备受宦官推崇的一位前辈，可是他的事迹却非常模糊，让人搞不清这位“永乐年间（的）开国元勋”是怎么回事。

刚铁的事迹，是什么时候丰富起来的呢？是在嘉靖年间，与云奇忠义形象的“典型化”约为同一时期而稍晚。

在嘉靖十年（1531 年）的《重修皇明故司礼监太监刚公铁墓记》中，刚铁的事迹首次形成了完整的链条。碑文记述了刚铁出身交趾，洪武时“参侍帷幄”，从太祖征伐，后封燕府承奉，追随朱棣起兵靖难、征漠北，最后仕至司礼监太监的经历。

刚铁的“形象塑造”并未就此止步，以后还在继续“创作”。

万历元年（1573 年）由吏部尚书杨博所撰《重修黑山会司礼监太监刚公护国寺碑记》中，又增加了刚铁在靖难之役中“亲犯矢石，首擒平保”及“北征瓦剌，智夺阳和”等情节。值得注意的是，新的碑文省去了刚铁在洪武中“参侍”的内容，大概杨博觉得此节太不可信吧。

到明末时，刚铁的故事愈传愈灵，如称他“把百斤铁枪，好先登陷阵”，俨然一位猛将。他所使的长枪，就收藏在北京的一座寺院里。又有人说他善使三股铁叉，清初时，刚铁墓享堂里就立了一根，长一丈，重八十余斤。

这些记载以及“实物”，给空虚缥缈的刚铁增加了“骨肉”，让这位传奇人物变得有血有肉，这是一个长期附会和累加的过程。

对于不熟悉明代典故的人，这些记载或许能敷衍过去，可是学者稍加考辨，它就破绽百出了。比如碑文说刚铁来自交趾（今越南北部），就是一大漏洞。

明初宦官多来自交趾，这是事实。但交趾成为明宫宦官稳定的供应地，还是在永乐初平定安南之乱，并在此设立交趾布政司之后。朱棣潜邸中的大太监，多为“胡人”，称刚铁为交趾人，应是毫无根据的臆测。

黑山会碑文所记刚铁事迹，要么与史实不合，要么无从查考，真实性很低。如说刚铁“劝上（朱棣）恭默求贤”，得到谋主姚广孝，就完全不可信，纯属“强拉名人”给刚铁背书。

明代人也不糊涂，好比刘若愚就对刚铁的真实性产生过怀疑，他在读宋史时，发现一位辽朝将军也叫刚铁，因此猜测，黑山会祭的，实际上是一位辽代的“番将军”。

当代学者倾向于认为，刚铁是虚构人物。有人根据清末宦官回忆说刚铁“小字狗儿”，推测他的原型，可能是永乐朝著名的军功宦官王彦（小名狗儿，其事迹可见本系列第一部《大太监是怎样炼成的》）。

尽管刚铁事迹于史无考，可是明清两代宦官对这位“功业辉煌”的前辈推崇备至，将其尊为“祖先神”，清代太监更直接称刚铁为“刚祖”。黑山会的祠墓也不断由宦官捐资修缮，香火不辍，一直延续到清末宣统年间。

当南京出现云奇时，北京出现了刚铁，这一南一北“宦官双璧”的出现，不是偶然的。

这就要从正（德）嘉（靖）年间政治变迁的大势说起。

第三章　新天子来了，太监们急着去接驾

本系列上一部《大太监斗法》，在末尾讲到，正德十六年（1521 年）三月，三十一岁的明武宗朱厚照突然病危。

这下，豹房里的佞幸和近侍太监们，都急得像热锅上的蚂蚁。

他们对武宗怀有惓惓深深之爱吗？

未必。

太监近幸们急，只因皇帝是参天大树，他们是攀附在树上的藤蔓，大树若黄了，他们可怎么活？

司礼监掌印太监魏彬，眼见皇帝药越吃越多，病势却越来越重，他心急火燎，舌头都生了疮，跑到内阁，对着阁臣嗷嗷乱嚷，说太医院的国医是束手无策了，为今之计，只有朝廷张榜，悬赏万金，向民间征求名医神药。

可远水哪救得了近火？武宗熬到十四日的凌晨，就在豹房崩了。

外廷一点消息都不知道。

当天上午，大学士杨廷和还照常在内阁出殿试策问的卷子，忽听文书官爆出这个惊人的消息。

当下最大的问题，是皇帝没有儿子，当由谁来继位。杨廷和想好了一个人，他就是在血缘上与武宗最近的兴王长子朱厚熜，他是孝宗长弟兴献王朱祐杬的独生儿子，也就是武宗的堂弟。

文书官进去报信，没一会儿，司礼监八位太监，连同张永、张锐、谷大用等大太监，一窝蜂跑到内阁。他们拿出一份武宗的“遗命”，说是先帝崩前说给侍奉在旁的太监陈敬、苏进的。这是一份“口传”，武宗道：

我这病则怕好不得，你每(们)与张锐叫司礼监来，看我有些好歹，奏娘娘(按：指武宗母张太后)与阁下计较。天下重事要紧，不关恁众人事，都是我误了天下事了。

杨廷和见武宗在遗命中自承“误了天下事”，将一切责任揽在自己身上，称与“众人”无关。他的第一反应，就是这份遗命出自太监伪造，借已死皇帝的嘴，推卸他们误国的责任。

杨廷和窥破了太监们的心事，但他是政治上很老到的人，不会当面质疑遗命的真伪，戳穿太监的谎言，而且他还要利用太监们内心忐忑、期待免罪的心理，让他们规矩一些、老实一些，甚至为己所用，好让他利用新君来京前的这段“空位”期，放手做些除弊立新的好事。

大明庙堂这间大房子,该好生清扫一番了!

果然,当杨廷和提议按照祖训"兄终弟及"的原则,请兴王长子朱厚熜来京继位时,只有东厂太监张锐一人有异议,然而魏彬、张永等人均持赞成态度,他亦是孤掌难鸣,只好无奈地接受。

皇位继承人没跟外朝商量,就由内阁和司礼监定下了,这让部院大臣非常反感。吏部尚书王琼趁机在廷臣中串联,他主张六卿都能参与"定策",还一度率众冲击左顺门(后改名会极门,今故宫协和门,门内不远处就是内阁)。可是司礼监一声令下,把门一关,就把他们挡在了外面。

由于取得了太监的支持,杨廷和展布自由,在新君来京前的近四十天时间里,做出一系列决策(以太后"懿旨"的名义颁行),均畅行无阻,朝廷顿时有尘氛大清之感。

嗣皇帝正在北来的路上,京里的太监和权贵们坐不住了,想方设法要出北京接驾。

他们的算盘是这样打的:早些跟皇上照面,留下好印象,顺便再和随驾来的兴邸宠臣接上头搭上线,通过建立与新天子的良好关系,在新朝继续他们的饕餮盛宴。尤其是大太监们,他们对接驾的事,最上心,也最热情。太监与外廷大臣不同,他们的"仕途"与富贵荣华,主要取决于君臣"眷遇",与皇上的交情太重要了。

当奉迎嗣君的使团启程后,杨廷和与司礼监商议,决定为稳妥计,再派司礼太监温祥与提督团营太监孙和、惠安伯张伟、兵部侍郎杨廷仪(杨廷和弟),领京兵三千前往迎护。孙和嫌兵少,还打算渡过黄河去接,杨廷和不同意,要求他就在黄河北岸候驾。

温祥、孙和等刚走,吏部尚书王琼又约集府部、科道官员,一齐来说,各衙门都想派代表南下迎驾。自从王琼率众在左顺门闹过一回后,"阁部"不和早已是公开的秘密。这回他又带一大批官员来,要求各衙门分别派员南下接驾,再次遭到杨廷和的拒绝。

杨廷和说:"内府二十四监局的内官也想去,朝廷担心有人途中乘间迎合,有先入之奸,已力止之矣。先生们若去了,他们就有话说了,还是都别去吧!”

他的理由是,如果外廷衙门派了人,那么内府太监也要去,就没法拒绝了。他用这话把王琼给顶了回去。

第二天,礼、兵二科的掌科都给事中又拉了手跑来说:“听说朝中贵幸多带金帛财物,前去驾前行贿,须差科、道官各二人前往监察,庶有所警。”杨廷和道:“他们要行贿,岂会叫外人知道?派科道官前去纠劾,反而惊疑人心,于事体不便。再说嗣君还没到京,你们先派官去纠察行贿之人,这合适吗?我看还是不要横生事端了!”

总之,内外衙门要求去接驾的人极多,杨廷和坚决不开口子。但有贵幸之人以个人名义来说时,他就不便反对了。比如御用监太监张永派人来说,想到真定(今河北正定)附近迎驾。真定离京不远,张永地位又高,轻易驳不得,杨廷和便对来人说:“去或不去,由张公公自定,我不敢与知也。”说你想去就去,干吗跟我说?我,不敢听!

当时张永奉旨与武定侯郭勋、安边伯许泰、兵部尚书王宪等,统率京兵,负责皇城四门与京城九门的防守,没有皇帝,京城的安危尽在这几人之手。张永急着去见驾,杨廷和的答复不咸不淡,却颇有分量,好像要抓他擅离职守的尾巴似的,张永就不得不掂量一下了。

见张永要走,郭勋和许泰沉不住气了,也提出要去,派人反复来说。杨廷和对他俩就不如对张永客气,直接质问道:“公等受命防守,委任最重,若必欲远去,各门之事,能保无事么?”坚决给顶了回去。

上部我们讲到,在议立嗣君与抓捕江彬、神周等人的问题上,东厂太监张锐一人独持异议,还使气说了些不满的话,后来想起来,非常后悔,所以他尤望去见皇上拉拉关系,于是也派人来说。

对他,杨廷和更不会同意了。他按照对张永、郭勋和许泰等人的口径,代表内阁答复说:“我只晓得张公公你领了敕书,提督官校,在京缉奸察恶,其他的事,皆非我等所知。”等于说,你们各位都是奉了敕谕,在京防护、缉察的,若不顾敕书职责,私自出京,请别跟我说,我也不想知道,你们能自负其责就好啦！

在嗣皇帝没到、大位空虚的这段时间里，杨廷和作为首辅大学士，在司礼监的支持下，主动承担起维持大局的责任，朝中大事，一切以太后懿旨施行。内外大臣也默认了这一特殊状态，所以凡事都要得到内阁的准许。

内阁之权，一时空前高涨。

第四章　那四十天，司礼监隐形了

正德十六年(1521 年)四月二十二日，十五岁的嗣皇帝朱厚熜，从大明门进入皇城，径赴奉天殿，登宝座，即大位，同时颁诏大赦天下，宣布改明年为嘉靖元年。

这之前出现了一个小波折。

朱厚熜一行走到京城门口，却因为以什么身份即位的问题与礼部意见不一，发生了争执。礼部所拟的“即位仪注”，是请朱厚熜先以皇太子的身份进宫住下，再择吉日即位。朱厚熜不同意，他说“我不是先帝之子，我是朱氏子孙，来继承朱氏大统的”，他要求直接即位。为此与廷臣僵持，双方都不退让。

这让杨廷和感到意外。搁着一般人的心理，都走到宝座边上了，迫不及待要爬上去，哪里会为这些礼仪繁文之事争辩不休？他不认为一个少年会在乎这些，想必是随驾上京的王府官员在背后捣鬼！

可是他想错了，那全是少年嗣君自己的主张，而且他十分顽固，甚至表示，如果廷臣不同意，他直接打道回府，皇帝也不做了。

即位事大，这么拉锯相持下去也不是办法，经过杨廷和的转圜，廷臣做出让步，才化解了一场危机。

君臣还没谋面，先有了这样一场不快，这不是好兆头，已经埋下了“嘉靖新政”中君臣不和的伏线。只是杨廷和没太在意，新皇帝来了，正是百废待兴之时，他有太多的政务要处理，即或他有所担忧，也很快烟消云散，因为皇帝愉快地接受了他精心拟定的即位诏书，表明在对时局的判断上，他们取得了一致。

杨廷和乐观地认为，他与这位由他提议才得以继位的少年，一定能够很好合作，一起开创大明的中兴盛世。

每当新帝即位，都会诏赦天下，与民更始，这是例行的程序，也是一次振刷前朝积弊的重要契机。

这份由杨廷和亲自定稿的登基大赦诏，总计达八十多款，其中直接涉及内府监局和内官的，就有二十多款。如令司礼监查革正德年间额外多添的内职，召还近年差出取佛、买办、织造、烧造的内臣，清汰两京卫所冒籍投充的旗校、勇士以及监局滥收、私役的军匠，清查内府仓场、马房与草场钱粮等，都直接触及宦官的利益。

内阁草诏自然瞒不过司礼监，还在杨廷和拟稿时，就有文书官过来，以“不便”为由，希望删去一些条款。杨廷和正色道：“过去政事龃龉，你们动不动打着圣意的旗号，今天难道也是新天子的意思？等皇上登基后，当面奏请皇上，再来问是谁要删除诏书！”另两位阁臣蒋冕和毛纪也从旁出危言相助，竟迫得那文书官哑口而退。

诏书颁行后，裁汰锦衣卫等京卫以及内府监局旗校、工役十四万八千七百多人，仅此一项，就每年减省漕粮一百五十三万两千余石。

正德朝“宦官乱政”的一个重要“看点”，就是太监子弟冒军功封爵，好比正德十二年(1517 年)武宗“亲征”的大同、应州之役，据记载，仅生擒一人，斩首十五级，李秉等八人有斩获功，丁见等三十余人死于战阵，郑山等十六人受伤。按理说，只有死伤、有功官兵才可以获赏升级，可在论功时，“躺在功劳簿上”的，竟达九百三十四人！且多是宦官子弟家人，张永、魏彬、张忠等九人毫无功次，也都荫授弟侄为锦衣卫官。史云：“从来夤缘内降，冒滥升荫，未有如此者。”夤缘内降，就是不通过兵部议功，直接传旨升官。

这次，兵部奉诏查议后，将以上滥封全部革除。

同时，赐原司礼监太监王岳、范亨赠官，各荫弟侄一人为锦衣卫世袭百户。

王、范二人在正德初任职司礼监，与“八党”不合，被刘瑾矫诏杀害。刘瑾死后，“八党”中的魏彬、丘聚、谷大用、张永、马永成，继续掌权管事，如今“八党”全面垮台，王、范才得到平反，恢复名誉。

清算前朝“遗奸”的工作，也开始了。

其实，随着正德十四年宁王宸濠叛乱的扑灭，清算早已开始。最先一批被清除的，是与宁王私下暗通款曲，甚或接受其贿赂，与之勾结的官员，尤以太监和武臣为多。武臣以锦衣卫帅钱宁为代表。太监则包括了“地方实力派”和内廷大佬，前者如浙江、河南镇守毕真、刘璟，南京守备刘瑯，均在宁王败后下狱，后者如司礼太监萧敬，被责令闲住，因为他年老，从轻罚银两万赎罪。

武宗去世后，他的亲信失去倚靠，武臣江彬、神周首先落网（后与钱宁一起被处死），大太监们个个如惊弓之鸟，大有朝不保夕之感。

司礼监掌印魏彬，作为“首珰”（珰为太监的代称），心中尤不安稳，不晓得掌印之位还能坐几天。

他担心的，倒不是与江彬是姻亲（其弟魏英与江彬是儿女亲），武宗崩后，杨廷和提出要拿江彬，他明确表态支持，已与江彬做了切割。他都大义灭亲了，那点亲，也就不成他的政治负资产。

然而，正德年间乌七八糟那些事，他作为司礼监掌印，无论如何脱不了干系。魏彬的性格与以前的刘瑾不同，他不愿意出头，替大伙顶缸。所以内阁拟登基诏书，许多条款令他及内廷同侪不满，太监们纷纷怂恿掌印公公出面，加以干预，但他选择了沉默。正德十六年三四月间，在朝廷无君的四十天里，司礼监竟然“隐形”了，太监们也遁形了。

魏彬这么做，只为表现出一个好态度，好为自己赢得一个好的结局。

尽管魏彬审慎地保持了低调，仍没能躲过弹劾的炮火。在朱厚熜登基的第三天，御史王钧向“江彬之党”开了第一炮，而头一名，就是与“逆恶”江彬“结为婚姻，内外盘踞”的司礼太监魏彬。

朱厚熜答复道:已有处分了。

至于怎么"处分"的,却没有说明。

看来,魏彬是平安落地了。

这个结果,并不太意外。

首先,在处理"遗奸"的问题上,对宦官普遍从轻。例如御马监太监张忠,"排陷忠良",民愤极大;太监于经,"首开皇店";苏缙,"导引巡游",都是圣旨上点了名,说"本当重治"的人——重治就该处死,可事实上全都"从宽",仅仅发孝陵卫充军,给他们留下了东山再起的余地。

其次,是首辅杨廷和的庇护。

杨廷和这么做,是对魏彬在特殊时期"不为梗异"的回报。

杨的政敌,已经发配甘肃的吏部尚书王琼,在回忆录《双溪杂记》里说,杨廷和回护魏彬,正是以其"大义灭亲"作为理由。看来,魏彬在关键时刻,一脚把姻亲江彬踹下车,真为审时度势、明哲保身之举。首珰都逃罪了,其他人还怎么严究?王琼指责杨廷和这么做,是"坏乱新政,任情赏罚"。

政治经验丰富的魏彬知道,本朝"弹人"(科道上疏劾人,被称为弹章、弹击、弹人),第一波往往是试探式射击,第二波万炮齐发,弹如雨下,才是动真格的(后文类似例子,均可参考)。王钧这一炮躲过去了,只能说侥幸,他不可能赖在前一个弹坑里,躲过所有炮弹,他必须有所表示。就在他得旨免究的当日,武宗生前所收的那些义子们,纷纷上疏,请求恢复原姓(他们被武宗收为义子后,都改为朱姓),安边伯许泰还辞去了伯爵。魏彬便叫他弟弟魏英把所封镇安伯也辞了。这伯爵本来就是骗来的,如今眼看保不住了,不如自己主动辞,还可体现一个姿态。果然,魏英等一辞便准。

就着魏彬这一伸脖子,言路的刀马上砍下来。

科道官汪玄锡、萧淮等上疏,指他结党江彬,"交相引援,窃弄威福",还揪出他当年"着名八党"的旧事,要求将他置于典刑。

魏彬、谷大用、丘聚、张永等"随侍先朝"的大太监,各以"蛊惑先帝,党恶为奸,放逐大臣,陷害忠谠,离间宫闱,变乱成法,盗窃名器,冒滥爵赏,导引巡游”等罪名，被入于弹疏，廷臣严正要求，将他们加以诛戮，“以谢天下”。

弹雨这才落下。

第五章　贪能蠹政，钱能杀身

圣旨批下来，处分了一大批太监：谷大用、丘聚降奉御，发南京孝陵司香；张锐、张雄、张忠（合称“三张”）、于经、刘祥、孙和、刘养、佛保、赵林、马英、苏缙、刘拳、周昂、吴经、丘得、颜大经、许全、马锡，还有武宗的义子干儿们，都由锦衣卫拿送都察院“打着问”（用刑拷问）；在外地的，由巡按御史提解来京。所有太监弟侄以及武宗义子冒滥传升得到的官爵，全部照依诏书查革，如魏彬弟魏英革镇安伯，张永兄张富革泰安伯、弟张容革安定伯，谷大用弟谷大宽革高平伯、谷大亮革永清伯，陆訚弟陆永革镇平伯，已故太监马永成侄马山革平凉伯，马永成侄马钊、张忠弟张举革右都督等。

武宗朝权势煊赫的大太监，唯魏彬、张永二人没有下狱，仅仅“着外私宅闲住”（就是罢职落差，在自家赋闲反省）。

对张、魏二人的处分，朝臣认为太轻了。

当年率先告发宁王逆谋的御史萧淮，再射一弹，揭发张永在江西勘核宁府逆党时，“擅权纳贿，故纵逆党”，动辄以私忿关押无辜官民，含冤而死者不计其数。萧淮还顺带挑了谷大用、魏彬两枪，说他俩是“八党”首恶，武宗、孝宗两朝罪人，应将他们与张永一并拿问。

张永遂由闲住改降奉御，命往南京孝陵司香。

此后几个月，不断有人追论魏彬、谷大用、张永等“内外巨奸”，但奉旨均是申谕前旨，不再加罪。

魏彬退闲后，不再见于史册，大概是老死了。下面说说谷大用——

御马监太监谷大用，与“八党”其他成员一样，出身于武宗东宫，在正德朝是首屈一指的大太监。

正德初年，经他请求，裁废四十多年的“西厂”一度复活，并由他亲自提督。后来刘瑾在东、西两厂之外又增设“内行厂”，形成三大特务机构“三厂”并立的局面。刘瑾败后，西厂与内行厂一并裁革。谷大用试图恢复西厂，遭到大学士李东阳的抵制，没能如愿。正德后期，善谄能媚的谷大用成为武宗最亲信的佞幸之一。武宗出居庸关巡游，担心廷臣出关追谏，奉命守关“断后”的，就是谷大用。

谷大用是武宗驾前红得发紫的人物，司礼监做不到的事，也要托他帮忙。一次，武宗在戏豹时，为豹所伤，外言籍籍，不知伤势如何。内阁向司礼监打听，司礼监竟也不晓得。原来武宗卧在豹房养病，就连掌印太监魏彬都见不到，请见又怕遭到拒绝，只好托谷哥帮忙，才趴在武宗病室窗户外见了一面，方知御体无大碍。

谷大用性贪好利，他“树党蠹政，夺产殃民”，早被视作乱政的首要分子。新政之初，将他降官，发孝陵司香，已是很轻的处分。

谷大用长期掌领御马监，御马监是内府最肥的衙门之一，领有畿内大批庄田、马场和土地。随着清查御马监钱粮，谷大用斑斑劣迹不断曝光，比如御马监在畿辅的草场，混占百姓产业庄田，达一万多顷（一顷百亩，万顷就是一百多万亩），侵吞籽粒官银至白银百余万两。经查实后，法司请依法逮捕谷大用。但内中批旨出来，还是老调调，先说谷大用“乱政害人，本当究问”，然后话锋一转，却又不究了。为何不究呢？说是念他“（到安陆）迎请（圣驾）勤劳”。

杨廷和知道这是谷某钱能通神，在内廷打通了关系，所以屡劾不倒。他愤而上了一道专疏，请逮问谷大用，除了“明正其罪，警戒将来”，杨廷和还说，今年水旱相仍，人民饥困，如果能将谷大用提问追赃，只要将他侵占的财物追回一半，就足以供应灾区一半的赈济之需——“与其将赃银积于一家以利蠹国之盗臣，孰若散于穷民以溥朝廷之恩泽？”听起来真是一举两得的好主意。

可皇帝跟吃了秤砣似的，“硬”是不动心，御批下来，将谷大用降了两级，算是给了首辅面子，但对谷大用还是让他继续在孝陵司香。

谷大用这只硕鼠太狡猾了，枉武宗白疼了他！主子一死，他马上抢着去安陆投靠新君。谷大用（或者说他这一类人）的最大"忠诚"，就是永远为自己开山辟路，同时不忘为自己留条后路——谷大用去趟安陆，一番"勤劳"，果然得到回报。看官，你当他真是"勤劳"奏效？勤劳只是个托词，谷大用到安陆跟新贵人们接上了头，从此遍撒金卡银卡，向内廷要人们进献钱财，织起一张防护网罩。

谷大用是烈焰骄阳里热闹了半辈子的人，哪里受得了桑阴的清凉？他投了大把的银钱，不单寻求庇护，还攒着劲，企图东山再起哩！谁叫他有钱呢！

所以风头刚过，他就借口有病，请求回京调理。

自然，本章递上之前，已经提前打点好了关系，只待皇上批一个"可"字。

他实在是太心急了，这才三年时间，朝臣对"正德乱政内臣"之恶尚记忆犹新，对他逃之生天尚怀余恨，谷大用的疏一来，立刻遭到狙击。礼科给事中章侨说他"树八党之凶，酿（正德）十六年之祸"，甚至说"先帝（武宗）不得正其终"，谷大用是罪魁祸首。

谷大用没想到舆论反应如此激烈，还要他为武宗"不得善终"负责，吓得赶紧把脖子缩回去，继续在南京蛰伏，等待新的机会。

在进一步追加"投资"后，谷大用终于在嘉靖五年初获准回京，暂时到武宗康陵司香。

他在南京孝陵是司香，如今转到北京，还是司香，似乎只是换了一个工作环境，坟还照旧看。其实不然，在孝陵看坟与在北京看坟，大不一样。谷大用第一个目标达到了，那就是回京。康陵离京城也就数箭之遥，他串门子、走关系更方便了。饭要一口一口地吃。他的主意是，等康陵待稳当了，再想办法，重回御马监管事。很快，他的威风又要抖起来了。

谷大用对此很有信心，因为花了钱，有人替他"逢山开路，遇水搭桥"嘛！

嘉靖七年，他甚至一度成为"提督团营内官"的热门候选人（事见后章）。

但不知什么原因，谷大用在嘉靖十年（1531 年）忽然下狱，并且被籍没了全部家产。

《明实录》《明史》都没有相关记载，不知谷大用所犯何事，只晓得这年冬天他被关进了都察院大狱。朱厚熜对他的案子非常重视，都察院审结奏报后，内阁拟旨，将谷大用一半家产抄没入官。朱厚熜很不满意，亲自在平台①召见大学士李时、翟銮，问“谷大用事，都察院覆本所拟当否”，令他们做出解释。

“所拟谷大用招罪与律不合，”李时承认所拟不当，但接着说，“按照律法，犯官家产入官，只有三种情况：谋反、叛逆、奸党。谷大用所犯之罪未足以籍没，如果骤然坐以籍没律，罚过其罪，恐无以取信天下，故臣等止拟一半入官。”

从这段对话来看，李时在拟旨时，已得到应籍没谷大用的指示。但谷氏之罪到底还够不上籍没，抄没他家产有违律法，可是不籍没，皇上那边又不满意，只好采取折中办法，只拟将谷氏一半家产没官。

朱厚熜嫌李时做事太迂腐，愤然道：“谷大用坏先朝之政，正是奸党！将他籍没，如何不取信于天下？”

皇上随口就将谷大用打成奸党，李时也无话好说，只得叩头道：“皇上是天，春生秋杀，无所不可。”

他可不是讽刺皇上，说您是皇帝，想怎么来就怎么来，谁说得起您？李时绝不敢那样说怪话，他只是表示附和：现在，谷大用既然已经是奸党了，那么，请将他家产全抄了吧！

这明明是朱厚熜先定罪、后找法，可是经辅臣之口奏请后，他却来个葫

---

① “平台”是嘉靖以后君臣召对之所。紫禁城“三大殿”最后一殿谨身殿（后改名建极殿，入清改称保和殿），后有云台门，与乾清门对面相望。云台门东西向后有后左门、后右门（又称云台左右门），这里就是所谓“平台”。皇帝在此召见阁部大臣，甚为近便。

芦僧判葫芦案，点头道：“可以，就这么办！”

谷大用勤耙苦挣一辈子积攒的万贯家财，就这样全落入皇帝的腰包。朱厚熜此时怎忘了老谷当年的“迎请勤劳”？

谷大用是前朝漏网余奸，虽属可恶，可是他眼前犯的罪，到底不应抄没，然而皇上一定要抄没他，他就逃不过被抄没的命运。过去，廷臣皆曰当杀，可朱厚熜坚执他有功不可杀，昔日之爱，必欲保全，今日之恨，必尽诛没。在专制帝王眼里，是非就跟转轴一样，总在溜溜打转呢！

我们是该为谷大用叹息，还是为大明嘉靖皇帝叹息呢？

第六章　人人皆曰可杀而不杀

在朱厚熜即位后的几个月里，对“先朝权奸”进行了整肃，受处最重的，是那些被认定为“佞幸”（正史多有《佞幸传》或《幸臣传》，佞幸是因帝宠而飞黄腾达之人，也是“小人”的代名词）的武夫，武宗好武，他们以武勇投媚，因而妄受名爵，乱政跋扈，平虏伯江彬和锦衣卫都督钱宁均遭凌迟极刑。

文臣受追究者甚少，最重也就是吏部尚书王琼，他因与江彬“勾结”，被“除为民”，发配甘肃充军。王琼得到这个结局，许多人私底下为他鸣不平，认为他不过是与首辅斗争失败的牺牲品。几年后，杨廷和罢官，王琼重新得到起用，出任新设立的陕西“三边”军务提督。

宦官呢，前已略有介绍。正德一朝，是宦官特别“纵恣”的一个时期，前期是有“立皇帝”之称的大太监刘瑾，刘瑾死后，王世贞称之为“一瑾死，百瑾生”，是一百个“刘瑾”播虐。嘉靖新政之初，对宦官的处理普遍从轻，司礼监掌印魏彬只是闲住，巨蠹谷大用也不过发南京守陵，而且几年后就复出了。

还有一个张锐，此人在正德末年提督东厂，是著名的“太监三张”之一（另两个是司礼监太监张雄和御马监太监张忠。这三个姓张的太监，分别柄枢要、掌缉事、管军马，都是正德中臭名昭著的恶阉），民愤、官愤都特别大,是人人皆曰可杀之人。

张锐下狱后,人们都以为,以他做的恶,必死无疑。孰料传旨下来,竟然免死不杀,发南京充净军①。

廷臣深感惊诧,为此大学士杨廷和、蒋冕、毛纪联名上疏,请诛张锐,说不杀他,“上无以正国法,下无以快人心,其何以示天下后世”。相比于谷大用,张锐更属罪大恶极,是在必杀之列!科道也纷纷上言。可是张锐仍得到宽免。

杨廷和几天后再上《请正大狱疏》,说张锐之罪,经法司会问、多官复审、阁臣拟旨、群臣论奏皆同,是天下之人皆曰可杀,不止于国人曰可杀也。而陛下独宥之,此臣等所未喻也。杨廷和表示“不理解(未喻)”,话已说得很直,等于暗示皇上是受了左右的蛊惑,才不顾公论,坚持不杀张锐。他说,像张锐这样的乱臣贼子,如果不杀,则“国法不正,公道不明,九庙之灵不妥,万民之心不服,祸乱之机未息,太平之治未臻”。这话够重了吧?

可是朱厚熜偏偏固执己见,就连郎中顾可适上疏执奏,他也归咎于内阁,责备辅臣不能“弼正”(就是责阁臣不能压制舆论的意思)。杨廷和愤而提出辞职,朱厚熜虽然“慰留”,但仍持原议不变。

朱厚熜即位以来,凡政事上的举措,几乎唯杨廷和是从,可在处理先朝奸佞的问题上,却多违众论。杨廷和的态度是,前朝奸佞纵然不能一一诛之,至少张锐、张雄、张忠三人不可赦,结果这三人全都免死不杀。

当初廷臣一劾,朱厚熜立刻准旨,将张锐等人下狱,为何忽然转变态度,又一心维护他们了呢?当然是有“内人”替他们运动说项了。这内人是谁?杨廷和“正大狱疏”被驳后,科道官顾济直、毛伯温等上疏,直指其人就是司礼太监萧敬、韦霦。

萧敬资格非常老,成化年间就已经任司礼太监,正德晚年处于半退休状态,此时已经八十多岁了。在追查宁王“逆党”时,发现萧敬和宁王有书

---

① 宦官又称净身人。“净军”是明代由阉人组成的一支特殊军队,主要在两京苑囿、陵寝等处服役,并不执行军事任务。宦官充军,往往充净军。

信往来，但念萧敬年老，对他只是罚银了事。魏彬闲住后，一时找不到合适的掌印，就请他出山，暂代司礼监掌印一职。

然而内廷事密，就是萧敬、韦霦维护“三张”，在皇帝那里说了好话，外廷未必能知。因此科道官员指他们是“三张”的后台，“惑乱圣明，故纵大奸”，实际上多出猜测。但萧、韦职掌司礼监，奸佞不能根除，他们应负责任。外廷声气很壮，要求将他们与“三张”一并处斩。这些激烈的言论，虽然不可能得到采纳，但起到了“（令）中官为屏气”的震慑作用。

嘉靖中，太监们的日子，不太好过啦！

刚说到的“三张”太监，都是正德朝的后起之秀，还有一位张姓太监，无论名气、地位、资历，都在三人之上，更重要的是，这位张太监的操行及在朝臣中的声誉，也远远优于三张。

他就是张永。

上部书在讲正德朝大太监时，张永两次登场：一次是与大臣杨一清西征宁夏叛王朱寘鐇，二人秘密订盟，设计除掉了太监刘瑾；另一次是王阳明平定宸濠之变后，遭到张忠、许泰等人的迫害，走投无路时，亏得张永施援手救助，不然，“心学圣人”几殆矣！

刘瑾死后，张永一度执掌司礼监。

这期间，他整理币制、整顿京营，干劲不小，可是很快就气馁了。司礼监掌印这个位置，自刘瑾被众人合力推倒以来，已处于宦官妒忌的中心，谁也不愿干，干也不好干，而且很容易得罪人，动辄被人拿“刘瑾专权受祸”来警告敲打，简直就像架在一口炭火盆上。张永饶是一番壮志，终不免黯然收场。他“力辞解任”后，在家赋闲了两年，重新出来做事，仍掌御用监印。

对张永的这段挫折，杨一清在为他撰写的墓志中是这么说的：

近倖多怙宠干纪，公多所匡谏，不复顾忌。群小共媒蘖之，几中奇祸。

称张永因为秉公做事，得罪了不少人，众人一起来对付他，几乎因此遭罹“奇祸”。

大概有了这段经历，张永对老哥们儿刘瑾及其悲剧，有了一些新的认识吧？

张永到底是武宗东宫出来的人，深得武宗信任，正德十四年南巡，张永就以“参赞军门机密”的名义随驾南下，他是正德末年极少数能与江彬等佞幸武臣抗衡的太监之一。当然，武宗的宠幸，本身就构成“蛊惑先帝”这一大罪名。

张永还有一件很令人非议的事情，就是他的一兄一弟，都借所谓的“宁夏之功”，“攘功冒荫”，僭封了伯爵。正德五年安化王朱寘鐇之乱，张永是乱平后才到的宁夏，他有“戡乱善后”之功，却无平乱灭贼的军功。无军功，就没资格封爵，可是他家不仅封了，还一封一双！①

张永是“带头大哥”，他带了这个坏头，他的哥们儿也不甘人后，纷纷把朝廷赏功之爵往自己家里扒，谷大用、马永成的弟侄也都封了伯。这些事，在群臣看来，就是为恶，是乱政。正德时无人敢言，在嘉靖新政之初“痛遏宦官”的环境下，自然成为廷臣交论的焦点。

【宦官小词典】前代宦官多有封爵，甚至封王者，如宋朝的童贯封广阳郡王。在明代，有宦官子弟封爵，却无宦官封爵，如天顺中太监曹吉祥侄曹钦封昭武伯，成化中太监刘永诚侄刘聚封宁晋伯。正德中，张永、谷大用、马永成、魏彬、陆訚等，都以冒滥军功，为自家子弟营得爵位，但均在嘉靖之初裁革。之后直到魏忠贤，就再无太监弟侄侥幸封爵了。

过去“吃得太饱”，如今必须吐出来了，张永被勒令闲住后，张富、张容兄弟的伯爵也遭查革。

这还没完，御史萧淮忽然检举张永在江西勘事时“擅权纳贿，故纵逆党”。

萧淮是第一个公开揭发宁王逆谋的御史，以此声名大作，他这一参，非

① 平定宁夏之乱，真正有军功的只是宁夏游击将军仇钺等少数将领，然而众多大臣都参与了分羹，如内阁大学士均加正一品少傅等官，“冒滥军功”的不止宦官。

常有力，张永马上被降为奉御，撵到南京孝陵司香去了。

其实萧淮对张永的攻击是比较可疑的。

本系列上部讲到，王阳明在鄱阳湖之战中大破宁王，并在南昌东一个叫樵舍的地方（属新建县，王阳明也因此被封为新建伯）将其捕获。然而武宗在明知宁王已经就擒的情况下，坚持南下。张忠、许泰等率领一部京军先行赶到南昌。他们一路骚扰，并肆意侮辱陷害倡义平叛的功臣，王阳明为了避祸，拒绝了张、许要他交出宁王的檄令，在京军到来前，押着宁王先行离开南昌。但他陛见的请求遭到否决。武宗不见他，南昌回不去，身边又押着重要的俘虏，正是进退失据、左右为难！直到他将宁王交给时在杭州的张永，这才脱了手，只身遁入九华山隐居。张永本为出手相助，却因此被人说成"掩阳明之功"（"掩"是夺而归己的意思）。

王阳明在九华山接到巡抚江西的新命，返回南昌，张永随后也赶到，二人在此有过一段时间的合作。想正德五年张永赴宁夏戡乱时，约束部下甚严，在处理缉捕逆贼、善后安置等事宜时，较为理性，能够尊重杨一清的意见。十年后，他再次与另一位名臣王阳明合作，岂会顿改前是，胡作非为？

多年后，时任内阁首辅的杨一清为老友撰写墓志，还提到这件事：

宸濠之变，（张永）随武庙南征，时逆贼已擒，而张忠、许泰辈犹搜求余党，攀引善类。（张）永至，多所开释，一方始安。

杨一清说，"搜求余党，攀引善类"的，是张、许之流，张永并未同流合污，相反他"多所开释"，为江西乱后的稳定做出了贡献。其评价与萧淮完全相反。

我不认为这是杨一清的谀墓之词，墓志的记载比萧淮的劾疏更可信。

王阳明也曾受到与张永类似的指责，但一般认为出自诬陷。萧淮指称张永"擅权纳贿，故纵逆党，械系无辜"，也没有实际的证据。

张永墓志说，世宗嗣位后，以张永有擒江彬、守京城之功，"众方议其宜有褒赏，而其时权臣有忌嫉之者，嗾言官一二人，劾之南去"。萧淮就是那"一二言官"之一。

言官纠劾奸恶，是其本职，然而言路劾人，往往受权臣指使。令萧淮一劾成名的劾宁王疏，就是别人写好了疏稿，请萧淮代为上奏的（事见本系列上一部）。他这次再劾张永，受人指使，也就不足为怪了。

但杨一清只说“其时权臣”，未指明权臣为谁。张永罢官时，正是以杨廷和为首的内阁影响最大的时期，未知“权臣”是不是杨廷和？又或者此“权臣”为内廷某大佬？

张永名列“八党”，八党虽不成其为党，但他们均出身武宗东宫，利益高度相关，除了刘瑾被同伙一齐拱倒外，其他人——张永、谷大用、魏彬、马永成、丘聚——在正德中一直都是树大招风，内廷“忌嫉”者不少。在新旧朝廷更替的大清算中，魏闲住，张、谷、丘贬谪（马已死），全部被从中枢排斥出去。杨一清说的“其时权臣”，更可能是内廷的大太监，他们出于倾轧的目的，“招募”萧淮出手，攻讦张永。

看来，哪些宦官可用、哪些宦官不可用，到底还是宦官说了算。

尽管大太监派系不同，彼此关系有亲有疏，但作为宦官，他们有着共同的群体利益。所以太监可贬可罢，唯不可杀，他们不会轻易同意杀死任何一个同类（除非像刘瑾那样严重侵害了群体利益）。这就是那些为恶太监“必不可死”的根本原因。

第七章　老友大学士推荐，张太监复出

张永被贬南京，一待就是五年多，直到嘉靖五年（1526 年）夏天，才回到北京，并恢复了御用监太监的原职。但是，虽然官复原职，但没有具体的事做，只是在私宅养病。

张永回京的原因，杨一清说是皇上“采公议”的结果。其实为张永的复出，杨一清使了很大的力。

在此有必要回顾一下过去数年里，朝廷时局发生的重大变故。

明史上说的“嘉靖新政”，主要是指朱厚熜在位的头二三年、由杨廷和

主政的那段时期。几年里,朝廷除弊布新,局面为之一新。不料改革的清新气息,很快就被“大议礼”的肃杀金气吹散了。为了争“大礼”,朝堂之上发生了激烈的争执与严重的分裂。

曾忆否,嘉靖君臣尚未谋面,就先有了裂痕?

当时朱厚熜来京即位,走到京城门口了,忽然顿下,只因他不满礼部请他以皇子的身份即位,诘问道:“遗诏只说让我来嗣皇帝之位,没说让我以皇子嗣位!”他态度坚决地拒绝以皇子身份继位——这少年,已显出老成之态和独断的作风。

看官,您可能觉得,左右都是即位,以什么身份即位,要紧吗?为这事闹不愉快,岂不是舍本逐末?朱厚熜不这么认为,在他眼里,兹事体大!他的“身份意识”非常强烈:我就是兴王长子,而不是什么皇子。

皇帝固执,大臣们也不活泛,两方各持己见,就僵持起来。最后迫于“天位不可久虚”,廷臣做出让步,使得朱厚熜还未入朝,先打了一个漂亮仗,把百官压服了,遂了己意。

廷臣请兴王长子以“皇子”的身份即位,本意是要朱厚熜继承他伯父孝宗(武宗父)之嗣,虽然他们容忍了朱厚熜按照自己的心意登位,可君臣的争执才开始呢!

不久后,围绕朱厚熜的身份认定以及如何处理他亲生父母的尊号与地位问题,“大礼”之争激烈地展开了。

大体来说,多数廷臣认为,朱厚熜嗣的是孝宗这一系的帝位,应以孝宗为“考”(考即父亲)。朱厚熜却对尊伯父孝宗为“皇考”十分抵触,他的态度是,我非孝宗之嗣,我继的是大明之统,我自有亲生父母,为何要“考”他人为父?那等于让皇帝出继于人!

廷臣引经据典,力图让皇帝接受他们的意见。

朱厚熜死咬住“继统不继嗣”,逆流而上,缓缓前行,和臣子们磨。在张璁、桂萼等小臣的“理论”支持下,不断提高亲生父亲的地位:由兴献王到“兴献大王”,再到“兴献帝”,冥间称了帝还不够,又加上“睿宗”庙号,将父亲的灵位抬入宗庙。他还突发奇想,下令编了一部《明睿宗实录》。

实录是皇帝在位期间的国史,可这位“睿宗”是阴间发达的皇帝,所谓“实录”记的尽是他做王爷时的一些事。本来,朱厚熜尊本生父母,是他的孝情,无可厚非,相反臣子们仗着人多势众,非要皇上认别人的爹为爹,很有些不近人情。可是,随着与廷臣争执的加深,朱厚熜越走越远,他做的就有些过了。而且所争者,名为“礼”,又不尽为礼,还牵涉到复杂的权力之争、利益之争。礼与政争搅在一起,越闹越大,造成政治上的剧烈动荡。

在“大礼”之争中,作为辅弼之臣的大学士杨廷和,站到了皇帝的对立面,多次抗旨不遵,令君臣关系日趋恶化。

正德时,杨廷和就多次抗旨,武宗让他拟诏,他认为不对的,直接加以拒绝,武宗派人来说,他软硬不吃,死扛到底。武宗为人宽和,尚能容他,杨廷和“蔑旨”的行为为他带来巨大的声誉。可是朱厚熜与他堂兄武宗的性格截然相反,杨廷和把他过去的行事风格复制到嘉靖朝,朱厚熜便不能忍受,最终君臣恩断义绝,一拍两散。

嘉靖三年(1524年)初,杨廷和罢官回籍。

接任首辅的,是老臣费宏。

费老在“阁揆”的位置上也没坐长,就被张璁、桂萼等一班借“议礼”而兴的新贵给顶下去。继任首辅的,是二次入相的前大学士杨一清。

杨一清在正德五年(1526年)“宁夏之乱”后与张永订交,成为莫逆好友。他从宁夏升入北京,出任户部尚书,靠的就是张永的援引。杨一清后任吏部尚书,入阁辅政,正德后期,因为得罪权佞钱宁、江彬,被迫辞官,长期在家闲居。朱厚熜继位后,在廷臣的荐举下,于嘉靖三年(1524年)十二月复出,以兵部尚书兼左都御史的身份,总制陕西三边军务。这是杨一清第三次总制三边,这一次职权尤为重大(兵部长官兼最高监察长官,是以部兼院,合称“部院”)。这也是明代历史上首次以“故相行边”,杨一清是明代出将入相的第一人。

杨一清在陕西没待多久,就由张璁推荐,复入内阁,在费宏致仕后,擢任首辅。“议礼”起家的张璁也进入内阁,担任次辅。

嘉靖六年(1527 年)冬天,适逢团营提督内官一职开缺,杨一清便积极推荐了张永。

永乐中,成祖朱棣在北京建立“三大营”(包括五军营、三千营、神机营),又称京营、京军,是明朝最精锐的武装。正统十四年的“土木之变”中,京军随英宗亲征,精锐尽丧,随后在于谦等大臣的主持下,重新组建十团营,老的三大营成为“老营”。成化中又设立十二团营。团营是京军中的精锐。

几十年来,团营缺员吃空饷和操练不足的现象非常突出,几乎丧失了战斗力。正德六、七年时,河北①大乱,京军孱弱,根本无力镇压,只好调动作为“国防军”的边军入内平乱。嘉靖初,团营空虚的状况依旧,在册的官兵有十万七千余人,真正在营操练的还不到一半。

团营军马是朝廷稳定的基石,如不及时整顿,一旦有乱,根本必致动摇。大学士杨一清、张璁一致认为:“今京师根本之地,营伍空虚,武备不修,此第一可虑之事也!”朱厚熜深以为然,认为团营重务是“国家第一事”,下决心加以整顿。

京师自设立三大营,就确立了由太监(内官)、公侯(武官)和尚书(文官)共同提督的制度。整顿营务,自应从提督官员的人选上着手。内阁认为,兵部尚书事务繁多,不宜兼管营务,请求设都御史一员专管团营。根据杨一清的推荐,改刑部尚书李承勋为兵部尚书兼右副都御史,专督营务。

除了文臣,太监之任,从某种意义上来说,更为重要。

我举一个例子。成化三年(1467 年)曾对京营进行过一次大规模的清理,原委官员是尚书马昂、都御史林聪及给事中潘礼、陈钺。阁臣陈文提出,京营军士强壮可用者多为权豪势要之家役占,须命刚正大臣检册清理,但这还不够,必须再命“刚方练达”内臣一员,与大臣共事,协力奉行,才有

① 明代的“河北”是指黄河以北地区。

可能真正地划除宿弊。为此他推荐了素为“中外所服”的司礼太监怀恩[①]。在怀恩等人的共同努力下，京营整顿卓见成效，原来的十团营扩编为十二团营，选练精锐官兵十四万多人。由于团营清理触及权贵的利益，如果没有亲信内臣的参与，是很难取得实效的；而提督太监的人选，不仅要练达政务，还须具有“刚方”的品质。

杨一清认为，张永最合适。他在密疏中缕述张永之功，说自己曾与张永同事，知之为详，“内臣若（张）永者，诚不易得”。

在首辅的力荐下，张永重获重用，以御用监掌印太监的身份，提督团营兼管神机营操练。

这么重要的岗位，不是杨一清一人说了算的。他的推荐，还得到次辅张璁的附议。

内阁大臣中，杨一清位次在前，但他清楚，皇帝真正倚信无间的，是张璁。所以他在密疏里特别声言，说正德末年时张璁在京，张永之功，都是次辅所亲见——他不知道，张璁也进了道密疏，同样推荐了张永。朱厚熜通过密疏的形式与大臣对话，皆令彼此隔绝，不予知会，这方便他分别了解大臣的想法，也能达到分而治之的目的。

正德十五、十六年间，杨一清在老家丹徒（属江苏镇江）家居，张璁则正好在京——那时他还只是一名刚刚通过会试考试尚未入仕的举子。

张璁这个人的经历十分曲折。他是浙江永嘉人，乡试中举后，竟一连参加七次会试，科科皆败。明代会试三年一次，七试就是二十一年。连考七科二十一年不举，张璁的心都石化了，再也熬不下去，打算以举人的身份到北京吏部“谒选”，弄个小官混几年算了。这时他碰到一个叫萧鸣凤的御史，此人颇通星象之术，他对张璁说：“三年之后，你定中进士，再过三年，必当骤贵。”话虽好听，可张璁不信。道理很简单，因为三年之后，并不是“大比”之年[②]，考都不考，咋样中进士？张璁苦着脸，连连摇头。然而萧鸣凤笃

---

① 怀恩事迹请见本系列第一部《大太监是怎样炼成的》。

② 在北京举行的会试又称“大比”，会试之年则为“大比之年”。

信自己的判断，一再劝说张璁，让他再等一科。张璁的心也活了，决定死马当活马医，再试一次。没想到萧鸣凤的话真应验了！三年后，张璁果真中了进士。此事神奇倒不在张璁考中了，而是他果然在非会试之年的正德十六年(1521年)中了进士。事情的原委是这样的：这一科会试正常的年份是正德十五年，可会考完了，武宗还在南京，没法举行殿试，考生们只好在京等候。年底武宗回来了，可以在来年三月举行殿试了，不料武宗又突然驾崩，只好接着拖，直到世宗即位，才把殿试考了，唱名挂榜。所以张璁真如萧鸣凤所预言的，是在三年后的非大比之年中进士。

那一年多，张璁一直在京候考，所以杨一清说他亲眼见证了正德末年的京师之事。

张璁此时已经四十七岁了。他老大年纪才入仕，心中惦记着萧鸣凤的神算，未免得陇望蜀，期待再过三年实现萧鸣凤期许的"骤贵"。

而机遇来的就是这么巧，他刚刚考中进士，还在部里观政①，眼见皇上想追崇自己的亲生父亲，却遭到廷臣的集体抵制，让廷臣议，议了三次，一次都没通过。张璁抓住机遇，写了一本，力挺皇上继统不继嗣，尊崇本生父母，为兴献王在京师立庙。

在大礼问题上，朱厚熜正是孤家寡人，苦于无人支持，张璁这一疏，来得正得其时，不禁喜出望外道："此论出，我父子获全矣！"立即将张璁之疏下廷臣讨论，"大礼"之争自此公开化。

张璁因违逆主流舆论，遭到廷臣的鄙视，礼部执原议如初，根本不给皇帝面子。皇帝的母亲兴献王妃蒋氏上京，走到通州，听说兴献王的尊礼还未议定，就止住凤驾，不肯再走了。朱厚熜听说后，凄然泪下，在饱学臣子的压迫下，他就像一个孤儿，无计可施，便又说起"避位归藩"的话来。短短半年间，这已是新皇帝第二次闹着撂挑子了。

就在这时，张璁赶写了一本《大礼或问》，为皇帝提供了他所急需的理

---

① 新进士在正式分配工作前，会安排他们到各个部院衙门实习，称为"观政进士"。

论支持。朱厚熜引用张璁书里的观点，对礼部逐一驳斥。廷臣不得已，经过合议，答应尊孝宗为"皇考"，兴献王为"本生父兴献帝"，蒋妃为"兴国太后"。廷臣退让了，朱厚熜在节节败退后终于站稳了脚跟。张璁则因为两次上议支持皇帝，被视为奸邪小人，观政期满，被打发到南京刑部做了一名主事。

张璁继续关注议礼的进展。南京刑部有一个主事叫桂萼，与张璁观点一致，这两位远在南都的小官遂联手，成为皇帝推尊生父的坚定支持者。

张璁、桂萼强悍善辩，在他们的力挺下，朱厚熜"力折廷臣"，在大议礼中取得全面胜利。由此他二人也邀得皇帝的信任，乃至感激。嘉靖三年（1524 年）初杨廷和罢官后，张璁即奉召入京，特授翰林学士，又掌都察院，不旋踵即获大拜，入参机务。此时距他"释褐"，正好六年，萧鸣凤的预言再次神奇应验。

第八章 皇帝为用张永，费尽了心

杨一清、张璁共同推荐了张永。

事实上，朱厚熜让阁臣推荐内官，是不合常规的，是破例之举。这件事抛开张永本人，也值得说一说。

明代的体制，内、外有别，内为内府，外为外朝，"内外文武官员"各成体系。内府用人，包括内官的迁转与题差，全由司礼监负责，外朝既不预知，也不允许干预。莫说内廷用什么人、花了多少钱粮，就连宦官的员数，外廷都无法知悉。内府弊端，多由此而生。

可能因为朱厚熜是由外藩入继，这些过去习以为常的事情，在他眼里，却是对君权的侵犯，他尤其反感司礼监一手把持内府用人权，司礼监推选的内官，他多不满意。

他想在一些重要内官职位的选任上，让"辅导密勿"的阁臣参预进来。

嘉靖六年（1527 年）冬天，提督团营太监张忠（此人是朱厚熜潜邸兴王府出身的内官,不是正德中“三张”之一的张忠)革任,就接替他的人选问题,朱厚熜与首辅杨一清往复讨论多次(以下嘉靖帝与杨一清的对话,不是“面奏”,而是“笔谈”,即帝以“手诏”问,一清以密疏答。综合整理自《明世宗实录》及《杨一清集》卷五“密谕录·政谕上”)。

按照皇上的要求,杨一清密疏推荐了在京赋闲的张永,没想到与皇上一拍即合。

“张永早在朕之意中!”

朱厚熜迅速以手诏做答,对张永表示认可。他还主动讲起一件事,说:“以前司礼太监鲍忠曾经荐过张永,说张永之才可任京营提督。朕对他讲,张永委实可用,只是众人都嫉他,何况团营没有缺,可待有缺时再用。昨天朕还想起此事,不及与卿商议,不料卿的奏章就来了,朕心甚喜。”

他接着对张永做出点评,说:“张永在我皇兄(武宗)朝,委实多有劳绩,与他党类者不同。”

张永确实有才,“若论张永之才,看他昔日掌领京营及奉命出师之时,严于用兵,多立功次,便可知晓。”

他又说:“再看张永居司礼监时做的事,则与在京营时大不同。”

朱厚熜认为,张永适合处理军政事务,却不适宜居中枢参辅内政(即任司礼太监)。

应该说,二十一岁的朱厚熜有着超越凡辈的鉴人能力,尽管内廷嫉恨张永者众多,经常有人咬耳朵说张永的坏话,可是他对张永犹能做出较为客观的评价。

朱厚熜决定起用性格刚正的张永出任团营提督,但如何用他,却不可轻率,有许多问题需要讨论。

首先是张永能不能放手开展工作的问题。

提督团营内官,定制是两员,现在在营的太监马俊,与革任的张忠一样,也是藩邸旧人。马俊对营伍之事完全是外行,而且还不识字,用他实属无奈。朱厚熜感叹道:“朕念他等昔日奉侍之劳,才各登用如此。然此辈未谙大体,不知大事。别的不说,且看张忠、马俊在营中如何行事……卿等岂不知乎！”

朱厚熜不讳言藩邸旧人素质较差，他考虑的是，营中现有一个马俊，如果按照先来后到的顺序，张永势必列名马俊之后，受制于人，岂能尽心展布？可是如果将张永超拔在马俊之上，又恐次序未平，马俊不服，不免龃龉误事。

对此朱厚熜着实费了番心思。

他对杨一清详细讲了他的看法，说他最初打算，等有边警时，令张永率兵出征，立功后再趁势用他。可转念一想，这样不妥，张永已经很久没有管军了，如果仓促用他，恐将士不服。

如果不绕圈子，直接用他，又存在人事上的纠葛。怎么办？

朱厚熜一时想不出稳妥之策。

但提督乏人，营务甚急，他让杨一清先具本章，正式向朝廷举荐张永，至于怎么用他，等本章奏进来再详处。

杨一清密疏推荐张永，外人不知。朱厚熜令内阁具本推荐，而不是由他直接传旨起用，也是为张永着想——

“如果骤然传旨用他，外间不明内里，或许会怀疑张永复出，是他求了朕左右侍奉之人。虽然这些议论可不必理会，但让左右之人受累，也非好事。”

说到这，朱厚熜想起一件心事，叹气道：“现在内府各衙门的公事，都被随朕上京来的这些人弄坏了。他们不自反省，反而怪怨朝廷。朕待他们甚宽，就如张忠吧，罢了他，实因他处事欠妥，纵贼不戒，他却不省，反对人说：‘朝廷正寻我们的事！’此情不待朕申言。像这等的混账，朕是容他呢，还是治他？”

如今罢一个从龙的旧人，另用一个罢废已久的“外人”，藩邸那些老人们，更有话好说了。他们怪皇帝不惜旧恩，讲了许多牢骚话，都传到朱厚熜耳朵里了。

对这些旧人，朱厚熜烦恼已久，他笔锋一滑，对“旧人”应是什么样的旧人，发挥了一段，道：

"《书》里说:'人惟求旧。'这个旧人是什么?不是与我日久熟识的旧人,是经过事体、历知是非的旧人。他等只知朕不信用旧人,言朕不仁,哪里知道这个道理!"

朱厚熜把肚里这些话当作心腹之言说给杨一清,吐槽完了,还不忘提醒:"此等说话,特与卿等知之,慎勿泄付小人。"

最后,他让杨一清将如何起用张永,"再加详议来闻"。

杨一清是老于世故的官僚,他见皇上在手诏中尽露"周思"之态,便知这位年轻的"圣主",是为自负聪明之君,便不敢造次多言。他的覆奏非常简略,只讲了两点:

第一,强调"臣等举荐张永,非敢望其复入司礼监,只是希望他用心整顿京营营务,以备缓急"。

杨一清在密疏中推荐张永提督团营,不料皇上说着说着就扯到张永"居司礼任事"的事上,他担心皇上误会,所以特地声明,他荐张永,不是荐他做司礼太监,就是希望他发挥特长,整顿营务。

伴君如伴虎,尤其是伴聪明之君,尤当慎之再慎。内阁与司礼监分管内外机务,首辅岂可举荐司礼太监?所以必须自明——尽管朱厚熜可能只是随口一提,但不可不防微杜渐。

第二,建议"皇上既以旧臣委任,恐不宜使(张永)居马俊之下"。

杨一清的奏对,抓大放小,皇帝讲了一堆事,他只捡最切要的事来禀复,而不是事无巨细、逐条逐款地提建议。他更不会像杨廷和那样,试图将自己的观点强加给皇帝。作为首辅,他把自己的位置摆得很正。

对朱厚熜这样一个自视甚高,以为事事皆不逃其睿鉴的君主,不能和他比聪明,话不可说得太透,让他没了发挥的空间。细枝末节之事,不妨让皇帝自己独断,辅臣不必进言。但是既然起复张永,不可使之居马俊之下,这是原则问题,如果这点不明确,将来二人共事,必致龃龉,那么起用张永的目的将无法达到,是以不容不言。

朱厚熜兴之所至，拉拉杂杂，长篇大论，显示了他的聪明。他对政事确实是肯上心的，超过了之前的许多皇帝。年轻的他，对用人治国十分自信，他的态度也非常坦诚，诏疏往复，就像谈心一样，甚至还能随性地抒发一些苦恼。

从这些对话中，也能窥见朱厚熜个性上的一些缺陷：过于自负、猜忌、刻薄，缺乏与人交往的灵活手腕。

一个人自信过头，就是自负，再偏执些，就是刚愎自用。猜忌者好妄测人的心事，说人心事还很自信，就像探手入腹，摸人心肺一样，而且一般还习惯性地把人往坏处想，怀疑对方有对己不利、不敬的想法。刚愎加上猜忌，便是"雄猜"。雄猜之主往往缺乏宽容，而深具刻忌残忍的本性。

此时朱厚熜还很年轻，已暴露出不善交际、待下刻薄的缺点，就连奉侍他父子的兴邸旧人，都对他频发怨怼之言。牢骚话若不是很响，也不会传到他耳朵里啊！

嘉靖三、四年间，朱厚熜与群臣因"议礼"而大动干戈，大批官员被罢官、下狱，甚至在廷杖中被活活打死。阳春的"嘉靖新政"早已淹没在一片霜秋的肃杀中。步入中年后，朱厚熜深居不出，沉溺于炼丹修真，服用大量热燥的铅药，有害毒物极大催发了他精神上的恶，使他由自负变为偏狭，猜忌变为猜忍，刻薄变为刻毒。纵观朱厚熜一生，他逼死张太后，罢黜辅相，诛窜大臣，甚至首开诛戮首辅的先例，到晚年，就连至亲的儿子，他都不见，变成一个孤僻的暴君。

这些，早在他青春年盛时，已初露端倪。

我们的故事继续——

第九章　嘉靖帝责司礼监徇私

朱厚熜让内阁进明疏推荐张永，等荐疏进来，当即批复，起用张永掌御用监印，提督团营兼管神机营操练，同时令他供事乾清宫，岁增禄米三十六石。

张永可是当年唯一敢于向刘瑾叫板的人！他复出后，果不负众望，与兵部尚书李承勋通力合作，到任一个月，就查出十二团营官军原额十万七千多人，今只余五万四千多人，战马原额十五万余匹，今余一万九千余匹，且病惫瘠弱者过半。经过大力整顿，清出包办私役、买闲旷役旗军不下数千名，“往日科敛之弊，革其太半，军容颇整，贫军少安”。

可惜张永上任不到一年时间，就于嘉靖七年(1528 年)冬病故，享年六十四岁。

张永临死前，写了道遗疏，自陈一生功绩，乞恩追叙。兵部覆议认为，张永所称军功，固无足纪，但他诛“内凶”刘瑾、江彬，功实难泯，于是恢复了张氏兄弟被削夺的锦衣卫原官。

张永虽死，然政治风雨常晦，君威变幻难测，不久后忽然起了一场狂风骤雨，几乎将张氏一族倾覆。这是一长段话，且先按下，后章再表。

话说自嘉靖六年底起用太监张永，整顿团营稍见眉目，不料主事者之一的张永死了，由谁来接替他，却又颇费周章。

嘉靖八年(1529 年)正月灯节刚过，朱厚熜就迫不及待地向辅臣咨询，让他们推荐继任人选。

朱厚熜对杨一清说：“张永身故，朕求能够替他的人，却不得一人！”表示人才难得。又说：“武备废弛已甚，朕想，张永是爱卿你与张璁所荐，今天欲求代之者，还望卿与张璁勿负前忠，再推举二三个人来用。”

他再次让内阁荐人，并且嘱咐：“亦勿以已行者为阻。”

朱厚熜为何要交代“勿以已行者为阻”呢？

这是因为，在张永死后，司礼监已循例推举了继任内官。

内官出缺，照例由司礼监推举候补之人。司礼监“选举”用人，与外廷吏部一样，都是当重要职务出缺后，提出两三名候选人，写好他们的姓氏、官职及履历，奏请圣裁(非要职则直接任用)，由御笔圈定，即在某个当用之人的名字上用朱笔画一个圈。

皇帝画圈儿，体现了最高裁决权掌握在皇帝手里。但这实际上只是一个形式，按照惯例，皇帝应圈定列名第一的候选人，也就是说，司礼监虽然推选了几名候选人，真正要用的，只是第一人，其他人都是“陪推”，凑个热闹而已。皇帝也有这个默契，到时候只管拿朱笔往头一个头上一抹就是。说到底，用谁不用谁，还是司礼监（内府）和吏部（外朝）说了算，皇帝画圈，只当盖个章，确认一下。

这个惯例形成很久，已为成例。所以张永死后，司礼监马上推举二人，请皇上圈用。这两个人，是太监黄锦和王竑。

可是性格古怪让人捉摸不透的朱厚熜，偏不想用这两个人，他让辅臣不理会司礼监的推荐，“勿以已行者为阻”，再另外推荐合适的人选。

然而杨一清在回奏时，推荐的仍然是黄、王（可能是他不想得罪司礼监，特别是在没有更合适人选的情况下），他在密奏中讲的重点是，近日京营营政被武定侯郭勋阻挠，乞加戒饬。说是“戒饬”，实际上希望将郭勋撤换。

郭勋是嘉靖前期举足轻重的武臣。

嘉靖时，明代已进入中叶，朝上的公侯伯，都是承祖荫世袭来的爵位，就是一批纨绔子弟。按照明代制度，有爵位的勋臣不能坐家里白吃皇粮，他们需要担负军事方面的职责，要么在五军都督府管事，要么在京营提督、坐营。这些世家子弟从小在锦绣堆里打滚，哪有什么真本事！在“重文轻武”的大环境下，又受制于太监和文臣，一般来说，他们管事只是挂个名儿，多半也就是个摆设。

但郭勋与众不同。

郭勋是开国功臣郭英之后，袭了祖上的武定侯。《明史》评价郭勋“桀黠有智数，颇涉书史”，他性好读书，是一个颇善用智的枭雄。

嘉靖初年“大礼”之争激烈，这大概属于“文化领域的斗争”，作为武臣的勋戚贵胄们，没人参与，唯有郭勋看出这是个机会，摩拳擦掌，跃跃欲试，想在“文化革命”中搏他一把。

那时郭勋刚刚从两广总兵的任上回到北京，升掌团营，他看准圣意所在，虽然没有提笔写文，力赞大礼，但他选择了站在因议礼而遭廷臣痛恨的张璁一边，“首佑张璁”，做了维护议礼派的“护法”悍将。当张璁、桂萼奉召北来时，廷臣极为痛恨他们，决心效仿“土木之变”后朝臣当朝击杀锦衣卫指挥马顺的例子,趁他们入朝时,在左顺门将其捶杀。可见"议礼"之争,不止文斗,差一点就武斗了。张、桂得到消息,见势不妙,逃到郭勋府里躲起来。从此,郭勋与议礼新贵们深相结纳,也因此得到皇上的"大爱幸"。郭勋为人,性骄而侈,肆行不法,但有皇帝和议礼新贵的庇护,无论怎么劾他,他总能平安过关。

当张永来督团营时,与郭勋共事,两人关系很快恶化。

张永于嘉靖七年(1528 年)十二月三十日忽然暴亡,大学士桂萼随上密疏说,张永本来无疾,忽然五孔崩血而绝,中外汹汹,都疑是中毒所致。下毒的嫌疑人,桂萼直指郭勋,说张永在清查团营籽粒银时,曾揭发郭勋克扣他所兼管的后军都督府柴价九千余两,为此郭勋对张永恨之入骨,乃痛下毒手。

张永是否被郭勋毒杀,未有定论,但杨一清清楚,留郭勋一天在营,清理营务的目标就难以实现。

其实早在整顿团营之初,杨一清就曾隐晦地向朱厚熜表示,希望将郭勋换掉,他说郭勋:"论才气、论力量,委有可观,团营各营提督官员都不及他。可是忌妒仇恨他的人也不少。郭勋仗着有一些才智,不自检束,以致各营科敛、役占之数太多,军士怨之入骨,营务十分废弛。郭勋作为主将,岂能辞责?之前太监张忠无能,兵部尚书又无暇查理,所以容他任情无忌。今皇上擢用张永、李承勋二人,所谓'蓬生麻中,不扶自直',郭勋岂能还像以前那样纵肆?俗话说,使功不如使过,郭勋如能改过,他的作为,必有可观,可能比旁人还要强一些。可是他能不能改辙易行,臣就不知道了。"

杨一清知道郭勋是皇帝的宠儿,所以把话说得极其委婉,但意思很明确:营政颓坏,郭勋难辞其咎,最好拿掉他,换三个新人上,让他们放手干。可是朱厚熜偏溺郭勋,文臣和内官都换了,就武臣不动。

一年来,清理团营的工作遭到严重干扰,杨一清在密疏中揭露,自张永、李承勋受命以来,成绩显著,可是郭勋与之为仇,张永也无可奈何,只好避之唯谨!李承勋甚至被他当面叱责,含愤忍气不敢声言。典军科道官员,对他也是畏之如虎。如果今后还容留郭勋在营,那么科削之害、役占之弊，将不可改变，戎政之废终将不可挽救。

朱厚熜答复说："昨日卿奏，以张永尽肯用心修举营政，奈何为郭勋所阻。此事朕亦知之。"然后对郭勋做了一番品评，说："郭勋此人，存心倒是忠的，只是性未进于本。'本者，善也'，故其为人，恣暴成性，还不肯省图改之。所谓'欲胜理'，不过一常才耳。但他若肯改过，则为一超群之才而无及者。郭勋握兵已久，当以更用，但此时正缺人才，且令他留任，徐图更之。"朱厚熜认为郭勋个性粗暴，但"存心倒是忠的"，人才难得，期待他改过，于是拒绝了杨一清的建议，仍然将郭勋留用。

可是当桂萼揭发郭勋之后，朱厚熜的态度就发生了变化。

说到这里，可能有看官感到奇怪，郭勋与张璁、桂萼是一党的，为何桂萼会揭发郭勋毒死张永呢？

原来，自桂萼入阁以后，与好友张璁渐生龃龉，他纠劾郭勋，意在打击张璁。

常言道，强大的堡垒最容易从内部攻破。别人千言万语，朱厚熜不仅不听，还会怀疑进言者别有用心，可桂萼是自己人，他揭发郭勋受贿等不法之事，朱厚熜就不再以"徐图之"三字来敷衍了，马上令郭勋"自陈"（交代问题，写出检讨）。

郭勋如果老老实实认错，这事儿就过去了。孰料郭勋竟恃宠强辩，拒不认罪，他的态度惹恼了朱厚熜。杨一清趁机令言官上本严参，遂使郭勋罢官，他的保、傅官阶也一并削夺。

通过郭勋这件事，可看出朱厚熜做事有两大特点：一、他评判臣下的最重要标准，是对他忠不忠，如果"存心"是"忠"的（比如在"大议礼"中支持过他），他就会力保，相对宽容一些；二、使气任性，一言不合，什么忠啊功的，全不在他眼里了。别说郭勋吃一跌，就是议礼功劳最大、宠遇最深的张璁，让他不爽时，照样被他"琢磨"。

皇上力保郭勋，杨一清无可奈何，他还因此得罪了郭勋，几个月后郭勋与张璁联手，力攻杨一清，最终将其逐离首辅之位。随即郭勋重获起用，再督团营。郭勋东山再起后，越发肆无忌惮，而朱厚熜的兴趣也发生了转移，一心溺于“制礼作乐”，对团营的事不再上心。这个我们稍后再讲，先把由谁接任团营提督的事说完——

前面讲到，司礼监推举的是黄锦、王竚。为什么朱厚熜不乐意用这二人？朱厚熜“揭盖子”对杨一清说：“黄锦、王竚并非朕自己选择的，是司礼监循常拘次推举的他。这二人素来嫉恨张永，如果用他们，难保不废前人修举事功，何况他们都与郭勋相熟。”

他告诉杨一清，他已属意一人，那就是皇兄（武宗）朝有名的太监张忠。“此人大家都说他好，而今谪在南京，只是所司皆恶他。”说到这儿，朱厚熜面露厌憎之色，愤然道：

“他们（所司）每只徇私！”

“三张”之一的张忠，正德十六年（1521 年）发南京充净军。像他这样的大太监，京城待不下去了，就会躲到南京避风头，不管是在孝陵司香，还是孝陵卫充净军，都不过走个过场，待春寒乍暖时，“僵尸”便要复活。看，正德十六年去南京的大太监，谷大用、张永，已纷纷回京，朱厚熜赞张忠“素称为好”，甚至想用他掌领团营军务，显是张忠运作已久，大概水到渠成，就等跳出坟墓那一日了。

朱厚熜有起用张忠的意思，可是司礼监不荐他，令朱厚熜老大不快，大骂所司“每只徇私”——从来只晓营私舞弊，不做好事！

朱厚熜想用张忠，司礼监不接茬，朱厚熜又不同意用黄锦、王竚，两下戗住了，只好另推。

司礼太监张佐又推荐了谷大用、孙和、王润、武忠。

对这四个人，朱厚熜一一评点：“谷大用与王润皆非有才者，难以进用。孙和听说他有疾。只有武忠一人可用，可他目下在大同镇守，亦是紧要处。”

遂朱笔一挥——没圈，而是把四人全抹去了。

司礼监见皇上把四人都否了，就说，再无人可用。

朱厚熜在手诏中提起此事，愤懑力透纸背：“他们以为别无可用者，意实在于黄锦与王菸耳!”说白了,司礼监还是要逼着他用黄锦和王菸。

说起来,黄锦和王菸不是外人,也都是兴邸旧人。

黄锦曾是朱厚熜少时的伴读,二人年纪相仿,又是一起读书的同学,关系应是相当不错。朱厚熜即位后,黄锦升任御用监太监。此人在嘉靖前期大得重用,官至司礼监掌印兼领东厂,也曾一度总督过团营。可为何现在朱厚熜对他如此不待见,认为用他“恐不克于事”(“不克于事”就是坏事之意)?大概有两个原因:一、黄锦不是朱厚熜自己提议要用的。二、司礼太监张佐是兴邸旧人,他推荐的黄锦、王菸,同样是兴邸旧人,朱厚熜自然怀疑他徇私市恩。当时朱厚熜对兴邸旧人的评价总体偏低,很不满司礼监尽把这些人推到重用岗位上,正是旧人不得志的时节,“旧人”的身份反而成了他们的负资产。

在团营提督这件人事案上,朱厚熜是带有强烈的情绪色彩的。

既然内里走不通,朱厚熜就又想到让内阁推荐人才。

他鼓励杨一清“勿惮”(别怕、勿虑),推荐合适的人来。

可是皇上把此事的前因后果讲得这么详细,杨一清便知此次不同上回,他夹在皇帝和司礼监之间,左右都难处。

这是考验杨一清政治智慧的时候了。

朱厚熜与杨一清君臣的奏对,有一个特点,就是朱厚熜“谕”者多,杨一清“答”者简,或者说,杨一清“答题”的策略是尽量精简,择要而答。

这次一样,杨一清只答道:“诚如圣谕!但张忠先年过失颇多,宜且取回听用,其团营重任,未必遽堪。”

“诚如圣谕”,是对“圣聪”表示赞同,皇上您说得对啊!

对黄、王、谷、孙、王、武等人,他不置一词,也没有根据皇上的要求另外再荐一个。

他关切的,是皇帝所属意的太监张忠。

杨一清是从正德朝过来的人,深知张忠之恶,当年他侥幸逃死,贬至南京,这么多年过去了,皇上忽然提起此人,还说他“素称为好”,从未谋面之人,凭什么说他好?还不是内中有人一直念叨他好。张忠到底有多好?无外乎称许他当年掌军多么能干，皇上不是总嫌人才不够用么，这么好的人才投闲置散，岂不可惜？

为这一句“好”，张忠不知铺撒了多少银子呢！

杨一清非常谨慎，他只说“张忠先年过失颇多”，而没有大力揭发张忠作恶之多端，也不反对将张忠召回。他就是就事论事，建议用张忠这等有过恶之人，不可太急。

首辅柔性、引导式的劝谏，正合朱厚熜的路子，他想了想，也觉得骤然将张忠召回重用，确实太过急促。于是道：“用人一事，急难于得，且待大祀毕更议之。”表示此事从缓，等祭天大典过后再议。

张忠被杨一清巧妙地绊了一下，没能得到提督团营这个要差。不久之后他也死了，再没机会复出。

第十章 内阁权重，纷争渐起

上文列举了大学士杨一清与嘉靖帝之间关于提督团营内官人选的两次奏对。看官大概能做出这样的判断：杨一清具有圆熟敏练的政治手腕，行事风格也柔性理智，他与性格猜忌自用的朱厚熜，该能凿枘相合，维持较长一段时间的合作关系吧！

可惜这不是事实。

嘉靖朝的宰辅，性格不一，能力有异，然多“善始”而难“善终”，狼狈去位者颇多。杨一清也不例外，他二次入阁的时间也不长。

这要从杨一清与张璁的关系说起。

杨、张的关系本来不错，杨一清还是得到张璁的援引才入阁的。

当年争大礼时，小小的南京主事张璁，义无反顾上疏，支持孤立的皇帝。此疏一出，名震天下，遭到了普遍的嫌恶，可说是“恶名昭彰”。几乎所有人都认为他故意违众发表奇论，目的是谀君巧取富贵，诚为当世一小人也！当时杨一清还在家闲居，看到张璁的奏疏后，写信给门人、南京吏部尚书乔宇，对张璁的观点予以肯定，甚至说："张生此议，圣人复起，不能易也！"

在恶评的泥潭中挣扎的张璁，对此颇怀感激，他入朝贵显后，遂力引杨一清还朝。

张璁这么做，除了报答老前辈昔日的"赞礼"之情，还有一个更重要的目的——挤走现任首辅费宏。

费宏与杨一清一样，也是二次入相。费宏在正德中曾任阁臣，因为得罪钱宁、江彬而被迫致仕，朱厚熜即位后派人请他回来。费宏为人和易，对"大礼"他态度中立，没有发表过意见，以此得到朱厚熜的好感，在杨廷和离任后，由他接任首辅。朱厚熜一度对他非常尊重，亲笔题写他的官称为"内阁掌参机务辅导首臣"。可是费宏对张璁、桂萼等人多有裁抑，激起议礼新贵们的巨大恶感，群起而攻之。

费宏被议礼派赶下台后，杨一清接任首辅。张璁、桂萼也先后入阁，张璁居次相之位，成为杨一清的主要助手。

杨一清是历事五朝的老臣，在威望、经验及资历等方面远远高过张璁等人（他是成化八年（1472 年）进士，张璁迟至正德十六年（1521 年）才中举，仅仅从科分上来说，就差了约五十年。当然，张璁是科场偃蹇之人，也已经五十出头了，非黄毛稚子），但他深知，自己之所以能够再相，功在张、桂，所以他并不摆老前辈的姿态，对张璁等人非常客气。饶是如此，时日稍久，他们之间还是产生了不可调和的矛盾。

这源于张、杨巨大的差异。

首先他们在为人处世和性格上，就有很大不同。杨一清"性阔大"，好推毂后进，"爱乐贤士大夫，与共功名"，门生故吏遍天下，威望很高。他的宰相之度是几十年的仕途修行养成的。张、桂则没有这样的底子。他们本来都是沉滞下僚，在政治上无前途的人，"大议礼"对他们就像摸彩中了亿元重奖。当然，偶然性是寓于必然性的。这源自他们"锐意功名，勇于任事，不恤物议"的性格特点，否则何敢冒天下之大不韪，螳臂当车，与举朝为敌？急于功名之人，往往能力强，胸怀却褊狭，乏容人之度，即使做了相，

“宰相肚儿”里也只漂得起一条小纸船。所以一旦得势，整日奋不顾身，以报复为能事，搞得朝政一团乌漆。

他们在行政风格上也与杨一清有着根本分歧。张璁等是靠议礼发家的，他入朝后把相当精力放在帮助皇帝无休无止地“制礼作乐”上，在政事方面，作为新锐势力，他们尚“纷更、刻核”，与杨一清主张安静、宽平形成鲜明对比。

比如，杨一清主张：“天下之事，有重有轻，臣下之言，有缓有急。以轻重言，则恤民固本、安内攘外，其最重者也。”他发表这样的“轻重”之言，话里话外在提醒皇帝，不要把过多的精力消耗在礼仪之事上，莫忘了国计民生才是根本。这在张璁听来就很不舒服。

改变京营积弱的状况，也是杨一清重点考虑的事情。张璁虽然附议，并与杨一清一起推荐了张永，但他本人的主要兴趣点并不在此。

除了政见、性格和行事风格上的差异，张璁还对杨一清怀有怨恨。他力推杨一清入阁，原指望攻倒费宏后，杨一清升任首辅，会投桃报李，再援引他入阁。可是，当他们排走费宏，在增补阁员时，杨一清却没有向他伸来橄榄枝，而是推荐了弘治朝老阁臣、在正德元年(1506年)因得罪太监刘瑾而罢官的谢迁。

有意思的是，谢迁也是费宏向皇上荐的自代之人。谢迁奉召时，已经七十九岁，垂垂老矣。费宏宁愿推荐他继任首辅，也不推荐杨一清，可见费、杨二人也有不为外人所知的心结。然而杨一清登为首辅后，却继续推荐谢迁，很可能就是为了阻击张璁入阁。

谢迁长久在野，但他对复杂的朝局看得较为透彻，本不愿意来蹚这浑水，可架不住皇帝热情，专门派官员捧着亲笔手诏去请，只好奉诏就道。待他入京时，张璁已经入阁。谢迁年纪大、资历深，入阁后本当居于首席，可杨一清仗着官高，不肯谦让，谁主谁次，皇帝又不给个说法。谢迁地位尴尬，知道无所作为，勉强混了几个月，就力疏乞休，很快回乡了。

年近八旬的老者，辛苦几千里走了这一遭，大概朱厚熜也没当真要请老先生出来做事，就图个尊老的名声！

谢老走后，内阁就只剩下杨一清、张璁和翟銮三人，杨、张貌合神离，矛盾渐深，摩擦不断。嘉靖八年(1529年)二月桂萼入阁，遂与张璁联手攻击杨一清。

杨、张、桂身处政要之地、帝国权力的中心，他们的根本矛盾，当然还是权势之争。

从张璁的角度来讲，首辅杨一清挡住了他的进取之路，而杨一清也知道张璁蒙皇帝倚毗之深，必不安于次辅之位，势将取己而代之。二人相互防忌，各怀心事，决裂就愈发不可免了。

人与人形成什么样的关系，不光取决于他们的情感和主观意愿，很大程度上也是由他们所处的“地势”决定的：“地近势逼”，就容易龃龉相戕。

别说杨与张，就是张与桂，亦不逃此例。

张璁、桂萼相识于南京，在大议礼中结盟，携手奋进，腹心相托，在廷臣的咒骂、攻击下，也算共患难过，当他们接踵得势后，遂快意恩仇，共同展开对政敌的报复，好一双江湖璧友！可是当桂萼入阁，特别是在攻走杨一清后，二人关系迅速恶化。名利场中，敌友转换，真有莫知真幻之感。

他二人之事暂且不提，还说他俩与杨一清的纠葛。

朱厚熜曾授予部分大臣银章，用于密疏奏事。密疏用印封好后，直抵御前开拆，其中内容，外人悉莫能知。杨与张、桂经常在密疏中互相攻击，同时还暗中指授亲信官员上疏参劾对方，这便是两条战线上一明一暗的斗争。很快双方势成水火，张璁竟至咒骂杨一清为“奸人鄙夫”，杨一清涵养深，虽不至于利口回骂，但也忍不住在密疏中做出愤激的表示，“愿避贤者路”，要把首辅让给张璁。

朱厚熜似乎乐见宰辅不和，他做出持平的姿态，两头安慰，给双方都赐予温旨和褒谕。

阁臣不和，派系间攻讦不已，已成为朝堂公开的秘密。嘉靖八年(1529年)秋，一个叫孙应奎的给事中不耐烦了，上了一疏，将三位阁臣一并参了。他请皇上“鉴别三臣贤否”，贤者留用，不贤者斥去，不然朝廷永无平静之日。等于给皇上喊话,你不要再和稀泥了!

孙应奎这一本,貌似公允,其实锋芒所指,在张、桂二相。

另一位给事中王准随即追刺一枪,揭发张璁接受某参将的贿赂。张璁大怒,他一边假意连疏乞休,一边阴诋杨一清,试图将矛头转移到杨一清,让皇帝相信,言官对他的攻击都是首辅在背后指使。朱厚熜照例下褒旨安慰。可给事中陆粲紧接着上了第三疏,指张、桂擅作威福,报复恩怨,且他们的家人居间行贿,赃污狼藉。

这几个科臣(六科给事中)疏攻张、桂,由虚及实,由点及面,并且把攻击重点集中在贪赃劣迹较为明显的桂萼身上,显系有步骤的行为,关键是,他们确实掌握了许多不利于二人的罪证。

廷臣蓄积已久的对张璁等人的怨怒,形成强大的舆论压力,外有言路的劾疏,内有首辅的接应,终于使偏宠议礼诸臣的朱厚熜,对张、桂之恶,一时"大感悟",乘怒罢了他们的官,勒令他们致仕回乡。

一次罢免两位辅臣,这在明朝还真是件稀奇事。

张、桂是议礼派的核心,他们被罢官,引起另一位议礼干将、詹事府詹事霍韬极大的不满,他攘臂大怒道:"张、桂行,势且及我!"于是上疏力攻杨一清。

霍韬一面为桂萼的赃罪辩护,一面大揭杨一清的"奸赃罪状",主要有两条:一是纳张永之馈而为之引荐,二是受萧敬之馈而为其家人求封校尉。

两条都跟太监有关。

第十一章　宦官送议礼新贵一个字:蟹!

霍韬揭发说,张、桂二人每诋詈杨一清,杨一清亦仇怨璁、萼,双方积怨已深,杨一清内结朋党,暗构密谋,鼓嗾言官中伤同列,滥及善类。

霍韬直指,杨一清为攻倒阁僚,借助内力(内臣之力),此为误国大罪!《皇明祖训》《大明律》都严禁外臣与内臣"交通",何况还是首辅勾结内臣,攻伐同列大臣。杨一清收受张永、萧敬的贿赂，就是间接证据。

霍韬当时正在修纂《大明会典》①，他爆料说，杨一清对内臣讲："张璁、桂萼与霍韬修《大明会典》，请查内臣员额。他日内臣额数既定，将尽革额外冗员矣。"内臣听后，人人自危，这才有了陆粲等人的疏劾。他们攻击张、桂，并非本心，而是杨一清借助内臣之力，诱劫他们这么做的，以此颠倒黑白。

杨一清有没有对内臣讲那些话，无法考证，霍韬自然也拿不出证据。他以道听途说之言劾人，有点捕风捉影，但也不完全是空穴来风。

前文讲过，明代的"内府"与"外廷"隔绝很深，制度设计的本意是"以内制外"，可在实践中，却是宦官染指外政，外廷却没法反过来监督内府。吏部连宦官人数都不掌握，更别说干预内廷用人了。这是导致历朝宦官人数以及内职员数滥增而无法阻遏的根本原因。

霍韬在修《大明会典》时，就提出来，新修会典应该按照"祖训"之例，记载宦官制度（明代只有洪武时期颁定的《祖训录》和《皇明祖训》两部"祖训"设有"宦官门"，其他官书皆无），使得宦官职事、员额、条例等，皆有记述，有案可查。这个建议是好的，有利于外朝监督内府监局，但对宦官相当不利，所以遭到司礼监的坚决抵制，最终嘉靖年间重修的《大明会典》，仍然只有外朝文武官及历朝累行事例，而不及内府监局。

霍韬对此耿耿于怀，他认定，他的正确意见没有得到采纳，定是首辅与司礼监勾结阻挠的结果。杨一清素来与内臣关系良好，一定是他提醒了内臣，以此讨好，使之为其所用——这是霍韬推演的逻辑。

值得注意的是，霍韬敢于公然指责以司礼监为首的宦官集团，显然他是无惧于得罪内臣的。

这件事发生在嘉靖八年（1529 年）。

这一年可说是明代宦官史上一个重要的转捩点。从当年三月开始，明

---

① 会典是典制之书，《大明会典》记载的是明朝的政治制度。

廷陆续裁撤各边冗设多余的监枪（各边镇专管火器的内官）、守备内臣，五月尽裁辽东镇守、监枪太监及辽阳分守太监，各地监枪、市舶内臣全部召回，所余事务由各地镇守太监兼管。

这仿佛开启了一道闸门，在明代历史上，从未有过一刻，像现在这样，抨击宦官成了“政治正确”。在朝臣和地方官员的呼吁下，各边、省的镇守内官渐次裁革，仅仅十年时间，已经存在百年的镇守内官制度就瓦解了。这是全国范围内“省级”地方行政体制的巨变，内官裁撤后，总督、巡抚等文臣的权力进一步扩大，从而奠定了晚明至清代督抚体制的基础。

各边镇守、分守、守备及监枪内官，往往与京营内官存在相互迁转的关系，统称为“军功内官”。在裁撤地方镇守后，京营的提督、监督、坐营等内官被一体裁革，也就是早晚的事了。

过去是内官监督文官，然后一起驾驭武官，打这以后，文官再无掣肘，专一“以文驭武”，全面掌握军政大权，只可怜那武臣将领们，自仁、宣以来式微的趋势并无变化。

宦官的权势遭到重挫，他们伸向地方的触角被一刀斩断，这种打击是两方面的。首先，宦官体制失去了在地方上的基础，整个体制被拆掉一半，只剩下“上层建筑”，也就是两京内府衙门了，宦官诸多的“上进之路”和“迁转之阶”遭到截断。其次，所裁撤的宦官职位都是肥润的外差，不仅宦官职权大为缩水，宦官奉差到地方上管事的机会也很少了。

虽然中央官员在众多事务上仍须与宦官合作（多为具体事务，如京城及皇室营建修造，外廷工部就得与内官监协同行事），但在绝大多数地方，官员和百姓再也无须面对宦官，大批钦差宦官衙门的撤销也直接减轻了地方上的赋役负担。

这些可说是嘉靖一朝取得的最大政治成果，而无论是杨廷和还是费宏、杨一清，他们做首辅，都做不到，也不会考虑去做。

嘉靖八年（1529 年），正是议礼新贵驱逐老臣，纷纷占据内阁和其他中央机构重要领导岗位的关键时期。对于抑制宦官职权、拆解宦官体制，议礼派大臣是主要推手，也是嘉靖帝决策的最有力支持者。嘉靖朝裁抑宦官最严的那些年——大致在嘉靖八年到十八年(1529年~1539年)之间,也是议礼派跃居其政治权势顶峰的那几年。

议礼新贵跟杨一清为代表的老官僚不同,后者遵从祖制,不反对自开国以来相传至今的宦官制度,而是努力适应并尽力处理好与太监的关系——尽管这种努力经常以失败告终。比如杨一清就曾是刘瑾苛政的受害者,同时,他却与另一批太监合作愉快,他本人也从不质疑或反对宦官权力。与大兴风浪相比,老官僚更愿意维持政治稳定。而议礼新贵的经历与之截然相反,他们多是从基层骤然拔擢到高位,政治经历短暂,对宦官普遍抱有恶感,也没有与宦官周旋相处的经验,他们宁愿大破大立,引刀斩除,来个痛快。

议礼派对宦官的轻蔑态度,通过霍韬的直言不讳表达出来,他说那些话,得罪的不仅仅是张永和萧敬(一死一老),而是整个宦官群体。

有一件事,反映了宦官对议礼派主将的深深嫉恨。

一天,朱厚熜在内廷闲坐,忽见一些爬虫从殿内横行穿过,内臣说,这是螃蟹。也怪了,皇帝不识蟹!而且这位皇帝还来自楚国泽乡。朱厚熜见蟹壳上有字,命抓过一只,见上面用朱漆写着张璁和桂萼的名字。

朱厚熜大怒,严令追查,最后查明,这是内官监太监崔文捣的鬼,他借螃蟹隐射张、桂等人横行霸道呢!"蟹谏"的崔文因此被谪放南京(见李诩《戒庵老人漫笔》卷二"蟹背字")。

此事表明,内廷有人试图影响皇帝对张、桂等人的判断。

事实是,就在张璁、桂萼等围攻杨一清时,忽然皇帝一怒,将他俩罢了相。

朱厚熜一反常态颁发明旨,严厉批评张、桂"自用自恣,负君负国",令他二人立刻离京回乡。

只是,板上钉钉的事,眨眼又发生变化。

原来,朱厚熜撵走两位爱将,是出于一时心怒,等心情平复下来,悔意就慢慢涨上来,将张璁"执拗"那些事,全抛到爪哇国去了,瞪眼急问,张璁呢?他得知张璁已经离开京城,愈发心急火燎,立刻写了一封挽留的手诏,派人加急去追。信送到时，张璁已走到天津，一回朝，马上官复原职。

皇帝亲自请回来的，这下更神气啦！

当张璁复入内阁时，杨一清的结局就已注定。

杨一清的内心充满愤懑，他既感于天子的凉薄，又痛恨议礼诸臣的倾轧。如霍韬称他受贿推荐太监张永，张永的起复，他固然是主议，可张璁不也附议了？霍韬在疏里含糊地说"杨一清等"，内阁三臣，除了杨，"等"还有谁？另一位阁臣翟銮为这一"等"字所迫，不得已上疏自辩，声明起用张永与己无关，希望霍韬说明，到底是谁受贿。

为了攻倒杨一清，议礼派罗织其罪，说张永死后，杨一清受了张家的银钱，为张永撰写墓志；张永之弟张容乞恩升锦衣卫指挥佥事，兄张富为副千户，都是杨一清受贿帮他们搞定的。

太监死后，大臣受托为其撰写行状①或墓志铭，并接受一点润笔，本为寻常之事。杨一清与张永私交甚笃，张家乞杨一清的大笔，理应难辞，甚或还是张永生前的嘱托，并无不妥。没想到，当朝廷风气转向不利于宦官时，张永墓志竟成为攻击杨一清的口实！

霍韬对杨一清还有一项更严重的指责，说他与刑部勾结，"构"成桂萼之罪。朱厚熜最忌臣下结党营私，霍韬一告即准，马上令法司会同锦衣卫镇抚司展开调查，同时将刑部尚书周伦调到南京，以侍郎许瓒接任尚书，该部郎中、员外郎等官全部夺职。

许瓒一上任，就将首辅的罪坐实了，据此拟将他削籍为民。朱厚熜令杨一清自陈。杨一清上疏为自己辩护，同时请求致仕。

在这节骨眼上，张璁连上三道密疏，称述杨一清赞礼之功，请求皇帝赐他"宽假"，让他过这一关。张璁看似在替首辅说好话，其实用心甚险，他请皇帝不再追究，等于预设了杨一清有罪，不啻在他背后猛推一掌。果然，朱厚熜就准了杨的辞呈。杨一走，张璁即升作首辅。

---

① 行状是死者一生行履的记述，一般由熟悉死者的人撰写，是再请名人撰写墓志铭的参考。

杨一清居官四十余年，历成化、弘治、正德、嘉靖四朝，对政治上捕风捉影的妄意攻击本是见多不怪，不料晚年蒙受不白之冤，不禁大恨道："吾老矣，乃为孺子所卖！"不久疽发于背而卒。他死有余恨，临终时留下一道遗疏，对皇帝说，臣是清白之身，横遭污蔑，死不瞑目。可是朱厚熜不为所动，只是下令不再追究老首辅的赃罪（不追究，不等于还他清白）。

过了几年，张璁罢相，才恢复了杨一清的原官。

第十二章 奴告主！ 太监坟几乎引发灭门大案

古往今来，不乏为富贵而叛主求荣之人。例如嘉靖帝深恶孝宗的外戚张家（孝宗皇后、武宗母张太后的娘家），张氏家奴纷纷倒戈，揭发太后的兄弟、国舅爷张鹤龄、张延龄兄弟的罪恶，甚至不惜诬告主人谋反。[①] 他们懂得，主人谋不谋反并不重要，重要的是，皇帝需要一个整治张家的罪名，越大越好。以奴告主，本来是有违伦常的，可是皇帝不理会这些，并且罔顾事实，张家奴才告发主子谋反，他就拿谋反大罪来治张家。如此公然的罗织陷害，就连张璁都看不过去了，他仗着有几分皇帝信任的底子，对朱厚熜说，张氏兄弟就是一对守财奴，根本不可能造反，何况他们是太后的兄弟，按照大明律，谋反是灭族大罪，难不成连太后也要株连？经过张璁的苦劝，朱厚熜才暂时将杀心收起。

皇帝一心治张氏的罪，"项庄舞剑"，意在太后，对此举朝皆知，无人敢谏。在这件事上，只有张璁斗胆讲了几句真话——足证他在皇帝心中的分量。

由于有外戚张氏的榜样在那里，便有许多奸邪小人，眼热心动，效颦故技，欲提主翁之头来做投名状，博取自家富贵。张永的家族，几乎惨遭毒手。

---

① 此案详见《大明后宫有战事》。

张永已死，张家倒了顶梁柱；张永还与杨一清有瓜葛，正落在政争的凛冽西风口上。

刚好这时张家又闹起内讧。张永的哥哥张富指控张永的家人朱继宗趁张永去世侵吞他的财产。朱继宗为脱身，看准形势，反咬一口，找人写奏章，揭发正德十四年（1519年）张永在江西勘事时私盗宁王府库金两千两，以一半馈赠杨一清，为张容营求升职。

这一下就给杨一清栽上一千两黄金的赃款。

朱继宗是张永生前的亲信，他的揭发很有杀伤力。而且朱继宗的讦告也不简单，据说是嫉恨张永又与杨一清有隙的郭勋在背后指使，他一边乘霍韬弹劾杨一清，暗令朱继宗上告，一边利用各种关系，“为飞语流播禁中”，在内廷大造舆论。

张容晓得此事的利害，恐惧之下，急忙具疏奏辩。法司审理查明：张永生前，曾送杨一清生日贺礼金百两；张永死后，张容求杨一清写墓铭，送折仪银两百两，此外并无私吞库金行贿之事。尽管这个案子事实不清，证据不足，法司还是以张容“违例乞升”，判处他赎徒①，并革除其锦衣卫指挥佥事的职衔。对杨一清，奉旨免究。

显然这是一种政治性判决。

那时杨一清还在首辅位上，对此极其痛愤，不予置辩，乞候圣裁。而他很快就被迫致仕了。

无罪而免其罪，将生日礼金和润笔收入当作赃款没收，明摆着是在刻意羞辱这位前任首辅，背后自然是张璁在操纵。

有鼻子尖的言官嗅出风向，跟风追打“落水狗”，抓住杨一清“受贿”之事不放，要求尽法追究。已经致仕的杨一清又被罢了官，不久赍恨而没。

杨一清死了，张永也死了，但张家的劫数没有过去。

---

① 赎徒是赎刑的一种，即按律当处徒刑，但允许犯人缴纳一定金额的罚款，免于坐牢服刑。

第二年，一个叫童源的锦衣卫军匠忽然上疏，控告张永的坟墓奢侈逾制，且伤及天寿山“龙脉”。

童源称张永坟伤龙脉，这害人之心，着实令人恐惧。

朱厚熜将童源的讦疏下礼部和工部覆议。

工部尚书章拯会同礼部右侍郎湛若水到现场查勘后，覆奏说，我朝品官坟茔原有规制，内官去世，往往赐葬，但是否造碑亭、享堂，没有一定之规，皆出自皇上特恩。经调查，确实有太监借朝廷恩典大兴土木，所造之坟华靡逾分，积弊久之，玩袭已为常态，并不只是张忠、张永一二家而已。

【宦官小词典】宦官恤典。弘治十年规定，公、侯、驸马、伯、都督及内官营葬，所拨夫役人数：公、侯、驸马，三十二名；左、右都督及同知、佥事，二十名；太监二十五名，有特旨兼造享堂者，三十名。又正德十二年工部奏：太监等官病故，成化、弘治间造坟安葬，给银五十两，若建享堂碑亭者，百无一二。自正德以来，奉特旨建造者无月无之，率给银五百两。考宦官墓志，有地位的太监去世，其“哀典”包括：谕祭（一到三坛至九坛），赐宝钞、银币、斋粮麻布（数量不等），给棺椁，工部营葬，造享堂碑亭。宦官坟茔逾制，多是家属私下的行为。

两位大臣建议，如果张永坟斫伤龙脉是实，请下法司问拟，内官坟茔修造过度的，请通行禁约，并敕令金山管事太监，严禁山原，不许在山动土，损伤龙行正脉，之前瓮山、红石口山脊等处被人开挖，广源闸右堤水沟被人挖掘引水的，皆应即行填塞。

工部、礼部的覆奏并未确认张永的坟墓伤了龙脉。

朱厚熜将覆奏下法司“看处以闻”。

官员犯法违禁，例由都察院负责。都察院派人查勘后奏报说，太监秦德、张永和张忠的坟墓，在瓮山广源闸等处，俱系山陵（昌平天寿山皇陵，今称“十三陵”）来龙过脉及环拱处所，奢丽逾制，均应改正。至于其他官民坟墓，不下数千，凡有奢侈僭分者，亦当改正。不单坟墓，西山一带煤窑往往伤破山体，也应禁塞。

朱厚熜批示："秦德等坟墓越礼奢侈，俱改正拆毁。其余官民坟墓，但有奢侈过分者，限三个月内一体改正。如与龙脉无关，且修造无奢僭者，可以不动。煤渣系民生日用所不可缺者，只要煤窑不在紧关应禁处，听小民照旧生理。"

坟墓逾制，主要指地面建筑，比如不该造享堂的造了享堂，不该建亭的建了碑亭等，圣旨要求该减的减（逾制者），该拆的拆（犯禁者），从天寿山一路来的龙脉上，不许开挖动土。

此事不知执行得如何，严旨之下，想必坟主们多少得有点动作，但京西瓮山、广源闸一带坟茔众多，逐一查勘、个个改正，确实是有难度的。可能包括张永坟在内的绝大多数坟墓并未拆毁迁移，只是将逾越制度的地方，做一些"改正"。不久后张家又遭告讦，还是与张永坟有关，证明张永的坟墓并未"拆毁"。

《明世宗实录》卷一百二十七，嘉靖十年（1531 年）闰六月记：

是时刁风渐炽，都市无赖子三五成群，挟持内外阴事吓骗，重贿不得则罗构事端奏讦之，更相证助，诸司皆惕息。

说的是当时京师风气：无赖市棍三五成群，讦人阴私，恐吓诈骗，如果钱不到手，就变本加厉地造谣污蔑，而且棍徒们互相作证，上疏轮攻，不把事主扳倒不肯罢休。

张永家两次被告（告者是朱继宗、童源），皆是此风的受害者。

自古"天子脚下"就称难治，棍徒挟诈本为市井常态。可诸司（官府）不仅不加禁约，反而"惕息"紧张，自然不是因为刁民强悍不好治，而是奸民告讦背后投射着政治斗争的背影。凡事一旦和政治发生关系，简单的事情就会变得复杂，诸司禁忌多了，便不敢执法，他们怕一不小心得罪皇帝和权臣啊！

自"大议礼"后，朝廷政争日趋激烈，政治清算一波接一波，许多外戚、大臣和权贵遭到打击，朝不保夕，兢兢自危。朱厚熜不信任群下，多次下诏，鼓励揭发群臣"奸弊"，即使所告不实，也从轻处，或干脆不予处分。这让京师无赖们找到了商机和“奇货”，特别是那些昔日为奴的，他们最清楚主子的阴私和罪孽了，有心人还提前记着账呢！这时正好拿出“秘密笔记”，找到旧主子，讹一注横财。

告讦之风一时大盛，说明嘉靖初年打击权贵，本质上还是政治斗争和权力倾轧，已经偏离了法制的轨道。

锦衣卫军匠童源就是这样找上张府的，他原以为权势尽丧的张容会选择破财免灾，没料到张容竟不理他，于是一怒上疏，告了天状。

他这一告，不只张家凄惶不安、张永泉下惊慌，也让京西众多的坟主被扰攘不宁，要拆要改的坟墓不知其几！这正是小人虽小，害人不小。

张家迅速对“僭违”之处做了改正。

这事本来已经了结，可小人岂肯善罢甘休？童源憋了一肚子坏水，毒不喷出来誓不罢休。一计不成，再起新计。他在张家奴仆中秘密串联，分头做他们的工作，煽惑他们出首，告发主子的奸私。

他抛出来诱奴叛主的“胡萝卜”，正是朝廷的赏功之典。

张府奴才们，都是过去张家势大时投靠为奴的，平常为虎作伥，狐假虎威，作奸犯科是他们的本行，胸中唯独缺少一颗忠心。经童源一说两说，很快就有张容的两个仆人，一个王谦，一个李纠，跳出来告发张容。他们找到京城的一个老讼棍张雄，几个人一合计，精心拟写了一份告词。

这一枪刺出去，必须快狠准！

张永是大太监，告他家，与民间告讦不同，必要牵进众多的大官。这个“套路”，小人们都懂。为扩大影响，他们连蒙带猜，捕风捉影，竟将有名大臣如汪鋐、许瓒、许诰、廖道南、史道，以及司礼太监黄锦等数十人，一齐告了，说他们都受过张容的贿。

这一炮刚响，童源马上追射一弹，对张家展开密集轰炸。

此案的卷宗今已不存，我们无法知道童源等人所告的具体内容，但奸邪小人毫无顾忌地把这么多大臣拉下水，大约是这样考虑的：一则，牵涉朝臣多，皇帝才重视，只有做成大案、钦案，他们才有奇福可期。二则，多拉朝臣，好比撒一张大网，若皇帝严旨追究，总有一两个与张家有过“礼尚往来”

（好比杨一清给张永写墓志，就被歪曲为受贿），只要撞上一个，那就是他们的功，不为诬告了。

这两道讦疏一上，举朝震惊，凡疏上有名的大臣，纷纷请求免职待勘。

朱厚熜将讦疏连同汪鋐等大臣的乞罢疏，一起下法司与锦衣卫会问。这正合童源等人之意，也是被他们料准了的。

朝廷人心惶惶，不知此案将如何发展。

法司审理后认为，童源等所告皆为不实的诬词。朱厚熜马上做出批示，称童源等"累肆渎奏，结党诓诈"，下令将他们发极边卫所充军，而那些被他们诬陷的官员，全部置而不问。

所有人都松了一口气。

张容关起门来，额手摩胸，好一番庆幸，又逃过一劫。

可是他没想到，这还不是最后的结局。

几年后，他家又被告了！

嘉靖十三年（1534 年），距离上次被告，已经过去三年，张府门口的飒飒金风，依然冰冷割人。

这一回，张家还是被家奴所告。

这个家奴名叫郭禄，不知因为什么事被张容撵出府，他不甘心，一心寻仇报复。这应了那句俗话："宁得罪君子，不得罪小人。"不过反而思之，为何张家的小人那么多？不知张氏兄弟有无反思。

郭禄想反咬一口，一时找不到下口的地方。

过去几年，因为迭遭讦告，张容也怕了，为人行事都很低调，没事闭门不出，不大与人来往。郭禄想不起告他什么，只好重翻旧账，再联系一些时事，找人写了一本，狠狠奏了上去。

他告发张永坟冲犯龙脉，张容不行迁改，去年他妻子陈氏死了，又偷偷将其入葬（由此来看，张永坟茔是张氏家族墓地，而且确实没有"拆迁"）。

看官，你觉得郭禄这么告管用吗？

乍一看，你可能觉得这不是大事，顶多让张家再次迁改而已。

可是,郭禄下的药还在后面呢!

郭禄有多毒,还要从前一年的一件事情说起:嘉靖十二年(1533 年)八月,皇长子出生了。朱厚熜即位一十三载,至此方得一子。他给孩子取名朱载基,并且大赦天下,初为人父的快乐可想而知。可兴奋劲还没过去,这孩子竟夭折了,出生仅仅两个月。朱厚熜大为悲痛,追赠他为哀冲太子。

郭禄这坏家伙就将张永坟与哀冲太子的死联系起来,说皇帝宝贝疙瘩的死,就是张容偷偷把他妻子葬在冲犯龙脉的坟茔里造成的。

这、这……

不好这么联系吧?

可狂徒就敢这么诬告、陷害。

如果皇帝听信了,那张氏一族恐怕就要灰飞烟灭了。

郭禄把奏稿写好,让他儿子郭麒送到锦衣卫带俸指挥阎纪家,请他转奏。

这位阎指挥,是哀冲太子之母阎贵妃的父亲。

老"国丈"接本一看,马上危坐起来,郭禄所告正对他的心思。

本来,他姑娘阎贵妃生下皇第一子,阖门大喜,不料孩子就那么夭折了,悲伤惋叹之余,他还得为活人着想啊。他大概知道皇帝性情粗暴偏执,失了爱子,说不得就会移怒到贵妃头上。可巧郭禄把张容的头送来,皇帝的怒火有了发泄对象,贵妃那里就会少许多压力。所以,阎纪如获至宝,立马把郭禄诬写的本章递进宫去。

到此时节,张容除了佛前焚香,口念"阿弥陀佛",也只有冀望侥天之幸了。

庆幸的是,朱厚熜没信郭禄那些胡扯的鬼话。

他看了阎纪送进来的本章,顿时心生厌恶,眉头蹙起。"此疏甚是无谓,"他将奏疏拿给辅臣张璁等人看,"人命自有天定,何况后人的福分,都看为人父、为人祖者所积如何。朕之德固然不及皇祖、皇考深仁厚泽,难道真像阎纪说的这样吗? 真是岂有此理!"

张璁趁机进言:"近年京师无籍小人竞为刁辞,挟诈人财。就是锦衣卫的现任官，也不能擅自收受民间诉状，何况阎纪还是带俸官①，乃私受郭麒告词，为之转奏。此事显系郭麒主使。”

他强调：“此风若长，未免有伤皇上平明之治，请严治之。”

张璁希望借此严惩京城诬告之风。

当然，他不会说此风实际上就是他面前这位皇帝鼓起来的。

朱厚熜表示同意，让张璁拟旨，逮捕“胁诈害人，主使阎纪渎奏”的郭麒，下狱问罪，对阎纪则以其“受人蒙蔽”宽贷不究。

郭禄见奸计不成，反把儿子搭进去，情急之下，他又拟了一疏，还是告发张永、张容兄弟，这回加进新的“猛料”，讦称张氏兄弟与亲王交通，怀有“大奸”。

太监与亲藩通谋，也是害死人的大罪！

奏疏写好，他让老婆陈氏穿上男子的衣服，将疏文藏在怀中，冒充宦官，混入皇城，一径跑到午门前，将奏本顶在头上，嘶叫着为郭麒喊冤。

朱厚熜的性格，是不能拗着他来，这边他刚刚处分了郭麒，那边宫城大门就被郭家老母堵住喊冤，他一听火气就蹿上来，当即下令，将陈氏一并拿了，送法司严鞫，并且要求“从重拟报”。最后郭禄父子都被发配边卫充军。

郭禄自作孽，用一句话来形容，就是害人不成反害己，害了自己害子孙。

太监张永也是可怜，死后屡遭讦告，第一次朱继宗告他，实录说，“告讦遂炽”，这是嘉靖初年告讦之风兴起的源头。从朱继宗到童源、王谦、李纠、郭禄，三四年间，张家竟“三被奴告”。

当童源、郭禄再告时，廷臣皆惴惴然，以为又将兴大狱，亏得朱厚熜这次精明，察觉奸人所告皆荒诞，将他们置诸重典，由是“中外大悦，而告讦之风少衰”。

嘉靖初年的告讦之风，其兴与衰，都与太监张家相始终。

---

① 带俸是相对于现任来说的。阎纪是锦衣卫带俸指挥，带俸之意，是只拿一份干薪而不管事。

第十三章　嘉靖皇帝不偏用潜邸旧人

嘉靖皇帝朱厚熜对外戚和宦官都比较严苛。外戚过去得到的世封，到他手里，被一概除去[①]，宦官体制也遭到腰斩，在整个嘉靖时期，没有洋洋得意长安道的外戚，也没有具有明显权势和政治影响力的大太监。

朱厚熜为何严驭宦官？

一般解释是，朱厚熜由藩邸入继，深悉宦官乱政之恶，故对其严加制裁。如《明史》说：

> 世宗习见正德时宦侍之祸，即位后御近侍甚严，有罪挞之至死，或陈尸示戒。张佐、鲍忠、麦福、黄锦辈，虽由兴邸旧人掌司礼监，督东厂，然皆谨饬不敢大肆。

这段文字可分两截来看：

第一，朱厚熜"习见正德时宦侍之祸"，为他严驭宦官提供了一种符合逻辑的解释。尽管朱厚熜有无"习见"，属于"头脑风暴"，是他的意识活动，外人难以求真或证伪。姑且信之，亦无不可。

第二，文中提到四个大太监，张佐、鲍忠、麦福和黄锦，与上截"讲道理"不同，这是摆事实。

然而，《明史》说他们都是"兴邸旧人"，与事实不符。

四人之中，张佐、黄锦出身兴邸，鲍忠与麦福却不是。

张佐资格最深，他是朱厚熜的爸爸兴献王的"内伴读"（伴读内臣），弘治七年（1494 年）随兴王就藩湖广。正德中任兴邸承奉，正德十六年（1521

---

① "世封"指世袭、世代相传之封爵。嘉靖朝出台新的规定，外戚封爵不许世袭，只能获封"流爵"，止于受封者本身。

年)扈从来京,顺理成章地擢升为司礼监太监。

朱厚熜即位之初,请出老太监萧敬出任司礼监掌印,张佐的地位次于老萧,但他是皇帝的私人,奉侍朱厚熜父子三十余年,结恩深厚,事实上的影响力更大。因此正德朝的权贵太监们,都如蝇附膻地去巴结他。

正德十六年(1521年)七月,经都察院会同廷臣合议,决定依"交结朋党、紊乱朝政律",判决太监张锐、张雄、张忠等一批罪大恶极的内官死刑。这些败坏朝纲的大太监,正是造成正德"宦侍之祸"的主犯,新政之初,将他们推出市曹当众处死,是一件大快人心的好事。

可是廷议进呈后,十几天过去了,毫无消息。在朝臣的催促下,司礼监忽然传话说,廷议疏上有污点,让都察院重新抄誊了再奏。

司礼监鸡蛋里挑骨头,明摆着是拖延战术!

御史屠侨愤然上疏,说张锐等人所犯,是古今大恶,法官所议,是祖宗公法,奏本可易,法岂可易哉!指出奏疏不出,"必萧敬、张佐等阴为之地,挟私舞弄",为奸邪保驾护航。

司礼监虽以萧敬为掌印,但萧是前朝老人,自己都有些择不清、洗不净,再加上年老昏迈,他就是有心操弄,也必须和张佐商议,得到他的认可。因此,司礼监在这件事上,应视张佐为主谋。

可见张佐虽为新人,刚刚跳进京师这个名利场和烂泥塘,一朝权在手,便把令来行。想当年,皇帝还没到,太监们纷纷削尖脑壳出京迎驾,效果这就显露出来了。在随驾上京的众多兴邸内官中,张佐自然属于首当拉拢收买的对象,如今他把了权,倒真心使力,不忘受人钱财替人消灾。

在言官的一再要求下,都察院本总算发出来,但皇帝没有直接批处,而是令朝臣"会官复讯"再奏。仍是缓兵之计。

最后张锐等人均逃一死,张忠甚至钱能通神,让皇帝左右的人不断念他的好,使朱厚熜相信他能够胜任团营提督一职,几乎让他满血复活。大概也有张佐的"功劳"吧!

张佐很快遭到"擅权和蒙蔽"的弹劾。

嘉靖二年(1523 年)五月,四川道监察御史余翱说:“司礼监太监张佐典司章奏,不取上裁,假借纶言,疏隔内阁,以变移国是。”请求皇上亲揽政权,并亟正张佐蒙蔽之罪。

朱厚熜答复说:“章奏朕皆亲览,然后付内阁票拟,一遵累朝故事。张佐侍朕敬慎不欺,御史安所得此言?”

御史说张佐欺(蒙蔽),皇上说张佐不欺。

朱厚熜性格多猜忌,察察之君总喜欢紧握威柄,不会轻易放手,任臣下去做;朱厚熜初政也颇勤勉,应该不至于像余翱说的,将国事一概托之太监,任其蒙蔽。但从这件事可看出,张佐作为“典司章奏”的司礼太监较为活跃,对政事积极干预,并常常在外廷以皇帝代言人的身份,动辄口称圣旨(即“假借纶言”),已引起外廷不满。

朱厚熜对张佐十分信任,他听从张璁的请求,赐给大学士杨一清、张璁、桂萼等人银记,让他们密疏言事,除了阁臣,太监张佐、麦福也得到银记。张佐银记四枚,跟张璁一样多(杨一清仅两枚,其亲疏可知),记文分别是“集谋补德”“端忠诚慎”“辅忠”和“励忠”。麦福银记一枚,文为“公勤端慎”。此外还得到大量财物的赏赐,张佐在湖广承天府的庄田湖地达三百六十多顷(三万六千多亩),并多次获得加赐禄米的奖励,累计达二百四十二石。麦福赐米至三百七十三石,黄锦五百余石。

【宦官小词典】明实录记:“旧制,内臣至太监无秩可升,但加食米,以岁十二石为一级。”明代宦官最高官职不过正四品的太监,升到四品就无官可升。于是以加食米(禄米)代替加级。以十二石为一级,加一级,既称“加恩一等”,也称“升一级”,加二十四石,则是“加恩二等”,或“升二级”。区别是,地位尊隆者称“加恩”,稍次者称“加级”或“升级”。加禄米,对内臣就是升官。

萧敬去世后,张佐接任掌印,并长期主持司礼监。从他的事例来看,朱厚熜未尝不用潜邸旧人,只是他用人精察甚严,对那些“不堪供事者”,常不念旧恩，予以裁抑，以致引起旧人的不满。

除了张佐，黄锦也是兴邸旧人。

黄锦是正德三年（1508 年）由北京内廷拨赐兴邸的宦官。当时朝廷赐给兴王府供事者一共二十一人，以黄锦最有出息，做到司礼监掌印太监。

黄锦的发达，源于他被选为朱厚熜的近侍内臣。

正德八年（1513 年），朱厚熜已经八岁了，兴献王亲自在宫中教习书史，同时选“端谨”内侍多人为内伴读，“恰同学少年”，黄锦是其中之一。他的年纪应与朱厚熜相仿，或年长几岁，可以说是与皇帝一起长大的。

朱厚熜即位后，黄锦升任御用监太监，但直到嘉靖后期，才升任司礼监掌印，进入大明的政治中枢。

说了两个兴邸出身的太监，再说两个不是兴邸出身的太监，就是被《明史》误认为潜邸旧人的鲍忠和麦福。

鲍忠非兴邸旧人，从他父亲鲍宣的墓志（《大明故恩荣官鲍公（宣）墓志铭》）可知。墓志记载，鲍忠是北直隶肃宁人，成化中入宫，在内书堂读书，擢司礼监书办。弘治中，任内官监太监，“侍乾清宫，掌御司房事”。明宫的每一处宫殿，都有一个“司房”，皇帝居住的乾清宫，就叫“御司房”。鲍忠在御司房管事，相当于乾清宫的账房先生，是一个相当重要的岗位。

鲍忠在弘治中已颇有权势，他不可能是兴邸旧人。

然而鲍忠在正史中首次出现，是朱厚熜即位后的正德十六年（1521 年）七月，那时他的身份是东厂太监（前文说到，他曾荐过张永）。

嘉靖中，鲍忠一直担任司礼太监，很受器重。他在嘉靖二十七年（1548 年）病死后，朱厚熜竟批准给其侄鲍恩等八人升级，家人收入勇士营者五十人，遭到兵科的强烈反对后，才改为升级三名，收勇士二十名，仍属“恩泽非常”。

除了鲍忠不是潜邸旧人，同样当过东厂太监的麦福也不是。

有意思的是，麦福还曾是武宗朱厚照宫里的宦官。

第十四章　司礼监俘获了东厂

麦福在《明史》无传，所幸他的墓志保存下来，留下不少珍贵的材料。《司礼监太监掌监事兼督东厂麦公福墓志》的作者，就是鼎鼎大名的内阁大学士徐阶。

麦福是广东三水人，墓志没有记载他的出生年月，现代编的《三水县志》记其生于1498年，即弘治十一年。麦福"幼入内庭"，大致是在弘治末年或正德初年入宫。

墓志简略记载了麦福宦官生涯早期的经历："正德丁丑（十二年），以选供事清宁宫。戊寅（十三年），改乾清宫近侍"。他在正德十二年被选为武宗之母张太后所居清宁宫近侍，次年又改为乾清宫近侍。麦福不是朱厚熜潜邸的旧人，而是武宗宫里的旧人，是前朝的旧人。

麦福能被选为近侍，侍奉帝后，说明他为人机敏，有过人之处。但他算不上正德朝的红人，因为正德十二年（1517年）后，武宗常年住在豹房，已不在乾清宫居住。麦福名为御前近侍，可是"昔人已乘黄鹤去，此地空余乾清宫"，大约他也难以见到皇帝。

也许正因为这个缘故，新皇帝来后，他得以留侍乾清宫，从而迎来了他人生的机遇期，进入官位驰进的快车道——

麦福在新君即位的第二年（嘉靖元年）即升御马监左监丞，随即改升御用监左少监。嘉靖三年（1524年）已任御用监太监。同年改官御马监，监督勇士、四卫营务。明朝设勇士、四卫营"以备宿卫扈从"，是防护皇城的禁军，这支武装始终由御马监太监提督和监督（提督一般由御马监掌印太监兼任，提督地位要高于监督。几年后，麦福即以御马监掌印提督勇士、四卫营），是宦官掌握的一支精锐武力。

嘉靖六年（1527年），麦福奉命随朝请，晋乾清宫牌子。

"随朝请"就是当皇帝上朝时，在左右随侍，与"乾清宫牌子"同为御前

亲近内侍。近侍内臣不属于任何一个监局,他们是直接服务于皇帝的一群人,构成宦官的上层。太监刘若愚说:

凡御前亲近大臣,如乾清宫管事、打卯牌子,其秩亦荣显,犹外廷之勋爵戚臣。然皆得掌各衙门之印,视其宠眷厚薄而钦传异之,不拘资次。

刘若愚将乾清宫管事、牌子等内臣比作外廷的“勋爵戚臣”。“勋爵戚臣”是勋臣与戚臣的合称,简称“勋戚”,包括了以军功和外戚关系而受爵的那个贵族群体。易言之,近侍内臣就是宦官中的“贵近”。

近侍内臣并不只在乾清宫当值,往往还兼掌监局司库等衙门印信,而这样的地位,总由皇帝直接传旨授予(钦传),是“不拘资次”的。宠越深,越容易得到内府“大衙门”的掌印。好比麦福,他在嘉靖七年(1528年)就奉命掌御马监印,提督勇士、四卫营,成为这支重要禁军的最高首领。

至此,麦福迈入大太监的行列。

嘉靖八年(1529年),麦福奉命提督十二团营,仍掌乾清宫事。

此事记在麦福墓志里,解决了一个史书缺载的问题。前文说到,为了谁来接任张永去世后留下的职务,朱厚熜与辅臣反复磋商,当时议了六个人,要么朱厚熜不想用,要么不合于用。最后用的谁呢?正史没有记载。麦福墓志给出了答案:嘉靖八年(1529年),由提督勇士、四卫营御马监掌印太监麦福接过了提督团营的职务。

当时朱厚熜很腻歪兴邸旧人,结果这个职务由麦福得到了。

其后几年,麦福几乎一年换一个岗位(有的是兼职),用今天的话来说,是在不同岗位上“历练”!

到了嘉靖十六年(1537年),麦福受命总督东厂,兼掌尚衣监印。

当麦福总督东厂时,还是御马监太监,到了嘉靖二十四年(1545年),乃迁入司礼监,以司礼监太监总督东厂。督厂三年多后,晋掌司礼监印,同时仍兼理东厂。

麦福以司礼监掌印兼理东厂，是明代宦官顶层制度的一次变例。

这里且把故事放下，讲一点制度。

在内廷，“提督东厂”（有时称总督）是一个非常重要的差使，俗称“大差”，由皇帝信任、地位很高的太监充任。东厂太监的正式名称是“提督东厂官校办事”（天启中，因避熹宗朱由校讳，改“官校”为“官旗”），可以系衔内官、御用、御马等监，内府大衙门的太监都可能提督东厂，唯独没有司礼监。

这应该是基于权力制衡原则的考虑。

司礼监自宣德以后，已为内府“第一署”。我们熟知的明代大太监，特别是那些“专权擅政”的太监，基本都是司礼监太监。这是因为司礼太监居于中枢决策体制内，有权“参预机务”。宋代宦官势力也很大，同样广泛参与军政事务，可是“宋无阉祸”，一个根本原因，就是宋朝祖制严禁宦官“干大政”，朝廷政事由皇帝与大臣商榷决定，不容宦官染指。而明代自确立“票拟—批红”的章疏处理机制，司礼监已合法地干预朝政。

司礼监权大势重，令“特务头子”（东厂太监）艳羡不已，更愿再进一步，进入司礼监“参柄大政”。如现在确知的第一个东厂太监尚铭，他在拱倒西厂太监汪直后，就力图“与当道者埒”（当道者就是指司礼太监），又拱进司礼监。入司礼后他舍不得放权，还想把东厂捏在手里，由此遭嫉，很快坏了官。① 从那以后，东厂太监在卸任后，多直接升入司礼监，但入为司礼，必须先解东厂之差。

正德中及嘉靖初年，东厂还不是司礼监的专属物，如丘聚是御用监太监，张锐是御马监太监，麦福的前任芮景贤是御马监太监，毕云是司设监太监，麦福本人是御马监太监，他在升入司礼监后即辍东厂。但麦福在嘉靖二十七年（1548 年）以司礼太监再督东厂，就开了新例，此后督厂者就都是

---

① 详见本系列第二部《大太监斗法》。

司礼太监了。

司礼监至此完全俘获了东厂大权，东厂成为司礼监的专差。

麦福继而升任司礼监掌印，仍兼东厂，又为创始之举。因为掌监印同时兼厂印，是对明代政治传统的破坏，所以称为“破例”。

明代政治的一个重要原则，就是“相制”原则，不仅内官与外官相互制衡，内官与内官衙门之间也相互制衡。司礼监权重，制衡它的，就是东厂。东厂掌缉访大权，司礼监也在其侦查范围之内。作为“相制”原则的体制保证，东厂刺来的情报，可以绕开所有公开的公文渠道，直抵御前。东厂太监奏事时，司礼监掌印都得回避。

太监刘若愚打过一个比喻，说司礼监掌印相当于外廷的首辅，秉笔太监好比“群相”（首辅外的其他阁臣），东厂太监就是都察院左都御史。都察院掌管风宪，故左都御史又称“总宪大臣”。麦福以掌印兼东厂，便如外廷“首辅兼总宪”，即首辅大学士同时兼任都察院左都御史，行政权与监察权合为一体，这是内廷体制之大变。

大学士徐阶说：

> 国制，凡旨下诸司礼，名为秉笔，而掌印者尤重，诸监局莫敢望焉。然每遇东厂奏事，则皆趋避，故东厂尤名有事权。累朝以来，未有兼其任者，兼之，自公（麦福）始。

麦福在嘉靖三十一年（1552年）去世，黄锦、冯保继之，均以掌印兼东厂，“自此内廷事体一变矣”。

冯保之后，以掌印兼东厂者，还有张诚、陈矩、卢受等少数几个太监。由于掌印兼东厂，权柄太重，多数时候，东厂太监掌司礼监，仍得辍东厂之印。久之形成一个惯例，即司礼监中，掌印地位最尊，其下是几名秉笔太监，其中排名第二者，就由他督领东厂。即使是在天启中魏忠贤乱政时，魏忠贤始终以秉笔提督东厂，而未进掌司礼监。

司礼监掌印兼领东厂，集中出现在嘉靖后期到万历前期，表明这一时期，司礼监的职权达到一个新的高峰。值得注意的是，这一时期也是阁权高涨之时，出现了一系列"权相"，同时监、阁关系也变得更为紧密，先后出现好几对类似"政治联盟"的司礼监掌印与内阁首辅（如冯保与张居正）。然而人们熟知"权相"，却不太了解与之伴生的"权阉"，这一点，是很值得玩味的。

第十五章　解谜：刚铁为何红得发紫？

麦福去世后，由大学士徐阶为他撰写墓志铭，此前一年，麦福与另一位太监高忠主持重修黑山护国寺刚铁祠，也是徐阶撰的碑文。徐阶在碑文里说："麦公、高公同出而受眷知，侍帷膜，勋劳行能，亦与刚公（铁）后先相望。"将麦、高与刚铁相提并论。

高忠与麦福一样，同为正德朝旧人，在嘉靖朝焕发了新生，所以徐阶说，他俩"同出而受（今上）眷知"。

考《故乾清宫掌事司礼监太监进斋高公（忠）墓志铭》，高忠是顺天府霸州人，生于弘治九年（1496 年），正德二年（1507 年）十一岁时选入内庭，正德八年（1513 年）选值乾清宫，跟麦福同事。朱厚熜登极，"合诸近侍，加选择焉"，此时高忠二十四岁，"长身玉立，进止有仪，褎然在举首"——因为他长得漂亮，又懂礼仪，被第一个向新君推荐。可见，朱厚熜在入主乾清宫时，留用了一部分近侍内臣，其中就包括麦福和高忠。

高忠做内官晚，嘉靖二年（1523 年）才"赐冠帽"（宦官穿上冠帽，就不再是普通小火者，开始管点事情了），仕途从此一发而不可收，仅仅五年就做到御马监太监，赐穿蟒衣。

嘉靖十一年（1532 年）改内官监，掌监事。

内官监掌内府营造。嘉靖前期，高忠总是以督理工程的内官监太监的身份出现在正史和碑刻里。经历了最初十年的勤政后，朱厚熜在政治上已经失去初心，疲态毕露，加速向“道教皇帝”滑去。他把大量时间花在修仙斋醮上，在内府新建了大量礼仪、宗教场所和宫殿。高忠主持了四郊九庙、玄极宝殿、大高玄殿、皇穹宇、皇史宬、雩坛、神祇坛、永禧仙宫等礼仪工程以及慈宁、慈庆、毓德、启祥等十二宫的修建。天寿山七陵的修葺，也由高忠“董其役”。

这可了不得！要搁今天，怎么着也要挂一个工程院院士的头衔吧。

高忠做事尽力认真，因此得到信任。

嘉靖二十一年（1542 年）十月，宫婢杨金英等谋杀朱厚熜失败，高忠与司礼太监张佐一起，负责此案的“捕讯”。巧的是，就在宫案发生前不久，他因为一件事忤旨，下内狱关了几天，释放没几天就发生了宫婢之变。为此多疑的皇帝很怀疑宫婢之变与高忠有干系，只是没有证据，暂时隐忍不发，但踅摸着高忠，总觉得他有些古怪。

第二年三月，新建大享殿立柱，按例应请旨派官员祭祀司工之神，奏本里有“定磉”二字，高忠却写作“定顶”。朱厚熜一瞅字样不对，疑心病顿时发作，质问道：“定磉是常言，有何碍理而避讳也？”他说定磉是常用字，不须避讳而避讳，高忠定然“包藏恶念，任意欺罔”。盛怒之下，令法司论以欺君，要将高忠处斩！

旨下了，可高忠还关在内狱里，刑部没法入内府提人，只好奏请将高忠发出来，送刑部大狱审讯。

然而事情过了几天，朱厚熜的暴脾气如骤雨初歇，平息了许多，也不想让高忠死了，便改口说：“朕因为‘定磉’二字，一时怒疑，如果真将高忠处死，人们要说朕以片言罪人了。”又说：“昨日见工部奏疏以及翰林院撰写的祭祀文字，都将‘定磉’改为‘安磉’，这样也不对嘛。以后内外文移，还是用‘定磉’二字。”

“定磉”二字何以引出这一番雷霆和惊吓呢？

想来高忠刻意避开“定磉”，应有其理，否则朱厚熜不会说他“包藏恶念”。在宫婢之变中，十余个女子用搓好的绳索套住龙颈，几乎将朱厚熜勒死。这根索命之索就勒在皇帝的嗓子眼上，莫非因此高忠才在刻意避

"礤",结果弄巧成拙?

这只是一段小插曲,足见朱厚熜多疑暴躁而善变的性格。

事后,高忠依旧在内官监管事,做他的皇家工程队的大队长,为皇上的礼仪事业服务。盖完大享殿,又盖太庙,太庙工完,皇上还赏他弟侄一人做了锦衣卫指挥佥事。

皇上宠信不衰,高忠管的事也越来越多,不久后奉命提督十二团营,兼掌御马监印,同时提督勇士、四卫营。次年又总督内西教场操练及都知监带刀。他不仅一人掌两大监(内官监、御马监)印信,还掌握了从保卫京师的团营到拱卫皇城、宫城及銮驾的三支禁旅!

高忠在《重修黑山会护国寺碑记》上的职衔是"总督内外营务并上林监等衙门兼掌御马监、内官监掌印太监",这是十分显赫的头衔,高忠是当之无愧的大太监。

可是几年后,蒙古铁骑在"庚戌之变"中再次蹂躏京畿,也踏破了高忠的登云梯。

自从"腐败分子"武定侯郭勋胜利回归团营,朱厚熜实际上已经放弃了整顿京营的初志,任由营政废弛,京军战斗力持续下滑,册子上有名的十四万大军,遇到边防有警要调兵时,凑齐两三万都难!嘉靖二十九年(1550年),正当正统十四年(1449年)瓦剌大兵突入畿辅后的一百年,鞑靼首领俺答汗再次率兵破关而入,数千轻骑横肆于国门而无敌。这件大变,因发生在庚戌年,又称"庚戌之变"。

事到临头,战守无人,兵部尚书丁汝夔连忙核查营伍兵员,发现能够动员起来的不过五六万人。没办法,不管是骡子是马,都得拉出去遛遛了。可这些兵,不是老弱疲惫,就是市井游贩,平常不练,现在临时发放衣甲器械,让他们真刀真枪和敌人真练,直与送死无异!当他们被驱赶着出城对敌时,个个如赴死地,"皆流涕不敢前",将领们也是"相顾变色"。这就是大明的精锐禁军!

朱厚熜深为震惊,丁汝夔为此坐诛,高忠也被罢了提督。

经过这次惨痛的教训,朱厚熜接受大学士严嵩、兵部侍郎王邦瑞的建议，再次振刷京营，裁废团营和两官厅，恢复三大营旧制①。同时革罢提督、监枪等内臣，只设武臣一员，称“总督京营戎政”，文臣一员，称“协理京营戎政”，下设副将、参将等将领二十六员。

至此，在裁革各地镇守太监后，朱厚熜再次将京营内官全面裁撤。

本来，京营是打仗的行伍，有武臣就够了，顶多再设一个文臣监督，添设那么多宦官在营提督、坐营、监枪，实际上都是冗员，宦官也早失去了代表皇权监临军队的作用，将他们撤了，大将少一些掣肘，军士少许多占役，有利无弊。

宦官监军坐营，是明朝一百多年的传统，属于祖制，从开国那会儿就有了，在永乐、宣德年间形成定制。这一下子裁撤干净，朝廷确实下了很大的决心，举朝称快。这对宦官群体来说，也是异常沉重的打击。

二三十年来的持续打压，不仅削夺了宦官的职权，也成为一组直捣宦官心灵的连环重拳。从大太监到普通火者，都觉得被歧视，抬不起头来，整个群体的气氛都是消沉压抑的。当然，他们也怀着极大的不平，觉得不能将国事败坏的责任全推到他们身上。

就在庚戌之变后的第二年，麦福与高忠一起，在宦官中发起捐献，重修黑山护国寺褒忠祠。两位大太监的号召获得了广泛的响应，几百名内官出钱出力，对刚铁祠进行了史上最大规模的一次重修。

工程完成后，他们请大学士徐阶撰写了《护国褒忠祠记》。

徐阶非常了解太监们的微妙心理，在祠记中予以点出。他说，麦福、高忠等太监修祠的目的，绝不止为了自己的贤名“因刚公以不泯”，他们更希望通过树立刚铁“勋劳行能”的形象，“为后世劝也”。

他们代表了广大宦官的共同心声。所以为了重修祠寺，宦官们踊跃捐资，“虽费无所惜”。——宦官太需要证明自己了。

历史上的忠臣烈士层出不穷，但都是文臣武将，宦官们期盼出现一个更加伟大的忠烈宦官形象！

---

① “三大营”原为五军营、神机营和三千营，这次改制将三千营改称神枢营。

当宦官集团遭到严重挫折时，刚铁这位宦官老祖（“刚祖”）的故事与形象在持续建构中不断丰富与发展（其声势远超南京的云奇），成为明清两代宦官忠义精神的代表和宦官自信心的源泉。

这才是此前名不见经传的刚铁忽然红得发紫的根本原因。

第二卷
首辅与“首珰”

本卷关键人物：黄锦、滕祥、李芳、冯保、陈洪、孟冲

第一章　争首辅：内阁激战始酣

上一卷，盘点了嘉靖朝的大太监，太监们确实“大”：官大、职权大、帽儿大，唯独对政治的影响不大。

大太监名不彰，事不显，就连“首珰”——司礼监掌印太监，似乎也隐形了。

与此相反，却一茬接一茬地出现“名相”——大明的首辅大学士们。

内阁本来只是一个设于内廷的咨询辅导机构，至此始力压外廷部院与百官，杨廷和、张璁、夏言、严嵩、徐阶……首辅们威柄赫赫，很有了些“宰辅”的派头和势力。

然而，随着内阁权势弥张，前后首辅之间，争权夺利，相互倾轧，已带有浓浓的血腥味。

内阁激斗，从嘉靖、隆庆一直纵贯到万历前期。

这也是明代历史上阁权最大的时期。

如果将其看作一场持续时间长达五十多年的没有硝烟的战争，那么它的前两轮（捉对）大战，发生在严嵩、夏言和徐阶、严嵩之间，后两轮则在高拱、徐阶和张居正、高拱之间展开。

夏言，江西贵溪人，正德十二年（1517年）进士。《明史》中形象概括了他的个性特点："豪迈有俊才，纵横辨博，人莫能屈。"

性格决定命运，对夏言来说，正是如此。

嘉靖初，夏言任兵科给事中，与御史和兵部主事一起核查京卫冗员，裁汰至三千两百余人，勘查京畿权贵庄田，尽夺以归民，又七疏严劾太监赵霦、建昌侯张延龄，以此声名大壮，得到"謇谔自负"的名声——这正是夏言的豪俊之处。

过去，"大祀"天地之典在京城南郊举行，天与地一起合祭。嘉靖七年（1528年）时，朱厚熜突发奇想，想分开来，在南郊祭天，北郊祀地。廷臣多不以为然，认为天地合祀在太祖朝已如此，没有必要更改，就连首辅张璁也持谨慎态度，议礼派健将霍韬则极力反对。

朱厚熜的性格是臣下越反对、他越坚持。结果为了天地分祀的事，他又跟廷臣杠起来，而且和"大议礼"时一样，他仍旧处在孤立的地位。

朱厚熜在理上是"弱者"，但在权上，他是绝对的强者。

理讲不过人家，他就一道旨刷下来，先把反对最力的霍韬打进黑牢。杀只鸡，给猴看。

但暴力还是有局限性的，武斗搭台，还得文斗唱戏。

皇上正着急用"角儿"时，夏言冒出来了。

他连上几道疏，议帝后亲耕亲蚕，议天地分祀，又议两郊配飨，讲得头头是道，给了皇帝意外惊喜和有力的理论支持，一如大议礼之初的张璁——这便是夏言的"纵横辨博"之处。

在分祀天地的问题上，朱厚熜毫无悬念地大获全胜，夏言也因此"大蒙帝眷"。

皇上的爱，如上游来水，臣下之官，如水面小艇，上游来水多，小艇升得快。自夏言议礼立功，皇上的爱就像洪水泛滥，把夏言的"官船"迅猛地往上抬，创造了明代历史上新的升官最快纪录：从谏官（七品给事中）到官拜“六卿”（六部尚书，正二品），用了不到两年时间。到嘉靖十年（1531 年）底，夏言已经升任礼部尚书。

当时首辅是张璁，他颐指百僚，无人敢抗。新贵夏言仗着跟皇帝搭上了线，不止不肯低头，还上疏弹劾张璁和吏部尚书方献夫（后入阁），公然与议礼派做了对头——这便是夏言“人莫能屈”的地方。

对头对头，就是对着干的两头。可这“两头”都是皇帝的宠儿，忽然左膀右臂互搏起来，非要争个高下，皇帝官家是否感到为难？不，当皇帝的，不怕臣下不和，他还怕臣下太和谐了呢！夏言与议礼派相构，朱厚熜一点都不为难。他不两头都爱么，于是就在两头劝解。

皇帝和稀泥，给了夏言战败张璁的信心。他的腰杆子硬，还有一个重要原因——他身后站着广大廷臣。

好报复的张璁，有首辅之势，却乏首辅之望。

廷臣都怨恨他，只是不敢抗争。

正当万马齐喑之时，忽见夏言一马当先，从队中杀出，力挑张璁等人。廷臣虽不敢附和，但无不乐见他大胜。

无声的掌鸣比惊雷还响哪！

夏言愈战愈勇，张璁在声势上已输给夏言，面对挑衅，竟无力对敌。张璁、方献夫相继谢政。夏言在嘉靖十五年（1536 年）又攻败霍韬，遂于当年年底，以礼部尚书兼武英殿大学士入参机务。

夏言锐气盛，骄气深，他入阁后，首辅李时不敢与之抗衡，凡事将就他，对他言听计从。嘉靖十七年（1538 年）十二月李时卒于官后，夏言就坐上了首辅之位，阁中同僚“恂恂若属吏然，不敢少龃龉”。

夏言是大明帝国第一个霸道总裁。

从一件事可看出夏言有多么的骄傲。

嘉靖十八年（1539 年），信奉道教的朱厚熜给“上帝”加戴了一顶“皇天上帝”的帽子，礼成后，赐恩升夏言为正一品的“少师、特进、光禄大夫、上柱国”,其中上柱国是“勋”。明代的勋号有左、右柱国,本无上柱国。它怎么来的呢？竟是首辅大学士夏言援拟古制,来封自己的！

严嵩就不要这空号！

朱厚熜后来要授他上柱国,他推辞说:“尊无二上,人臣怎可擅用‘上’这个字?!”暗讽夏言有非人臣之心。再后来,徐阶、张居正一品十五年考满,本来都要加上柱国,均被他们力辞(张居正是死后赠上柱国)。

上柱国的勋号,给了夏言一时的迷幻自信,然终成“骖乘之祸”而不自知。

当时有两个人对夏言非常嫉恨,一个是武定侯郭勋(已进封太师、翊国公),一个是礼部尚书严嵩。

嘉靖十八年(1539 年),朱厚熜到他的“龙飞之地”安陆巡视,谒完显陵①,严嵩代表礼部,请求上表称贺。

俗话说,礼多人不怪,何况朱厚熜在视察完陵寝后,已有了将去年去世的蒋太后灵榇移来,与兴献帝合葬的想法。严嵩此举,本为献媚。不料夏言却说,等回京后再表贺不迟。朱厚熜虽然勉强听从了首辅的意见,让礼部不必上表,心中却不免悻悻。严嵩察言观色,坚持要求上表。朱厚熜稍微犹豫了一下,便毅然拍板,令礼部表贺,同时说了一句意味深长的话:“礼乐自天子出。”他这话是冲着夏言说的,好像听了首辅两句劝,就失了他“礼乐征伐”的天子大权！

在严嵩、郭勋等人的交相谗攻下,夏言渐渐失宠,经常为些小事遭到呵责与敲打。

一次,仅仅因为疏中写了一个“讹字”(错别字),就遭到朱厚熜的切责(严厉的指责)。夏言被迫谢罪,并在检讨书里提出,要回家治病。

朱厚熜更恼了,他想,让你认罪,你就借病撂挑子,你是什么病？我看是心病,怨恨朕的心病！皇帝这么一想,夏言哪里还能得好？病假条变成了辞职信,他被勒令致仕,还被撸了少师的官衔。

---

① 原为兴献王坟,王在冥间称帝后,王坟升为帝陵,称显陵,在今湖北钟祥。

“被退休”的夏言非常惶恐，为了表现一下“心忧朝廷”，他赶写了一道“御边十四策”，就皇上关心的边事问题提出建议。可朱厚熜根本不买账，还语含讥讽地说：“夏言这样有忠有谋，何以一心自爱，大负朕之眷倚？”然后抛出一句：“本当治罪，姑且不问。”

夏言心灰意冷，在离京前，到西苑斋宫叩见辞行，看着那满园熟悉的草木，不禁黯然神伤。

自嘉靖二十一年（1542 年）宫婢之变后，朱厚熜就搬来西苑居住，再也没回过乾清宫。西苑，是他生活和工作的地方。

说到这里，有必要简单介绍一下朱厚熜痴迷的新爱好。

这位嘉靖皇帝，来自巫蛊之风盛行的楚地湖广，著名道教圣地武当山（明代叫太和山）距离安陆不过几百里。故乡的风气对朱厚熜的精神世界造成了潜在的巨大影响。他从小就好礼，在仪礼方面非常较真、固执，中年以后，他对礼的兴趣逐渐由朝廷之礼（即儒家提倡的“兴礼乐”）转向宗教仪轨，在宫中大建宫观，招延大批术士（主要是道士），陪他一起烧炼、斋醮。宫婢之变后，他干脆搬到西苑，朝也不上了，整日兴致勃勃地玄修。

斋醮是道教的祭祀活动，每次开坛作法，都要撰写疏文（给上帝的奏章），在法事结束后于坛下焚化。因为疏文是写在特制的青藤纸上，辞用骈文，所以又称“青词”或“斋词”。自从皇帝迷上玄修，皇帝亲信大臣和翰林词臣就多了一项工作——撰写青词。渐渐的，“作词”手艺如何，成为邀取帝宠的首要条件和升官捷径，一些官员由于青词写得好，纷纷坐上了“直升机”。

夏言得宠遇之深，也与他经常陪皇帝玄修，撰写青词“最当帝意”有关。

今夕何夕，昔日玄坛下的老朋友要走了，夏言拜伏于地，痛哭不已，朱厚熜悲其白发，忽心生怜意，便命左右内臣赐酒馔，让夏言不要走，先在府里治病，等待后旨。

夏言这一哭，使仕途在末路时得到了转机。

巧的是，夏言的对头郭勋，因为被言官狠参了一本，此时也告病在家歇着。而驸马都尉京山侯崔元（宪宗女永康公主夫）最近得宠，常在西苑当值。夏言退出后，朱厚熜和驸马爷拉起了家常，叹息道："夏言、郭勋都是朕的股肱之臣，可是他俩相妒甚深，这可怎么办？"崔元没有接话。朱厚熜冥想了会儿，问："夏言什么时候回去？"崔元道："他要等到皇上生日过后，才敢请辞。"又问，郭勋得的什么病。崔元道："他哪里有病？夏言一走，他自然就出来了。"朱厚熜听了，点了点头，没再作声。

看官看出来了吧，崔元给郭勋下药呢！

名臣之后郭勋，在皇帝的庇护下骄恣不法，得罪了许多人。不单崔元忌恨他，就是满朝文武也多憎恶他。您猜廷臣中谁的鼻子最灵？自然是言官了！言官其实多是权贵豢养的猎犬，朝堂上有任何风吹草动，他们马上能嗅出来，鼻子比狗还灵。他们见皇帝令夏言在京待命，便知皇帝舍不得夏言，首辅复出在即，立即联合起来，力攻郭勋。

朱厚熜对郭勋一贯的"强悖无人臣礼"已经失去耐心，给事中高时又趁机揭发，说郭勋与张延龄素有勾结。高时是夏言的人，他这是"对症下药"，直接在皇帝痛点很低的心结上点了一下（朱厚熜深恨外戚张家）。果不其然，朱厚熜大怒，下令将郭勋关进诏狱。

不过毕竟是心疼过的人，朱厚熜特别申谕，不许对郭勋用刑。可是郭勋天怒人怨，如今好容易猛虎入阱，廷臣岂肯轻纵他！刑部审理后，三次给郭勋定罪，三次都判了他死刑。但朱厚熜对郭勋仍有保护之意，不同意刑部的判决，并且暗示，希望从轻议罪。可是廷臣都巴望郭勋死，假装不领会皇帝的意图，把朱厚熜气得不行，借考察言官的机会，将高时贬官两级。可不管皇帝怎么吹风，廷臣只是不理，就是不奏请减免郭勋的刑罚。这么一拖，郭勋就在牢里住了一年多，第二年冬天竟毙于狱中。

郭勋下狱后，夏言就回归内阁，重新掌权，郭勋陷在牢中而不得出，主要就是他暗中指授的结果。春天时，夏言一品九年考满[①]，皇上为表示亲热，把面子做足了，不仅派宦官到他家里赐银币、宝钞、羊酒、御馔，还颁发

① 明代京官三年一次考察，九年为考满。夏言一品九年考满，是指他官任一品已经九年了，其间经历过三次考察。

玺书予以嘉奖，并借这个机会，将夏言过去被褫夺的官阶全部还给他，在礼部赐宴庆贺时，还让尚书、侍郎、都御史都去陪。

看起来皇帝对夏言优礼有加，实际上，夏言所得的恩宠已远不及当初了。

郭勋死了，夏言还有一个更厉害的敌人，他就是严嵩。

第二章 “刚”终不胜“佞”

严嵩这个人很有意思，他是弘治十八年（1505 年）的进士，这在嘉靖朝来说，论功名科次，已经很早了。好比夏言是正德十二年（1517 年）进士，比他整整迟了四科、十二年。

官场是讲资格的，就资历来说，严嵩是前辈，夏言是后辈。

严嵩入仕之初就进翰林院做了编修，这是很有前途的起步。可是严嵩没做几天官，就请病假回了老家，“读书钤山十年”。他又好古文辞，没事写些骚啊赋什么的，似乎是个淡泊名利的人，为此很得一些“清誉”。谁能料到，这样一个闲散好古之人，竟会成为一代“奸相”。这确实是一件令人大跌眼镜的事。

严嵩在嘉靖初年掷去手中之书，载“誉”还朝。他是翰林院出身，回来还做翰林，加上声价高了，官儿也升得快，不几年就做到礼部侍郎。嘉靖七年（1528 年）大议礼成，追尊皇帝的奶奶邵氏为太皇太后、爸爸兴献帝为“献皇帝”、母亲蒋氏为章圣慈仁皇太后，特命严嵩到安陆祭陵。严嵩回来说：“臣在显陵奉安神床，本来在下雨，祭典开始时天忽然晴了。制碑需要石料，就有一大群鹳鸟飞到临县枣阳，盘旋不去，该处果然发现了优质的石材。石碑制成后，在渡汉江时，碑沉船重，很难过渡。就在这时，汉江陡然涨水，石碑一下子就过去了。”严嵩绘声绘色地讲了一通“祭陵奇遇记”，并且请皇帝令辅臣撰文刻石，将上天的眷顾记录下来，以做永久的纪念。

这一篇神话，自然是“好古文辞”的严嵩的创作。

实实在在干活流臭汗，哪抵得上一篇华丽胡吹的马屁文章！

果然，龙颜大悦，当即允准。

干得漂亮！严嵩随后连转三官，很快做到南京吏部尚书，进入“六卿”的行列。

南都是闲散衙门，在这里做官的，也多是散人。在钤山读书十年不倦的严嵩，在南京待了五年，就耐不住寂寞了，他借给皇帝贺生日进表的机会，亲自到北京活动。恰逢当时重议要修《宋史》，就被他谋到，以吏部尚书兼翰林学士的身份，留在京中修史。

严嵩回京，可不是修史来的！

这是他曲线升官之径。

严嵩与当时任礼部尚书的夏言是江西同乡，他先入仕，本是“先达”，该着夏言敬他才是，可严嵩颠倒过来，他反而“事（夏）言甚谨”，把夏言伺候得开开心心。夏言入阁时，便推荐“自己人”严嵩接替自己掌管礼部，修史的事也不了了之了。

可以说，严嵩做官，就靠一个“媚”字，揣摩主上的心思，一心“务为佞悦”，什么“清誉”，全是骗人的！严嵩做人毫无原则性，哄得皇帝开心，就是他的最高目标，皇帝喜好的，他绝无不同意见，只有加码地奉承。他这位古文辞大家，写出一系列文章，如《庆云赋》《大礼告成颂》，都是辞藻优美、想象丰富的马屁文，却无一例外得到皇上的嘉赏，甚至命送史馆存稿，好将来载入史册。

俗话说，刚柔相济，以严嵩这样一个柔佞的人，与性格刚直粗率的夏言相处，应该能够和谐吧？然而事实却是，夏、严关系迅速恶化。

这两位同乡好友关系破裂的根本在于严嵩的佞媚不是其本心，只是他向上爬的手段，而夏言粗枝大叶，以为严嵩是他推用的人，又对自己百般讨好，就根本没把这位前辈放在眼里，甚至当普通门客一样待他。严嵩岂不腹生怨恨？

自严嵩做了礼部尚书，与皇帝接触的机会更多了，他全心全意地伺候皇帝，顺毛摸着，让万岁爷舒舒服服的，君臣关系愈加亲密。相反，夏言却渐渐宠衰。这与夏言恃才自傲以及亢直粗疏的性格有关。他自做了首辅，在“奉圣”上就不如以前用心，还经常表现一下个性。比如皇帝关照在西苑当值的大臣，特许他们在禁中骑马，还每人赐了一顶香叶束发巾、一双皮履。严嵩将此视作巨大的荣耀，只要见驾，必戴束发巾，着皮履。夏言却大咧咧道，巾履“非人臣法服”，不是大臣见驾时该有的穿戴，他不戴巾、不穿皮鞋，还不骑马，非要乘坐腰舆①。

他不知这一系列的做作，已深深激怒了皇上，给他记小本子上了。

别看这些都是小事，可朱厚熜偏喜欢从小处察人，他赐给夏言香叶巾，夏言不戴，后来他杀夏言时，还念念不忘这事呢！

当夏言日失帝心时，严嵩日以柔佞固宠。

夏言也发现不对劲，可叹他内心惶恐时，竟找严嵩密商。殊不知严嵩已走了内线，通过皇帝宠信的道士陶仲文，一起谋划，要取他首辅之位。等到真相大白，夏言急忙安排言官劾攻严嵩，已经晚了。

反正已经撕破了脸，严嵩干脆把假面具抛到一边，直接找到朱厚熜，泪如雨下，哭诉多年来夏言如何骄恣，如何欺凌他。朱厚熜让他直陈夏言之罪，严嵩便竹筒倒豆子，将夏言的过失，添油加醋，全倒进锅里乱炖。朱厚熜听罢，勃然大怒，立即下敕给礼部，公开夏言的“罪行”。

朱厚熜在手敕中数落夏言之罪：

一、郭勋已经下狱，犹千罗百织——这是因怜惜瘐死的郭勋，迁怒于夏言。

二、言官为朝廷耳目，专听夏言主使——朝廷豢养的言官，反为大臣爪牙，这已有指夏言为“奸臣”之意。

三、朕不早朝，夏言也不入内阁，军国重事，取裁于私家。王言当密，视作儿戏——此责夏言有负委托，大辜圣恩。

他最后说，对夏言的罪状，言官一句话都没有，只知道欺君谤上，致使神鬼怨怒，大雨淋漓，致伤禾稼。这等于说，因为夏言专权乱政，已经引发

① 一种轻便的抬坐之具，因其抬于腰间，而不是肩上，故称腰舆。

灾异了。

句句责怒之言，是朱厚熜对夏言不满的总爆发，在夏言听来，宛如惊雷劈首。他大为惶惧，上疏请罪时，平常利口惯了的他，竟不敢为自己辩护一句。

对夏言的请罪疏，朱厚熜没有做出批示。

过了十几天，适逢兴献帝冥寿，朱厚熜的心情似乎平复了些，仍令夏言与众大臣一起，入庙礼拜，然后到西苑候值。夏言趁这个机会提出退休，他的"乞骸骨"疏，极尽哀声，希望博得皇帝的同情。

可辞疏进呈后，留中八日，没有音信。

恰好这年七月初一出现日食，日食在古代是重大的灾异，往往要通过削除大臣做出回应。朱厚熜果然在第二天下手诏说"日食过分，正坐下慢上之咎"，以夏言怠慢为由，将他罢官闲住。严嵩随即入阁。

夏言回乡后，久居林下，悒悒不乐，每遇元旦和皇帝生日，他都抓住机会上表称贺，自称"草土臣"。日子久了，朱厚熜也恋旧怜他，就恢复了他的尚书和大学士职衔。嘉靖二十四年(1545年)，因为察觉严嵩有贪恣之状，朱厚熜又念起夏言的好，于是将他召还，仍为首辅，将过去所革少师等官，一起还给他，同时也给严嵩加上少师之官。这就耐人寻味了。

可经历过重大挫折的夏言，却完全没咂摸出"味"来，他还当是胜利还朝，毫不掩饰对严嵩的痛恨，轻蔑之，凌压之，在阁票旨时，完全视严若无物。严嵩忍气吞声，噤不敢吐一语。他引用的一些私人，被夏言斥逐一光，也不敢营救。

然而夏言扬威"奋不顾身"，实际上已埋下了日后戮首西市的祸根。

有一件事，看起来虽小，却足以揭示，夏严相争，为何总是严嵩占上风。

那时，朱厚熜常年深居不出，不见大臣，经常派一些宦官来往于御前与内阁。夏言瞧不起这些人，崖岸很高，待宦官如对奴仆。严嵩就完全不同了，每次宦官来，他都非常客气地"坐、请坐、请上座；茶、上茶、上香茶"，送客时还会拿点钱，亲自塞到宦官的袖子里。于是宦官们都认严阁老是好人，而对夏阁老很不待见，经常在皇帝跟前说严的好话，数落夏的不是。

可是夏言毫无察觉。

跟以往一样，做阁臣的，必然负起一项重要使命，就是撰写青词。夏言发现，他写的青词，总是不能让皇帝满意，即便他很用心。而严嵩所写，却总能切中皇帝的心意。他不知道，这并非严嵩比他更善于文墨，而是严嵩眼线多，那些夏言瞧不起的宦官，经常给他通报内中信息，比如皇帝最近心情如何，身体状况如何，忧者何在喜者何在，等等。其实青词就是皇帝给"上帝"讲心事，严嵩了解了皇帝的心思，便知道如何落笔，夏言在这方面就差得很远了。

嘉靖皇帝虽然将主要精力放在玄修上，但对国事，并非完全放任不管，面对"北虏南倭"交相来袭的危局，他也有亟亟的拯溺之心。首辅夏言遂慷慨以经世自许，有心奋发作为，建立不世之勋。当时陕西总督曾铣力主用兵，恢复久已沦为北虏游牧之地的河套平原，夏言认为机会来了，他不仅给予曾铣大力支持，还通过密疏向皇帝推荐了曾铣和他的"北伐策"。沉坐古井已久的朱厚熜，一时间竟也激奋起来，多次让夏言拟"优旨"表彰、鼓励曾铣。曾铣见得到君、相的支持，便加紧练兵，锐意出师，一场大战紧锣密鼓地筹备着。

然而夏言侍奉朱厚熜二十余年，并不真的了解皇帝的性格，不知道他对军国大政缺乏持久的关注力，尤其是他不愿意承担责任，喜欢诿过于臣下，而且疑忌心重，喜怒无常，越是做事的人越容易惹祸上身。

果然，正当对河套地区进行大规模的捣巢作战在热火朝天地商议和准备时，崔元、陆炳和严嵩等反对派开始对首辅下药。他们对朱厚熜说，夏言之所以支持曾铣，说出"群臣无如曾铣之忠"这样言过其实的大话，并非因为夏言真的有志于国家，而是其继妻之父苏纲与曾铣交好，曾铣走了"泰山"路线，所以夏言才支持他。这是拿国家安危做人情哩！

他们这一番挑拨，激得朱厚熜勃然大怒，陡然翻脸，忽然内廷就降出旨来，对夏言进行了严厉的诘责。夏言遂再次罢官，时间是嘉靖二十七年（1548 年）正月。

夏言得罪的人太多了,尽管已经被罢了官,仍有人在禁中传播谣言,说他临走时出言不逊,对皇帝颇有怨谤之词。严嵩又令人讦奏夏言收受曾铣贿金,故此“交关为奸利”,于是曾铣、苏纲都被下了诏狱。

在严嵩等人的密谋主使下,曾铣被坐以“交结近侍”律,处斩,苏纲戍边,同时差遣锦衣卫官校逮捕夏言。

大明律中设有“交结近侍”专条,犯者当死。所谓的“近侍”,是包括宦官在内的所有近御官员。大明律颁行于洪武年间,那时尚无内阁,而后世阁臣在内廷当值,可称为近侍大臣。但毕竟阁臣官居一品,权倾外廷,很难说嘉靖中的内阁大学士还是近侍。曾铣作为总督,就边事与首相商议,也不可认为就是交结近侍。显然,法司以“交结近侍”律坐罪于曾铣,意在诛杀夏言。

夏言被捕时,刚刚走到通州,他听说曾铣被定了“交结近侍律”,惊得从车上掉落下来,大呼道:“哎哟!吾死矣。”

夏言的预感没错,尽管他被逮回京后一再上疏申冤,说自己是被严嵩、崔元等人诬害的,可皇帝置之不理。法司虽然判了夏言死罪,但考虑到他曾为首辅,符合“八议”中的“议贵”一条,建议对其从宽免死。可是朱厚熜杀心已动,已无法挽回,他严厉指责刑部尚书喻茂坚等人徇私,刑部官员从尚书到主事全部“夺俸”。在数落“死囚”夏言之罪时,嘉靖皇帝还愤愤然提起当年夏言不戴香叶巾的事呢!

夏言最终于当年十月弃市,时年六十七岁。

他是明代历史上第二位被诛的阁臣(第一位是夺门之变后同于谦一起被杀的王文),也是第一位被杀的首辅大学士。

夏言生前,官阶数夺而数给,几同儿戏,最后竟不免受戮西市。他的悲剧表明,虽然嘉靖朝大学士市值看涨,像是进入了“牛市”,一时间牛气冲天,可说到底他们的祸福还是握在皇帝的手中,与前代的宰相是无法相提并论的。后来严嵩的命运也为此做了很好的注脚。

第三章　老严嵩一席无奈的"托孤酒"

史书上说,夏言死后,严嵩当国,天下始受其深害。

严嵩"专权"的时间长达十余年,涵盖了嘉靖后期的大部分时间。

作为权臣,除了要尽力维持君恩,还须及时发现潜在的竞争对手,并予以不断打击乃至毁灭之。

如果双方势力相当,各有法宝,则其明争暗斗将是长期的。任何一方都不能急躁,必须耐住性子,在日复一日的缠斗中坚持,等待最后将对手一枪撂倒的那一天。

严嵩的下一个对手,是徐阶。严嵩遇到了真正的对手。

有意思的是,嘉靖二年(1523 年)的"探花"徐阶,与严嵩一样,也喜好古文辞。然而两位古文爱好者一起共事,并没有因为共同的爱好而彼此结欢,相反,徐阶擅长古文,并因撰写青词"独称旨"成为他遭严嵩深忌的重要原因。

由于朱厚熜沉迷玄修,写青词"赞玄"成为臣下进位与固宠的捷径。嘉靖中年以后,凡大臣得宠,基本上都是投皇上所好,要么推荐"神仙"方士,进献金丹秘书,要么掉书袋,写一手好青词,做皇帝斋醮的侍坛童子。比如嘉靖二十六年(1547 年)的状元李春芳,入仕后直接进入西苑写青词,他在这个岗位上发挥特长,一手绝妙好词大获好评,从翰林院修撰起家,一路扶摇直上,在嘉靖四十四年(1565 年)就以礼部尚书兼武英殿大学士入参机务。和他同时入值西苑的严讷,也联袂入阁。

朱厚熜对西苑"侍直"之臣特别优待,升官全由特旨。好比李春芳,由翰林学士至"柄政"(入阁),一共迁官六次,没一次经过吏部及廷推。另一位由西苑供奉而至宰相的大学士袁炜,从释褐入仕到官至宫保、尚书,更只用了六年,升官之迅捷,"前未有也"。

这些人,都被称为"青词宰相"。

严嵩结帝恩之深,除了他为人巧佞,从"术"上来讲,他也是青词高手。严嵩在古文辞方面有很深的底子,文章水准高,又勤快用功,善于揣摩皇帝的心思，所以议事写文往往“称旨”。而夏言之败，很大程度上，应归咎于他比较轻视青词。虽然他也必须写，但在用心和态度上远不及严嵩。

严嵩难以容忍一个同样具有很高青词写作水平的异己——这可不是文人相轻。自古“文人相轻”，岂为比拼文字？说到底还不是为了文字背后的利益！《明史》说严嵩和徐阶不对付，是因为徐阶是夏言推荐过的人，恐怕把二人不和的原因看得简单了。政治上改换门庭之事，不是很常见吗？

徐阶才情出众，深得皇帝赏识，在廷臣中声誉也好，可是他偏不是“自己人”，这才是严嵩嫉恨他的根本原因。

徐阶不是轻易“下人”之人。过去张璁做首辅时，曾提出要削去孔子的王号，将孔庙的塑像撤去，改为木主牌位，祭孔的笾豆礼乐也要加以损抑。儒臣在奉旨商议此事时，无人敢持异议，只有翰林院编修徐阶一人表示反对。张璁把徐阶叫来，盛气凌人地对他加以诘责。徐阶坚持己见，抗辩不屈。张璁大怒道：“你敢背叛我！”徐阶正色回答：“叛生于附，我未尝依附于公，何言背叛？”说罢，一揖而出。

徐阶为孔子得罪了张璁，被斥出翰林院，降为福建延平府推官（知府的佐贰官，管理狱讼事务）。

像徐阶这样一个人，昔不附于璁，今必不附于嵩，为此严嵩千方百计中伤他。严嵩与张璁、夏言不同，他“猜害同列”，不是将其贬斥就完事了，对于异己分子，他是必置之死地方才甘心的。

严嵩戕害人的伎俩，就是利用嘉靖帝“英察自信，果于刑戮”，“因事激帝之怒”，让皇帝帮他除去眼中钉。一次独自召对，无意中谈到徐阶，严嵩装作无心的样子，徐徐说道：“（徐）阶所乏非才，但多二心耳。”他说徐阶才气不少，只是心多了一个，有“二心”。这句评语，实为毒针。

皇帝最怕的，就是臣下有二心。

严嵩说徐阶有二心，那他的“二心”安在何处呢？

原来，自哀冲太子、庄敬太子相继薨逝后，朱厚熜听信术士的谗言，以为储君与“真龙”本人有冲犯，他从此不单不敢再立太子，就连两个儿子都不再见了。徐阶身为礼部尚书，因见“国本”空虚，他必须说话，所以多次请求册立太子。朱厚熜不理会(“不报”),他反复进言,令皇上老大不快。两位皇子年纪渐长,要行冠礼、婚礼,徐阶主张先裕王(兄),后景王(弟),严嵩将其解读为徐阶对裕王的拥戴,暗示皇上,徐阶首鼠两端,心怀二心。

面对严嵩的步步紧逼,徐阶自度难以与之争锋,于是采取三大对策,构筑起严密的防护体系:

首先,“谨事”严嵩,取卑让之势,力图用谦恭的态度缓和严嵩的敌意。

然而,尽管徐阶采取了隐忍退避的策略,可是他和严嵩在政治上的“结构性矛盾”,却无法让他免受严嵩的迫害。特别是严嵩污蔑徐阶有“二心”,徐阶非但没有获罪,反而在不久后加少保入阁,与严嵩成为阁僚,严嵩更将徐阶视作最大的威胁。

他一计不成再施一计。当时大将军仇鸾得罪了皇帝,死后还被开棺戮尸,严嵩趁着皇帝余怒未消,诬陷徐阶与仇鸾有勾结。他本意是借仇案将徐阶干掉,可是密疏奏进去,他才知道,仇鸾之罪,竟然就是徐阶揭发的,他全蒙在鼓里!严嵩对徐阶嫉恨尤深,可是徐阶就像一块顽固的癣,看着厌恶,就是除不掉。久之他的攻击也乏了、缓了,后来徐阶主动提出与严家结亲,两家做了亲,才暂时息兵止戈。

其次,愈加“精治斋词”以迎合帝意。

徐阶鉴于夏言的悲剧,将写好青词赞玄放到了“讲政治”和自保、自存的高度,竭尽心力地去做。

一次,朱厚熜拿了一株五色灵芝交给严嵩,让他用灵芝炼药,徐阶却没有得到。朱厚熜解释说,徐阶在内阁当值,政本所关,不可以此事相烦。皇帝说,你先生事太忙,不麻烦你,这“客气”,让徐阶大为惶恐。皇帝不让他陪着做神仙游戏,可能就是失宠的信号,为此他一边认罪,一边力请,总算也得到一株灵芝。

徐阶有这个认识,他为人又谨慎勤勉,因此皇帝的委寄与倚重越来越深,已仅次于严嵩。

徐阶深知,伺候“今上”这位皇帝,必须打起十二分的精神,亏得他年富力强,有足够的精力,在政事与斋词间调剂,应付裕如。严嵩就不行了,他年近八旬，精神昏耄，固宠就有些难以为继，常常在一些事情上扣分。徐涨一分，严减一分，他们在皇帝心目中的分量是此消彼长的。

第三，与皇帝左右之人建立良好的关系，赢得他们的暗助。

徐阶有权略，善于结交"内人"，在内廷拥有广泛的人脉。

第一卷讲过，嘉靖后期的大太监麦福、高忠，都与徐阶有着不错的交情，宦官界的大事，如重建黑山会刚铁祠的碑文，以及大太监身后的墓志铭，都是托的徐阶大笔。麦福等去世后，徐阶又与新任司礼监掌印太监黄锦关系密切。不单如此，徐阶还与充斥内廷的各路神棍建立起友好关系。有这些人通风报信，并在皇帝驾前说好话，徐阶才得以在严嵩的攻击下岿然自立。

徐阶蒙宠日固，严嵩之宠，却如他衰惫的精神一样，日薄西山。

不知严嵩是否想追回早年读书钤山所"荒废"的十年光阴，他已是年逾八秩的人了，仍无告老之心，恋栈长安不去。

老严嵩有两个软肋，一是他年事已高，精力不济，时常犯错，皇帝对他的不满在累积。二是他儿子严世蕃。

小严仗着老严的势力，揽权索贿，胡作非为，要说大臣受他欺负也就算了，可是竟连裕邸（裕王朱载垕的府邸）都要仰仗小严吃饭！那时，朱厚熜对皇子不疼不爱，王府的收入主要包括两部分，除了亲王俸禄，再有就是每年的例赐，后一部分往往是王府收入的大宗。但麻烦的是，需要王府每年奏请拨付。裕王不为父皇所爱，就不敢上本问朝廷要。这笔钱，一连拖欠三年，弄得裕邸用度窘困，捉襟见肘。这亏空找谁补呢？不能直接找户部，得找严世蕃。老严做首辅，但老头子常年在西苑侍值，各衙门找他商量事，他都让人家去"问东楼"——东楼是严世蕃的号。久而久之，朝政竟一决于"小相爷"严世蕃。

裕邸不宽裕，不敢伸手找朝廷要钱，只得低三下四地找小严帮忙解决，派人送去一千两银子。小严那叫一个得意，瞧瞧，连皇帝儿子都得给我送钱！他立刻给户部打了招呼。小相爷的招呼很管用，户部马上发放了当年的例赐，还把以前欠的一并补发。

严世蕃是个独眼龙，你说他不开眼，竟敢收裕邸的贿，可是他毕竟还睁着一只眼，事情过后，得意也得意了，忽然惊出一身冷汗：裕王爷将来是要继人位的！今儿这“账”，怎么算……

严世蕃忐忑不安，一日屏开旁人，试探地对裕邸辅臣陈以勤和高拱说："听说为了不立东宫的事，裕王殿下近来颇有惑志，对家大人（指其父严嵩）也有些怨言，是这样吗？"高拱一听这话，就紧张起来，故意打哈哈，不正面接话。陈以勤则正色道："国本（储君为国家之本）默定久矣，殿下何惑之有？"严世蕃问："何以见得国本已定？"陈以勤道："殿下生而命名，从后从土，首出九域（裕王之名，上载下垕，有覆载九州之意），正可见皇上之意。旧例，王府讲官止用检讨，今裕邸兼用编修，独异于他邸，这不就是严相国的美意么！殿下经常说，首辅乃社稷之臣。大人之言，何从来也？"陈以勤说得风雨不漏，严世蕃无话好说，默然而去。

陈以勤一席话消解了严世蕃的疑心，否则他父子在背后捣鬼，裕邸的地位很可能发生动摇。

严嵩常在宫中，许多坏事都是严世蕃做的，但人们的怨愤最终还是丛集在他父亲身上。老严嵩的烦恼越来越多。

八旬老翁日渐昏迈，精力跟不上，他与皇帝的磨合开始出现问题，经常前言不搭后语，合不上辙，荒腔走板，不能令皇帝满意。

一直以来，他视徐阶为敌，处处刁难他，压制他，下套使绊，要让他跌倒。可是徐阶已是皇帝不可或离的左右手。皇帝有政事要顾问、要咨询，往往越过他这位首辅，直接找徐阶，对他就是偶一召见，也只是为祠祀一类的事。

为子孙计，严嵩不得不向多年的死敌低头。

他特地在府中摆了一桌丰盛的酒席，专请徐阶。徐阶当然得给首辅面子，欣然赴宴。酒过三巡，菜过五味，严嵩突然把手一招，呼啦啦，从后面拥出一堆严家的子孙，罗拜一地，给徐相爷请安。徐阶吃惊，不知何故。严嵩腆着老脸，擎酒向徐阶致意，指着下面跪着的孩子说道："我老了，活不了几天了，等我归了天，这些不争气的，还烦请徐先生照拂啊！"

徐阶哪能不懂，这是老头子在递降表呢！严嵩预感地位不保，他希望徐阶看在两家是亲家和他今日托付的情分上，能放其子孙一马。

对这个意想不到的场景，徐阶没有更多的表示，只是起身揖道："不敢！不敢！"

严嵩有些失望，他希望徐阶能够做出更积极的姿态，可他总不能揪住徐阶的袍袖，一定要他立字据、赌咒发誓吧。徐阶就是保证了，就能保证将来着数？严嵩没那么幼稚。想他"怙宠弄权，猜害同列"时，何尝有过顾忌？当年他倾轧首辅夏言，致其断头西市，又何尝心软过？多年来，他百方中伤徐阶，仇怨深结，又岂是一席酒就能解的？或许，他只是借这一席酒，聊以抒发荒寂无奈的心情吧！

严嵩的预感没错，皇帝已经厌倦他，想撵他走了。

让老严走人，只差一个机会。

这个机会，被御史邹应龙捡到了。

邹应龙是徐阶的门生（明代政治的惯例，疏劾对手，往往动用门生，尤其是身在言路的门生），一次他外出时遇雨，左右一瞧，见一家门楼甚伟，认得是一个熟悉的太监家，就跑进去躲雨。太监正好在家，就拉宾客坐下闲聊，茶香间不免谈及宫中秘闻，太监讲了一些首辅宠衰的征兆。邹应龙听者有心，回去后，立即写了一本，极论严嵩父子不法。

在疏末，邹应龙信誓旦旦地说："若臣言不实，乞斩臣首以谢（严）嵩、（严）世蕃！"

这话不是多余的，他深知这一本奏上去，要么摧枯拉朽，要么引火烧身，其中的风险实不可测。

是死是活，是福是祸，就看皇上怎么批处了。

朱厚熜在批示中，先是安慰了严老几句，但随即话锋一转，又责怪他溺爱逆子，有负眷倚，顺水把舟一推，就说："你致仕去吧！"退休宰辅该有的待遇，也有所削减。至于严公子，那还客气什么，直接下刑部大狱问罪。

严嵩着慌了，忙上疏为爱子请罪，也为自己辩解。可皇帝冷了脸，根本不理他。二十年君臣恩，一旦干净！

第四章　中官侧目，徐阶罢相

严嵩罢官后，徐阶升任首辅。

政治循环的规律正是这样，仇人下，仇人上。

徐阶曾经答应“哺乳”严嵩的子孙，可是老严致仕后，在他的指授下，严世蕃最终被坐于“大逆”伏诛，严嵩致仕后又被除为民，八十六岁的老相国，家破人亡，流离篱落，最后寄食墓舍而亡。

腥风血雨，这是夏言、严嵩相轧以来明朝中枢政争的新特点，徐阶报于严嵩，后来高拱又报于徐阶，张居正再报高拱，事皆类此。

在抵御并最终击败严嵩的长期斗争中，徐阶得“内助”最多，他是经营关系的高手，他的胜利，可说是“得道多助”的胜利。当然，这所谓的“道”，并不是道理之道，而是道行之道、道魔之道。

嘉靖宫廷里那些装神弄鬼的术棍且不论，单说太监。

嘉靖一朝，少有大太监的事迹，更少太监影响朝政的记事，这反映了嘉靖朝宦官政治势力挫败的事实。但不能由此论定，朱厚熜做皇帝时就没有权阉。嘉靖朝的大太监们，享有的政治、经济权利一点都不少，某些方面还超过前朝。比如太监加禄米，张佐、麦福、黄锦等人所加禄米石数，在明朝太监中是最高的。又如太监子弟荫官，麦福之弟麦祥荫至后军都督府右都督，为正一品武职，这是前所未有的。与前朝太监子弟荫官多只在卫“带俸”不同，嘉靖朝大太监的弟侄，如高恕（高忠兄）、麦祥（麦福弟）、黄浦（黄锦弟）等，都是在锦衣卫管事的“堂上官”。高恕历官也做到后军都督府右都督，黄浦做到都督同知。

大太监在宫廷也具有不小的影响，并运用其影响力，对阁臣，尤其是首辅，形成巨大的支持。嘉、隆、万三朝，阁权大张，而每一位“权相”的背后，都有一位司礼监盟友的影子（这在下面的故事里将得到证明），譬如，徐阶与司礼监掌印太监黄锦关系密切。

前文对出身兴邸的黄锦只是一笔带过，他在嘉靖前期一直担任御用监太监，直到麦福去世，才入掌司礼监，成为嘉靖晚年的巨珰。

黄锦，河南洛阳人，正德初选入内庭，读书内书堂，后被选为兴王府伴读。作为兴邸出身、具有"保翊功"的太监，黄锦在朱厚熜即位后任御用太监，掌内府缮造之事。嘉靖八年(1529 年)司礼监推举他与王淓提督团营，皇上却不愿意用他——那时朱厚熜对他潜邸的旧人好嫌弃呢！嘉靖十年(1531 年)张永弟张容被人告发时，还牵连到黄锦。

嘉靖中期以前，黄锦历任御用监及尚膳、司设、内官等监太监。嘉靖二十一年(1542 年)以内官监太监的身份，前往湖广修造显陵裕恩殿及兴王旧邸龙飞等殿，据他的墓志讲，此行"省公私钱百余万计"。就在他离京的次月，突然爆发宫婢之变。

黄锦的墓志也由徐阶撰写，其中说道："先皇帝(朱厚熜)御下严明，中贵人鲜克当意，独于公信任不衰，至呼为'黄伴'而不名。"(《司礼监太监兼督东厂黄公锦神道碑》)朱厚熜呼黄锦为"黄伴"，是因为黄锦曾任兴邸伴读。这是他得到皇帝信任的基础，这层关系随着时光的流逝而强化，嘉靖二十四年(1545 年)，黄锦改任司礼监，不久督领东厂。

嘉靖三十三年(1554 年)麦福去世，黄锦接掌司礼监。跟麦福一样，黄锦也是双肩挑："叨掌司礼，兼总督东厂"(黄锦自撰《重修古刹白马禅寺记》)。同年，他与锦衣卫左都督陆炳一起捐资重修了湖广当阳县的关公庙，完工后所立《重建义勇武安王庙记》也由徐阶撰文。陆炳的父亲原为兴邸校尉，陆炳本人长期掌领锦衣卫，在嘉靖中非常有权势，兴邸内官出身的黄锦，论辈分，比陆炳还高一辈呢。他们一个掌厂，一个掌卫，厂卫一家，又有同僚之谊。

黄锦在政治上得势，是在嘉靖后半叶。

在嘉靖的最后十年，黄锦是最受信任的太监。然而他深知皇帝性情多疑，尤忌内官与外臣交结，因此，尽管作为司礼监掌印，他与内阁首辅大学士徐阶形成了良好的互动，但掌印与首辅的关系，还不像后来高拱与陈洪、张居正与冯保那样密切，结成"命运共同体"。这一点从下面的例子可以看出：

嘉靖末年，仕路混浊，贿赂公行。三年一度的会试结束后，将选拔一部分名次在前的新进士，进入翰林院学习，称为庶吉士，学习期满（“散馆”），会有好的工作分配。庶吉士前途好，新进士为了能选上，多向权贵和当事者投贿。过去靠成绩，现在靠营求，家贫的就只好借京债了。官场的不正之风，正在东厂稽劾之列，没料到竟有人托了关系，拿着借据找到黄锦府上来了：找“纪委书记”借钱行贿，这人也够开眼的！选拔庶吉士由内阁和翰林院负责，如果黄锦与徐阶有勾结，他应当将此事瞒下来，或者跟徐阶通个气。可是黄锦将这个情况通过密奏直接捅到皇帝那里去了。朱厚熜非常生气，当时阁臣已经取定进士五十多人，当天齐赴东阁准备参加笔试，考试马上就要开始了，考生们都站在阁前台阶下等着发题呢，突然内廷传旨，将这一科庶吉士的考选取消了！阁臣面面相觑，都不知何故。这是嘉靖四十一年（1562 年）五月间的事，严嵩刚刚罢官，徐阶接任首辅不久，想来新首辅是会感到很没面子的。

严嵩罢官后，内阁只剩下徐阶和袁炜两人。嘉靖四十四年（1565 年）袁炜生重病告假回乡，死在路上，阁中就只余徐阶一人了。

经徐阶多次奏请，世宗钦点严讷和李春芳入阁。

这两位都是长期在西苑供奉青词、摇笔杆子起家的词臣，资历较浅，而且都是温雅君子，较为尊重首辅。这个时期，凡朝廷大事皆一决于首辅。徐阶上得皇帝信任，下得阁僚同舟共济，他利用这大好时机，一改昔日苛刻之政。嘉靖中叶以来，南北用兵，边镇大臣稍不如意，就被逮捕下狱，或诛或窜。夏言、严嵩这样的权臣，“复窃颜色为威福”，使得政治空气压抑而肃杀。徐阶主政后，比较注重采纳舆论，大家认可的，他才去请示施行，同时实行宽大之政，派出去逮人的缇骑少了，诏狱渐渐空了，任事大臣也能终于功名了。就是那位上疏引俗谚，妄称“嘉靖嘉靖，家家皆尽”的户部主事海瑞，若不是徐阶力救，恐怕等不及因服食金丹而病躁的皇帝反省，已经掉了脑袋。

在嘉靖最后的一两年,出现了少有的开霁、宽松的政治氛围,人们都称许说,这是徐阁老的功劳——“论者翕然推阶为名相”。

严讷在阁时间不久,当年冬天就因病去位,内阁又增补两位新人:吏部尚书郭朴和礼部尚书高拱。从此内阁就又多事了……

嘉靖四十五年(1566年)十二月,六十岁的朱厚熜突发重病,很快陷入弥留,司礼掌印太监黄锦决定将他抬回乾清宫。当天午时,在这间空了二十多年没人住的“天子正寝”里,嘉靖皇帝咽下最后一口气。他生前没有立太子,但皇子健在的,只有一位裕王朱载垕,大位归属毫无争议。黄锦与徐阶马上迎裕王入宫,请他主持大丧,并在灵前嗣登宝位。

朱载垕庙号穆宗,他就是明朝历史上的隆庆皇帝。

嘉靖帝的遗诏,由徐阶主笔草拟,在这份以先帝“政治遗书”名义颁布的诏书里,凡先朝弊政,如斋醮、土木工程、珠宝采办买办以及江南苏杭等地织造,一概停罢,并将自嘉靖初年以来,因议礼、言事而获罪的官员,全部予以平反,生者召用复官三十七人,死者恤录八十人。诏书颁行后,“朝野号恸感激”,将这份遗诏与杨廷和所拟登基诏相提并论,称为“世宗(朱厚熜)始终盛事”。

世宗登基诏,革正德之弊,世宗遗诏,再革嘉靖之弊。前者由杨廷和一手主持,经世宗首肯,后者是在世宗身后,由徐阶起草,以世宗名义发布,却与世宗本人毫无关系。将这两份诏书称为“世宗始终盛事”,实在有点名不副实。特别是所谓世宗遗诏,打着世宗的旗号一反世宗之政,倘若世宗地下有知,还要咆哮几声呢!

“徐先生诽谤先帝,可斩也!”

世宗没法发表意见,有人发话了。

说这话的,不是别人,正是徐阶在内阁的新同事郭朴。

郭朴并不反对遗诏本身,他反对的是徐阶一人把持阁议,事事独断,就连拟写遗诏这么重大的事,他也只找了一些人密议,比如和他关系密切的学士张居正,却避开阁中同僚——“同列皆惘惘若失”。

次相高拱也拍案而起。“土木斋醮，全为先帝之过乎？”他愤然道，“先帝英主，四十五年所行，非尽不善，徐阶乃以峻词扬先帝之过，以示天下，其如先帝何？”

他们将遗诏视为暴扬先帝之过。作为辅臣，徐阶对先帝之过负有不可推卸的责任，他却通过遗诏，将过失尽委于先帝，这不是谤君是什么！

高拱、陈以勤都是原裕邸讲官，随着裕王继位，裕邸之臣纷纷登用，在阁员中已经过半，他们是高、陈和张居正。新旧之人杂处，阁中矛盾也复炽起来，主要集中在徐阶和高拱身上。

高拱，河南新郑人，嘉靖二十年（1541 年）进士，选为庶吉士，散馆后授编修，开始了他的仕途。

高拱这人的经历很有意思，他在嘉靖六年（1527 年）差点被选为驸马。公主没娶到，转而刻苦读书，结果中了高第，最后入相，成为一代名臣。嘉、隆、万之际，高拱承徐阶之后、张居正之前，是一位关键的政治人物。

高拱“练习政体，负经济才，所建白皆可行”，是位很有能力的实干家。他最大的政治资本，就是在裕邸九年讲读的经历。在此期间，他与裕王建立了良好的个人关系。世宗本来有四个儿子，头两个都夭折了，这对他打击很大，后来他听信道士“两龙不相见”的妖言，晚年不见儿子，也不立储。然而，群臣遵守“立长”的继承原则，拥戴年长的裕王，但自裕、景二王并封后，景王一直不“之国”，使得储位长久不定。裕王的地位，缺乏可靠的保证，而且面临着随时被景王取而代之的威胁。这跟万历后期太子朱常洛危处东宫的局面颇为相似。裕王所能依靠的，只是王府随侍的内外臣僚。高拱自裕王出阁，就一直担任裕邸讲官，是裕王的辅导文臣，在长期“危疑”的环境下，与裕王凝成了利益和情感的双重纽带。裕王曾手书“怀贤忠贞”赐给他，这四个字里，既有信任，也怀着期待。

高拱仕途顺遂，从编修做起，历升侍讲、侍讲学士，进太常寺卿，掌国子监祭酒，嘉靖四十一年（1562 年）擢礼部左侍郎，又改吏部右侍郎，掌詹事府事，晋礼部尚书。这些年做官顺风顺水，裕王讲官的身份给了他很大的助力，他做到礼部尚书，离“入相”也就一步之遥了，而这一步也是毫无悬念的。

嘉靖四十五年(1566 年),通过徐阶的推荐,高拱拜文渊阁大学士,入阁辅政。

徐阶是世宗朝的老人,高拱是穆宗的亲信,按照“一朝天子一朝臣”,新天子登位,新人上、老人下的传统,徐阶与未来的政治明星高拱实际上是政治对头,徐阶推荐高拱,是在不可阻挡高拱入阁的情况下做出的一种姿态。而新旧阁臣之间的矛盾,终是无法调和的。果不其然,徐、高就很快反目了。

高拱为人恃才傲物,负气性刚,他虽是后进,却不甘居人后,且知道徐阶为何推荐他,对首辅并无感激之情,二人时常议事相忤,矛盾开始积累,就等着爆发的那一天了。

世宗晚年沉溺玄修,一直住在西苑,阁臣的“直庐”(在宫中的值班室)也在苑中,伺候这样一位皇帝,实在是繁难辛苦,很不自由。高拱年纪不轻了,可是一直没有儿子,他也一直在为生崽而努力,便很不乐意困守西苑,为此他将家搬到直庐附近,瞅机会就溜出去,继续他的“生子大计”。一天,皇帝忽然生病,误传可能不治,高拱听到消息,竟卷起铺盖,回家啦!

这个“小尾巴”马上被人抓住了,一个叫胡应嘉的给事中弹劾高拱不守直庐,把庐中器物往外搬,对皇上的病缺乏为臣者的起码关心。

胡应嘉是徐阶的同乡,高拱自然怀疑幕后指使是徐阶,这是徐、高嫌隙加深的又一件事。但据说胡应嘉弹劾高拱,是因他曾经劾过高拱的姻亲,怕高拱报复,所以先发制人,主动攻高。即便如此,由于他和首辅的同乡关系,徐阶怎么也脱不开干系。

不过误会又怕什么呢?在嫌隙已成的情况下,误会只不过为一盆沸腾的火锅多加了一块炭而已。

高拱在穆宗即位后,以今上旧臣自居,表露出骄恣之态,在内阁议事时,经常故意挑战首辅的权威。作为回应,徐阶则对高拱的提议,一概否决。二人的不和逐步升级为对抗。郭朴与高拱是河南同乡(高为新郑人,郭为安阳人),他因为对徐阶不满,所以站到高拱一边,成为高的助攻。

隆庆元年“京察”时，胡应嘉已掌吏科，与吏部、都察院一起主持对京官的考察。当考察工作快结束时，胡应嘉忽然上疏，替一位已在考察中黜免的官员说好话。这次中央干部考察，是六年一度的重要“组织工作”，作为重要的负责人，干部是好是孬，该升该黜，为何没有定评？未免把工作看得太儿戏。穆宗怪他行事浅躁，前后抵牾，命阁臣拟票罚治他。郭朴还记得此人，当即道：“胡应嘉无人臣礼，当除官为民。”说时，语带兴奋，他要替高拱报复胡应嘉的一箭之仇呢！徐阶用眼角扫了下高拱，见他满脸怒色，情态与郭朴一致，便不好出言为胡应嘉辩护，勉强同意了郭朴的意见。

处分决定公布后，引起言路的反感（给事中也属言路），他们认为，胡应嘉即使有失误，也不当受到“为民”的重处，这分明是高拱挟私怨打击报复，于是纷纷腾章弹劾高拱。

徐阶在票拟高拱的自辩疏时，对请求辞职的高拱予以慰留，而将胡应嘉的判决也改为从轻训诫了事。

高拱请辞是假，他对胡应嘉轻松过关大为不满，在阁中大吵大闹，一定要徐阶改票，对胡应嘉施行杖刑。徐阶不同意，给他慢慢讲解为何不可拟杖。两人闹得很不愉快。

一个叫齐康的御史，见阁臣不和，他把赌注放在高拱这边，上疏为高拱鸣不平，并且揭发徐阶的两个儿子多有“干请”之事，徐氏家人在乡亦暴横不法。徐阶上疏自辩，请求致仕（请注意，凡大臣自辩或检讨后的请辞，都是循例的行为，不可作真）。首辅与次辅的不和已摊在桌面上。廷臣对高拱的强直霸道普遍不满，从九卿到言路，不断上疏指责高拱，赞誉徐阶，就连南京科道官也进疏来参他。

高拱见引发众怒，心不自安，只好托病回乡了。那位齐御史投错了注，输个精光，被削籍为民。高拱走后，廷臣攻击的目标又转向郭朴，为人比较老成正直的郭朴，也被迫辞职。

这一场混闹，导致两位阁臣罢相，然而徐阶也没能待多久，不久也归老林下去也。

徐阶之罢，与他干涉宦官之事有着较大干系。

隆庆初,宦官恣肆之态复萌,甚至发生了一群宦官在午门围殴御史的事件。举朝震惊之余,都御史王廷决定进疏纠劾,加以严惩。他事先拿着疏稿找到徐阶商量。徐阶看过疏文后,制止他说:“此疏无名,空劾何益?搞不好他们还会在内中先诬告我等。”于是派人先与内廷“大珰”商议,讲明利害,拿到了参与群殴的主要人员名单,然后指名严参,这些胆敢在朝门殴打御史的宦官被分别逮治。《明史》说,“徐阶持正应变,多此类也”。

徐阶在隆庆初所诤谏者,多宫禁之事,十有八九得到施行。最典型的,就是穆宗曾打算再派宦官到团营坐营、提督,此事一度在宦官中引起相当的兴奋,又可以掌兵、又有事权了!团营内官裁撤已久,此事突然重新动议,自然是宦官在内怂恿的结果。但由于徐阶力持反对,此事不了了之,太监们白欢喜一场。为此,“中官(对徐阶)多侧目”。在他们的积极影响下,“帝意亦渐移”,不再信赖徐阶。所以言官一劾之下,便顺水准了徐阶致仕,虽满朝官员上疏请求挽留,穆宗也只是“报闻”而已。

徐阶离职后,李春芳继任首辅。

状元出身的李春芳,靠写青词起家,能力一般,缺乏专权固宠的手段。徐阶去位,他也求去,为穆宗慰留。此时阁臣还有陈以勤和张居正,都是裕邸旧人。以勤为人端谨,而居正恃才凌物,没把新首辅放在眼里。

在嘉、隆、万之际,一个个首辅都像霸道总裁,为人得理不饶人,以快意恩仇为事,唯独李春芳温文尔雅,行政务求安静,他夹在前后首辅当中,显得与众不同,同时也相当弱势。李春芳对此深有感触,徐阶罢官时,他就叹息:“徐先生尚且如此收场,我何德何能,这个位置能坐多久?唉,早晚还是乞休去吧!”哪知张居正在旁遽然应道:“李先生早去也好,这样才能保住先生的好名声!”李春芳闻言愕然,事后扪心自问,觉得自己根本无力与张居正等相争,不如归去。但他多次上疏求去,都没有得到批准。

不久后,赵贞吉入阁。隆庆三年(1569年)高拱振羽复归。高拱一回来,就与赵贞吉展开内斗,高、赵相斗,张居正从中挑激,坐观成败,陈以勤无以中立,遂急流勇退。高拱斗败赵贞吉后,凡事争先专断,根本不把首辅放在眼里。李春芳无力与他争,也不与他争,只是谨身自饬而已。这一时期，一系列大事，如俺答款贡、南海开市、平息倭患等，明朝国势被烘托得蒸蒸日上。这些重大决策，都是李春芳与高拱、张居正等一起做出的。

高拱在逐走赵贞吉后，气势日盛，竟公然举刀，要报复已经退休的徐阶。看看大狱将兴，李春芳试图从中调解，反而引起高拱的极大不悦。李春芳知高拱、张居正终不能容他，连上两疏，以父母年老为由，请求归养。穆宗知道李春芳处境艰难，但他考虑到高、张虽然有才，但为人躁进操切，需要李春芳这样安静持平之人坐镇压舱（压舱石虽只是一堆笨重的蠢石，好似无用之物，可是没有它们，行船也无法稳定），李春芳在，政事便稳当，他才放心。所以李春芳多次请辞，穆宗总不批准。

这时一个南京给事中忽然上疏，再次对李春芳进行无端攻击，这更加坚定了李春芳的去意，皇帝不准，他就再请，反复多次之后，穆宗见实在留不住了，只好同意。

李春芳走后，高拱便接过首辅之位。

以上便是隆庆初年内阁人事的大概。人们对这些事实都比较了解，但对同期司礼监人事变动却所知不多。然而监、阁内外夹辅，内外人事总是紧密相连的，两者须结合起来看，才能真正捋清这一时期明代中枢变动的实况。

第五章　想飞却不幸折翼的太监

穆宗登极时，司礼监掌印是黄锦，数月之后，黄锦便病故了。继任掌印的，是他的名下官滕祥。

滕祥本为黄锦的老根据地御用监的太监，他晋掌司礼监，让人感到意外。大学士陈以勤在滕祥墓志（《司礼监掌监事滕公祥墓志铭》）中说，“先是，掌司礼监事率起自本监晓习故实者，而公素长者，惟少文，乃从他监被简任，可谓殊遇矣”。过去司礼监掌印，概由本监通晓典故的太监中选任，像滕祥这样由他监升转，并且直接掌印的，几乎没有先例。滕祥还有一个严重的短板——“少文”。他资格虽老，人称长者，但文化水平不行，由他来掌领“典礼衙门”司礼监，真可称为“殊遇”。

滕祥是保定府雄县人，正德四年(1509 年)选入内庭。他早期官运不通，“给事禁密十年”，才得一奉御，在惜薪司佥书管事，稍迁乾清宫近侍。说到这，细心的朋友可能已经注意到，本书讲到的三位大太监麦福、高忠和滕祥，正德末年在乾清宫“会师”了！

据滕祥墓志讲，武宗去世后，他“遵故事还司”，也就是皇帝死了，乾清宫近侍内臣解散，各回原单位供职，对滕祥来说，就是仍旧回惜薪司佥书。前文讲到，世宗从原乾清宫近侍中留用了一批人，包括麦福和高忠，可惜滕祥没被挑中。

有趣的是，滕祥是黄锦的名下官，而黄锦是随驾来京的兴邸旧臣，不知什么机缘，滕祥投在黄锦门下(世宗来京时，滕祥约在二十岁上下，年纪也不小了)。滕祥从中受益不小，这从他升官明显提速可以看出：由兵仗局副使累迁御马监右少监，又继黄锦之后，升掌御用监，还一度管过京营三千营并三千哨马营。世宗去世时，他正提督西值房，掌宫中之事。

隆庆元年(1567 年)三月，滕祥又继黄锦之后，掌司礼监印，同时兼御用监和司设监二印。

滕祥一身兼领三监之印，职权重大，他也确实做了一些事。比如隆庆三年(1569 年)四月，他主动请求清查汰革内府匠役，以节省经费。对此工部不以为然，用嘲讽的口气回应说：“匠役之滥，已经奉旨裁革千余人，迄今二年，占役冗食依旧。臣等恐再次清革仍不过复蹈前辙，如果是这样，还不如不查省事呢！”工部说得没错，过去廷臣多次请求裁汰内府滥收的匠役，总是遭到内监的阻挠，尤其是黄锦、滕祥做头儿的御用监，掌管御用器物的造办，所役工匠特别多，正是“冗滥”的窟穴，怎么能指望滕祥认真来做这件事呢？大概又是做个样子吧！

穆宗命司礼监速查内府匠役员额，造册送工部和工科存照。令廷臣意外的是，滕祥果真用力干起来，最后竟裁革 2440 人，留存 13367 人，所裁人数占了内府监局匠役的六分之一，力度是很大的。

像这种打掉人饭碗的事，是最得罪人的，所以一般人都是能躲即躲，躲不掉也是敷衍了事，没想到滕祥下了这么大决心来做这件难事。

可惜的是，这件事刚刚完成，滕祥就病倒了，并且很快去世。

陈以勤评价滕祥在司礼监"御下严"，对穆宗常有所"规切匡正"，穆宗每每也能"改容听纳"，特别是他"始终守法度，不一关说外庭事，士大夫尤多之"。多之就是赞誉之，滕祥能够规劝穆宗，对外廷政事不多干预，所以得到官员的称赞。当然，滕祥不识字，而且是新入中枢"筦内枢"，对外政的干预意愿和能力都较弱，所以他把主要精力放在管理内政上。

司礼监掌印滕祥既无力于大政，内廷却有太监跃跃欲试，欲在政治上发挥积极的作用。

看官应记得，凡新君入临大位，他旧宫里的臣子必然因"潜邸效劳"而纷纷登庸，历朝以来，无不如此。穆宗登位后，不独高拱、陈以勤、张居正等讲读文臣先后"作相"，原裕邸的宦官同样迎来了事业转折的重大机遇。

这方面记载甚少，然而我从零散的史料中发现一位，此人豪情干云，欲兴一番风雨，可惜壮志未酬，便倏地从朝廷的天空掠过——不见了！他的故事值得说一说。

此人姓李名芳，他在裕邸担任何职，没有记载，但地位肯定不低。因为在隆庆元年（1567 年）二月，也就是穆宗即位的第三个月，按照累朝惯例，加恩重要内臣，对象是两类人：一是司礼监掌印、秉笔等太监，一是"从龙太监"。这份名单较长，含司礼太监黄锦、王本、冯保等六人，另有从龙太监三十一人，头一位是梁钿，已任司礼太监，第二位便是李芳，任内官监太监。他们是裕邸太监中地位最高的两个人，处于加恩的第一队列，各岁加禄米三十六石，荫弟侄一人为锦衣卫世袭指挥同知。

李芳最初引起我的注意，是我在阅读明实录时，看到上述"二月辛丑"加恩内臣这一条，随即发现，就在同一天，列名加恩内臣的内官监太监李芳，劾奏原任工部尚书、已革职闲住的徐杲，在嘉靖四十二年（1563 年）修理卢沟桥时，侵吞官银一万多两。

他揭发了一桩四年前的贪赃大案！

嘉靖中，几乎年年都有大工程，而嘉靖晚年的卢沟桥工和京城外罗城（即老北京城的外城）工，不属于为皇帝“修玄”搭场子，是大型市政和城防工程。与其他工程不同的是，卢沟桥工不拿国库银两，而是由内帑出银。皇帝舍得拔毛，实在不简单。工程完成后，经工部尚书雷礼奏请，特命大学士袁炜撰文纪念。没想到，皇帝掏腰包造桥，作为工程重要负责人的徐杲竟然照贪不误。此事被李芳奏发后，徐杲被锦衣卫执送法司鞫问，按律追赃发遣不提。

这事过去仅三天，李芳又有奏请。

过去，内府匠役常因工程完工得到升秩的奖励。古时候的人轻贱匠役，对鲁班这类专门技术人才缺乏尊重，甚至将他们视作贱流，把官帽子看得最重，称之为“名器”，是专门留给读书人的。匠役有劳绩，可以赏银赐钱，如果授官，就容易引起非议，认为是“名器猥滥”。当时也没有总工程师一类的技术职务，反正就是胡乱安插授职。内府匠役在各监局（主要是内官监、御用监等有营造、修理职责的衙门）的管理下，他们获得官职，主要借助内官的力量。由于嘉靖朝工程多，匠役授官的也多，李芳点了一下，其中做到太仆寺少卿的就有两员，苑马寺卿也是两员（以上都是管马政的衙门），还有布政司参议两人（参议相当于副省长），郎中一人、员外郎三人（郎中相当于今天国家部委的司局长，员外郎为副职），其他加鸿胪寺丞、光禄寺署正等衔的上百人，“冒滥不可胜纪”。李芳把情况奏明，请求将其裁革。穆宗同意后，便让吏部来做这件事。这是大快人心的好事，又由皇帝亲自交办，大太监李芳亲自督办，很快处理完毕，分别留用与闲住，以及裁减职级、俸薪、食粮等。

次月，李芳又发一炮，他上奏说，本监（内官监）官属，各有与职位相应的本等俸给，其他跟办皂隶、冠帽、习仪等项银两都是近年来增派，应该一切裁减，并着为定例，不许再增。穆宗也同意了。

我搜检实录,发现由李芳奏请施行的,还有隆庆二年(1568 年)正月,停征加派的白熟细粳米四千五百石、白青盐三万斤,隆庆二年以后的岁派,只照成化、弘治年间事例,米征一万一千两百石、盐十三万斤。这是减轻百姓负担的大好事。又该年六月,李芳奏称灾异频仍,先年差官到真定府抽印木料,官员侵渔,作弊多端,该府解运也十分艰苦,请求从明年开始,不再差遣内臣抽印,只委托于府佐官员。工部遂借李芳之奏,请旨停差了真定抽木内臣(这是属于内官监的一项很有油水的外差)。

以上一共四件事,可说都是前朝"积弊",清理之后,既减少冗员与浪费,还减轻了地方负担。李芳可说是有功的。四件事,有三件涉及内府(内府匠役、内官监增派银两及真定府抽木内臣),两件(桥工贪污和真定抽木)与李芳所管内官监职掌相关。

李芳是从龙内臣,刚刚升任内官监太监,庶政繁多,比如修建世宗的永陵、修造乾清宫,都是当务之急,可是他在忙这些事的同时,把相当大的精力放在兴利除弊上。作为内臣,屡次上疏进谏,不怕得罪同侪,可见他是有更大的抱负的。

他的抱负是什么呢? 肯定是盯准了掌印之位,要在司礼监"参柄大政",做新一代的权监。

虽然从实录的记载来看,李芳的官衔皆书为内官监太监,但很可能他已经升入司礼监,是以司礼太监兼内官监印。①

李芳抱负不小,从他所议之事上就能看出。

前文讲到,世宗对许多朝廷礼仪都重加订正,其中一件,就是将祭天与祀地分开。今天看来,这不是什么了不起的大事,而在当时,作为"奉天承运"的天子,如何祭天地,自是头等大事。夏言就是靠赞助天地分祀而得到

---

① 这是《明神宗实录》"书法"的一个特点。由于明末大太监常兼几个衙门的印信,实录在记事时,往往根据该太监所议之事,来写他的监衔。李芳在实录中只书作内官监太监,应是这种情况。时人王世贞就记曰:"(张居正)故所独厚者,司礼中贵李芳"(《嘉靖以来首辅传》卷七)。

世宗信任的。

自世宗改制，分别在京城南北郊分祀天地，施行已久，李芳忽然提出异议，建议仍在南郊合祀天地。作为一个内官，伸手来管这些事，便是越权、多事！穆宗虽然将他的建议下礼部会官详议，但廷臣对李芳的干预非常反感，回奏说，郊坛分祀是世宗议复皇祖初制，应如旧遵行，不必更改。

从嘉靖朝过来的大臣，对世宗没完没了地折腾礼仪之事，造成朝廷的持续动荡，有很深的感触，他们对太监李芳无中生有地提出天地合祀，抱有一定的警惕，甚至怀疑他欲借"作礼"来达到政治目的。

十月间发生的一件事，似乎把这种猜测坐实了。

当时抚治郧阳都御史刘秉仁因被御史参劾不称职，调南京别用。给事中吴时来揭发说，刘秉仁不久前曾疏荐太监李芳，暗结其心，无大臣节。刘秉仁因此被罢官。

这件事记在实录里，如果对史料不敏感，很容易错过。其实此中所含的信息非常丰富。首先，"风宪"大臣（都御史）上疏推荐内臣，是非同寻常的。明朝"祖训"规定，禁止颂扬大臣功德，违者以奸党论处。祖训里没有明文禁止称颂内臣，是因为朱元璋认为这种事不可能发生，所以只需防止"奸臣"。他没料到后世太监会有那么大的政治权势。尽管明代历史上不乏权倾朝野的大太监，但大臣上疏推荐内臣，仍是极为少见的。其次，李芳以从龙太监的身份，已居高位，而且一年多来，连连飞章，纠正朝廷之弊，由此名声大噪。刘秉仁荐他，当然是希望他得到大用，具体来说，就是希望李芳在司礼监"柄政"。

李芳一方面积极议政参政，不怕得罪内府同僚，一方面外臣又上疏来荐他捧他，这两方面合起来，不能不令人对李芳之志产生疑虑。

刘秉仁因为"疏荐"李芳而罢官，这一巴掌，显然扇在李芳脸上。当李芳姿态异常地高歌猛进时，疏荐他的人突遭罢免，这在京师"时政观察员"看来，就是李芳要失势的征兆。

果然，李芳很快被解除职务，勒令私家闲住。

闲住没几天，内廷又传旨，令锦衣卫将其逮捕，先杖八十，然后送刑部大狱监锢待决。

圣旨说“待决”，等于宣布李芳为死囚。是什么令穆宗对这位潜邸宠臣忽然改变态度，由倚信重用变为深恶痛绝，至要置之死地呢？

圣旨没有明说，法司不知就里，不知该拿李芳怎么办。刑部尚书毛恺只好向皇帝请教，他说：“自古圣王刑人于市，与众弃之，不单要使死者服罪，不至冤枉，还要达到使生者惧罪，不再重蹈覆辙的目的。李芳供事内廷日久，今一旦坐以死罪，可是罪状未明，臣等无所适从。假如李芳死非其罪，不仅无以示天下以公，也无以安陛下左右之心啊！”李芳到底犯了什么罪，刑部要皇帝给个明确说法。

其实李芳也没犯下什么了不得的大罪，他就是话太多，多次直言进谏，穆宗起初还能忍受，可他屡屡犯颜忤旨，“事上无礼”，穆宗就受不了了，一怒之下，将他革职，从宫里撵出去——眼不见为净。

李芳作为内臣，多次主动请旨勘查内府之弊，伤害了同侪的利益，大伙认为他“偏心向外（外廷）”，眼见李芳失宠，纷纷下石，李芳被隔绝在宫外，也没法自辩。很快谗言堆成一座垃圾山，穆宗嗅之生厌，于是将他抓来打一顿，然后下狱“论死”。毛恺请求公布李芳的罪状，穆宗自然拿不出来，内廷之事，他又不愿多说，就传命将李芳禁锢起来，不再提“待决”的事了。

李芳已栽培了些势力。他被监禁后，其跟脚也遭清洗。锦衣卫奉旨派人到南京逮捕内官杨义，到山海关逮陈钿，到京后，各杖三十，又逮钟鼓司佥书内官李智并王进、巩真等，各杖一百，全部送刑部大牢监锢。

实录没有说明杨、陈、李、巩等被逮与李芳案的关系，但查阅其他材料可知，杨义和陈钿出身裕邸，在穆宗即位加恩内臣时，列名靠前。李智等则可能是李芳的名下官。此案所涉，还有杨添爵一名，也是裕邸内官出身，乔朗一名，原为司礼监太监。由此判断，他们应该都是作为“李芳之党”下狱的。

事实上，李芳暗结之“党”，不只是内官，他跟所有志在参政的内臣一样，也试图与文臣，尤其是阁臣联络。这个人是谁呢？就是张居正。这个我们稍后再讲。

这是一次不显山不露水的内廷党争，可惜我们难以知晓更多的细节。

李芳下狱后，一直被监锢着。直到隆庆四年(1570年)四月，适逢朝廷派官对在京狱囚进行“热审”，刑科说，“李案”内官未经审理定罪，监禁已久，请求将他们释放。刑部也认为，李芳等淹系逾时，已足示警，且二十五人之中，已瘐死六人，没死的，在狱中久锢，馁瘠难堪，也宜加矜释。此时李芳已坐了一年半的牢，经穆宗同意，将李芳连同陈钿、杨义、杨添爵、乔朗发充南京净军，李智、王进、巩真、宁春、李珍回钟鼓司应役，其他人仍旧关押。

李芳就这样退出了历史舞台。他的悲剧让我想起另外两个太监——弘治朝的蒋琮和何鼎。这三个人，作为内臣，都好议政事，结果下场都不吉祥。蒋、何的事迹，可看本系列第二部《大太监斗法》。

第六章　前所未有：首辅推荐掌印公公

李芳冲击掌印失败后，滕祥也在隆庆三年(1569年)四月去世，谁将继任掌印之位，不免又是一番争斗。

好，大太监要登场了。

他就是明代非常著名的太监冯保，凡了解“张居正改革”的人，谁不熟悉冯公公?

冯保最先出现在正史中，是嘉靖四十五年(1566年)底，世宗听说自己在西苑亲自耕种(说是亲耕，实际上就是在春天开耕时装样子推了下犁)的自留地收获了，赐予冯保和户部侍郎刘体乾彩币羊酒。这也是冯保在嘉靖朝唯一的记事。此时距世宗驾崩，只剩下一个多月了。

穆宗即位加恩内臣，冯保在众太监中列名第三，排在司礼太监黄锦和王本之后。

除此之外，我们所知冯保的身世及履历，主要来自他在万历八年(1580年)十一月所上的乞休疏(疏名《奏为衰年有疾恳乞天恩容令休致以延残喘事》)，再有就是张居正为他写的《司礼监太监冯公预作寿藏记》[①]以及为冯父写的神道碑(《明诰赠荣禄大夫中军都督府都督同知冯公神道碑》)。

综合以上材料，可知：

冯保，号双林，北直隶深州人(今河北深州市)。其父名冯汉，冯保是他五个儿子中的老四。他有一个弟弟叫冯佑，托冯保的福，无尺寸之功，官做到中军都督府都督同知，在锦衣卫管事。

冯保在万历八年(1580年)的乞休疏里，自称"犬马之年见逾六十"，据此推算，他生于正德十六年或嘉靖元年(1521年~1522年)。嘉靖十五年(1536年)他十岁左右时，选入内书堂读书，至万历八年，已在宫廷"效劳四十余年"。

内书堂读书，是宦官进身的"正途"，这就好像进士出身之于外官一样。冯保在内书堂读书三年，毕业后分配到司礼监下辖的六科廊写字。六科廊主要管理章奏文书图集及宦官档案，"写字"是一种差使，负责抄抄写写的文字工作。

工作十来年后，冯保已担任某"房"(内府不少办事机构，多称为房，比如御药房、中书房、猫儿房等)的一把手(掌印)。

冯保以"才敏"受知于世宗，因为他擅长写大字匾、联，世宗常亲切地喊他"大写字"而不叫他的名字。嘉靖三十九年(1560年)，冯保升任文书房管事。内书房属于司礼监，掌管机要文书，相当于内府办公厅。文书房内官，或称文书房官、文书官、散本官(接收、发放本章)，地位非常重要。正因为如此，文书房虽然归属于司礼监，但文书官却照例系内官监衔。太监做到文书官，如果不出差错，下一步就该进司礼监了。

---

① "寿藏"是墓主人生前为自己所建的坟墓。冯保的寿藏，在京西南二十里的黑山，左瞻都城，右瞰香山碧云寺，离刚铁墓很近。张居正说，冯保素慕刚铁为人，所以将百年后栖身之所选择在刚墓近地。冯氏寿藏实际上是一座规模不小的寺院，内设祠堂，堂后为藏(墓穴)，初建于万历元年(1573年)九月，成于万历二年(1574年)九月，整整建了一年的时间。

冯保正是如此，他管文书房不久，就蒙世宗特简，担任司礼监秉笔，与掌印黄锦一同办事，得到蟒衣、玉带、禄米、内府骑马、凳杌等恩赐。

明代中期以后，凡司礼监太监，都要经过"内书堂读书→六科廊办事→文书房管文书→司礼监佥书，再秉笔、掌印"这样一个过程。从冯保的转官历程来看，是标准的司礼太监的"仕宦"经历。冯保从一名小阉童，跃升为位高权重的大太监，用了约二十五年时间。

【宦官小词典】宦官最高品级不过四品，官职最高不过太监，做了太监后，则以加恩代替加官，除了前面讲到的"加禄米"（十二石为一级），还有赐蟒玉（蟒衣玉带）、赐飞鱼服，以及内府骑马、赐凳杌，其获得先后有序，既是"恩典"，也是太监升级的一种特殊形式。

嘉靖四十五年（1566年），冯保参与了迎立穆宗继位，以"迎驾赞襄典礼功"，受命提督东厂官校，兼掌御用监事。

这时，冯保担任秉笔太监已经五年，黄锦死后，他原指着继掌司礼监，不料大印落入滕祥手里。

在滕祥出人意料地脱颖而出，掌领司礼监后，冯保以司礼秉笔太监兼督东厂，同时还兼掌御用监印，是仅次于滕祥的"大珰"。

滕祥死后，冯保满以为自己的地位摆在那儿，无论是"循例"，还是靠实力，都必然接过司礼监掌印之位。

可是他错了！

接任滕祥的，竟是太监陈洪。

陈洪与滕祥一样，本是御用监太监，隆庆初掌管负责上用龙袍及纻丝纱罗等事务的内织染局。织造之事最费钱粮，陈洪多次奏请加派江南织造。为了帝后妃嫔穿衣用度而将负担强加给小民，这是很恶劣的行径。为此陈洪在外廷的声誉很坏，曾有御史因他"妄请织造"，弹劾他"惑上、病民、蠹政、罔上、谋利"。一个太监能同时拥有这几种毛病，那他一定是大太监了。

陈洪请求加派的理由，不外乎“内府缺用”，其实内府哪里会真的缺用！好比上用龙袍，织造一件，价值不菲，皇帝穿上，总要洗几水吧，好歹穿它一季，难道还能见天儿换？就是皇帝喜欢新衣，愿意把衣柜装满，那又能缺用多少？内府经常说缺用，外臣肯定不理解，他们不敢骂皇上，就揪住管事太监，狠批他“惑上蠹政”。

陈洪不惜民力，无非是讨好皇帝，假如为君者爱惜民力，不尚奢侈，做太监的又如何能蠹政？所以坏事的根儿，在上不在下。不过，陈洪为了帝后穿衣打扮，被外廷批得浑身恶臭，他却因此成了宫里的红人。

冯保万万没想到，他竟被陈洪截和了。

按照惯例，司礼监掌印开缺，冯保“以次当进”，而作为御用监太监的陈洪，“例不当(得)司礼”。

冯保错失了升任掌印的机会，据熟知内情的王世贞讲，有两个原因：一是冯保“偶有所忤，不得意于上”；二是大学士高拱因为“素畏”冯保，所以缘穆宗之意，推荐了陈洪。

皇帝一时不喜冯保，高拱便趁机推荐了素为皇帝所喜的陈洪，冯保就这样错失了掌印的机会。

高拱推荐陈洪，既是因为他们关系好，也是对陈洪的回报。据万历时人沈德符《万历野获编》透露，高拱罢相后，通过陈洪向司礼监掌印滕祥行贿，才得以起废复官，而且高拱复相后还一反常例地兼掌吏部，成为一位握有实权的宰辅①，这也与陈洪的帮助分不开。

之前滕祥升掌司礼监，已经破例在先，现在陈洪继之，成为第二个由他监直接升转司礼监掌印的太监。

冯保失意之下，深恨陈洪，当他得知内情后，对高拱也非常不满。

冯保虽然没能掌印，但他毕竟掌着东厂，权势重大，掌印陈洪也难驾驭

---

① 明代的大学士虽然往往兼六部(主要是吏部和礼部)尚书，但那只是系衔，并不理六部之政，而高拱所兼吏部，却掌吏部之印，是实职。

他，还时常受到他的挤轧，故此不得不与高拱联合起来，成为高拱顶掉李春芳继任首辅的重要“内主”。

虽说首辅大学士得司礼监掌印之助，地位愈发稳固，反过来看，首珰得到首辅的推荐才得以掌印，也说明隆庆中内阁权威有了极大的增长。司礼太监要想稳固地位，也须获得阁臣的强有力支持。双方互相利用，相互扶持，随着政争的愈加激烈，这种关系进一步发展成为利害与共的政治同盟关系。

陈洪掌印后，他除了巩固与高拱的联系，也积极援引私己之人。在他的帮助下，礼部尚书殷士儋奉命兼文渊阁大学士，入阁办事。

然而，殷士儋与高拱的关系并不好。

说起来，殷士儋与陈以勤、高拱、张居正一样，也是裕邸“讲幄旧臣”，可是裕王即位后，陈高张三人皆柄用，唯独殷顿足于尚书，他对于入阁拜相，不能无望。殷士儋以太子太保兼礼部尚书，已是从一品的大官，仍以不能入阁为歉，这充分说明，对于大臣来说，入阁为相，才是他们的终极目标。否则，就是加官到一品，还是觉得差了一点，不够圆满。

赵贞吉罢相后，殷士儋觉得机会来了，可令他郁闷的是，老同事高拱不肯帮忙。

明代阁员的人数，少时三人，多时五人，以位次最高者一人为首辅，其他人依次排序，而以首辅最重，他是真正握有票拟权的人。首辅为了确保自己在内阁的权威，会尽力干预内阁用人，将亲近的拉进来，而不喜欢、交恶的，则想方设法阻止其入阁。高拱做首辅，同时兼吏部尚书，内阁用人，在其一手掌握之中。他觉得殷士儋不依附自己，明知老殷也是“侍皇上讲幄前后九载”的旧人，想入阁、也该入阁，可就是不搭他的茬儿，却推荐了与己相好的张四维。

殷士儋不甘心，转而走内人路线，找到太监陈洪，请他帮忙在穆宗驾前游说，通过“中旨”的方式顺利入阁。

新晋阁老殷士儋因为有心结，对高拱和张四维十分不满。张四维的父亲曾因“擅盐利”被御史郜永春弹劾，事情早已过去了，殷士儋入阁不久，这笔旧账又被御史拣出来说。高拱和张四维便怀疑是殷士儋在背后指使。

随即殷士儋也遭到攻击。

御史赵应龙上疏揭发说，殷阁老是靠着大珰陈洪进用的，不可以参大政，并且说，陈洪的父母得到封赠，就是托殷帮的忙，殷士儋大拜，是陈洪还他的人情。

殷士儋羞怒交加，连上两疏乞休。他又听风声说，都给事中韩楫也将上疏攻击他。众所周知，韩楫是高拱的门生，在殷士儋看来，赵应龙、韩楫对他展开轮攻，就是高拱发动的驱殷之战。殷士儋恼羞成怒，就顾不得体面了。一次，六科给事中依惯例，在朔望日（即每月初一、十五两日）入阁会揖阁老，殷士儋当着高拱的面指责韩楫说："听说你对我很不满。没问题，你想怎样就怎样，就是不要被人当枪使！"高拱一听，这是冲他来的，便把袖子一抖，以训斥的口吻说道："先生如此，太没体统！"殷士儋当即发作，指着高拱的鼻子大骂："陈先生（陈以勤）被你赶走了，赵先生（赵贞吉）被你赶走了，李先生（李春芳）也被你赶走了，今天你为了张四维，又要赶走我吗？"他抢上前，拍着高拱的椅背，呵问道："你当这把椅子永远是你的？"高拱是个暴脾气，经这一"逗"，当即大开嘴炮，两人干起嘴仗来。殷士儋盛怒之下，撸起袖子要打高拱。

张居正在旁冷眼观瞧，直到殷士儋要动手，才起身解劝。殷士儋已经失去理智，反正闹开了，干脆大闹一场，豁出去不干了，这口恶气要出。他见张居正来劝，连劝架的一起骂。张、高交好，他认定张居正也是高党——其实他看错了……

阁臣吵架，升级到动手，还当着六科给事中的面，这是明代内阁史上闻所未闻之事。

这事很快传开，高、殷两位相公都好没涵养，一时成为京人茶余饭后的政治笑话。言路则专攻殷士儋，如御史侯居良就讽刺说，殷阁老"始进不正，求退不勇"。

殷士儋知道再难继续待下去，求退之心转勇，在他的坚持下，穆宗只好同意他退休。

通过太监陈洪推荐殷士儋入阁这件事，可以看出，陈洪虽然尽力推毂高拱，但他与高拱还不能做到“心如一人”——就像后来的冯保与张居正一样——所以平白给高拱树敌，闹了这么一场，大家都不好看。高拱怕对他也有怨言。

陈洪到底不读书，底子薄（王世贞说他“不甚识书”），在应付波诡云谲的政治局面与错综复杂的人事关系上，还是显得吃力。

掌印做久了，令皇帝不满，最终因忤旨夺印。

司礼监掌印的位置又空出来了。

这回冯保有戏了吧？

第七章　地近位逼，两位好友干上了

继陈洪为掌印的，是尚膳监太监孟冲，又不是冯保！

前任掌印滕祥年老而“少文”，陈洪“不甚识书”，又都由他监升转，已是司礼监用人上的大大破例，这位孟太监更好，他不但是管膳的官——厨子头，还干脆不识字！

不识字的人如何在司礼监秉笔？这支笔，他可提得起来？

【宦官小词典】司礼太监因为要批文书，为皇帝提供决策咨询，故需熟知国朝典故，所以司礼太监往往具有较高的文化水平。但也有个别不识字的特例。刘若愚《酌中志》记载，神宗时，提督御药房太监张明精于医药，最蒙帝宠，升司礼监秉笔，掌内官监、内府供用库印。然因张明“素不识字”，只挂虚衔，不在司礼监当值，不批文书。明代，不识字而“秉笔”的，穆宗隆庆朝有孟冲，神宗万历朝有张明，熹宗天启朝有魏忠贤、王朝辅，一共四人而已。关于魏忠贤“不识字”，下文还有考析。

尚膳监在十二监中，不是权势衙门，其地位与司礼监隔得太远，孟冲能够一步跃升为司礼监掌印，一是因为他“割烹当上意”，把皇帝的饮食照顾得很好,穆宗对他相当满意,二是得到高拱的推荐。

高拱连荐两位司礼监掌印,他故意避开与他关系不睦的冯保,推荐在政治上没有能力、资格也不够的陈洪与孟冲,目的就是为了影响和控制司礼监。

这就难为了"冯宝宝",两次与掌印失之交臂,他岂能不痛恨高拱?

这是高、冯结怨的由来。

在隆庆内阁中,高拱与张居正的关系最好。

他们都出身裕邸,侍穆宗讲读长达九年。与高拱傲物凌人的性格不同,张居正为人城府极深,喜怒不形于色,而且非常善于处理人际关系。在裕邸时,邸中宦官没有不和张居正交好的,尤其是李芳,经常与他讨论书义,讨论天下之事。

张居正具有长远的政治眼光,他知道,裕王殿下一旦即位,自己必然入阁,李芳也会进入司礼监,将来内外辅政的人事基础,正当在今日筑牢。所以他们执经在手,讨论的却是手运天下的大事。

穆宗即位后,李芳积极谋取在司礼监柄政,跟过去在裕邸时一样,他和张居正秘密联络,往来十分密切。

王世贞《嘉靖以来首辅传》记了一件事,说一次有言官忤旨,穆宗下旨到阁,要求对言官施以严惩。首辅李春芳接旨后,回头问:"此事当如何处分?"处分言官向来是件敏感的事。别人还没说话,张居正遽然道:"此事简单,不过外示责罚而内实宽贷可也。"就是做出要严惩的样子,实际上将其轻轻放过,俗话说"言者无罪,闻者足戒"嘛。李春芳觉得有理,便照此拟旨。

张居正当着首辅这么说,可是转过身来,却写了张条子,派小吏送给李芳,提出新的建议:"此人狂妄,如果皇上宽贷了他,恐怕将来还有人来说,谪也好罚也好,必须要给他一些惩罚。"

这就是张居正当面为人、背后为鬼了。李芳按他的建议奏请后,穆宗遂没有听从首辅票拟的意见,下令给那言官罚俸三个月,同时形成了这样的印象:李春芳一味姑息纵容,相比之下,张居正更有担当。李春芳后来得知真相,十分气愤,然而他在朝孤立,内廷没有奥援,阁中又迫于高、张,纵是心恨,也无如之何,更不敢向皇上揭发。

张居正敢于欺凌首辅,与他在司礼监有内援有关。当李芳因强谏失宠下狱后,张居正一时失去内援,其势“小屈”。然而他很快又与东厂太监冯保款款往来,势乃“复振”。

张居正与高拱的敌人结盟,必然要挑战高拱的地位。

可是,他们的关系明明十分亲密要好的嘛!

张居正与高拱,是明末政治舞台上的双子星,他们学术根底相同,政治理念一致,才情气魄相埒,仕途也是亦步亦趋。他们曾一同在裕邸历练,同在国子监供事,又同在隆庆朝进入权力核心,从青年时代初识起,即惺惺相惜,并相期约,“他日苟得用,当为君父共成化理”。

然而多年以后,二人深厚的交谊早已只剩下表壳。

高拱为人强悍,性情张扬外露,自入阁以来,他就像一只好斗的猎狗,一直都在树敌,从徐阶到赵贞吉、殷士儋,再到李春芳,内斗不已。张居正站在旁观者的地位,不动声色,也不加劝阻与告诫,有时还装好人,两边劝解,实际上暗含挑激,希望两边越斗越凶,最后两败俱伤,他好渔翁得利。

对于张居正外和内奸的为人,只有陈以勤看得最清楚。他眼见高拱不能容人,张居正在背后撺掇,心怀叵测,晓得阁中凶险,形势已不允许他中立,于是选择了急流勇退。李春芳被张居正所卖后,也看清了他的为人,自知无能为力,坚持求去。唯独高拱盛气凌人,连战连胜,得意忘形,眼睛长到额角上去了,竟没有察觉,他真正的敌人,正是与他比肩而立,他十分信赖的好友张太岳(张居正号太岳)。

高拱扫除对手就像风卷残叶,李春芳退后,即擢登首辅之位。高拱深得皇帝信赖,在内最大的掣肘司礼监,掌印出自他的推荐,且没有能力,此时的他,独霸内阁,睥睨群雄,自以为天下无敌了。

张居正也随之跃居为次辅,这对他们的关系形成新的挑战。

高拱只能容忍一个拱默听命的助手，偏偏张居正不是那样的人。过去几年里，张居正小心地隐藏着自己的野心，而随着他的地位逼近高拱，二人之间不可避免要爆发冲突。

一年多后，高拱出其不意地为张居正、冯保联手所败，他铩羽而归后，痛定思痛，写了一本书，名叫《病榻遗言》。伏在病榻上写遗言，光看书名，就让人同情。失意者高拱对张居正恨之入骨，他甚至不屑提张居正的名号，多蔑称之为"荆人"（张是湖广荆州府人，荆为楚的别称），在这本回忆录里记下许多证明张居正是"阴险小人"的事例。

比如，高拱每进用一人，张居正必对外人说："此人是我向高老推荐的。"每退斥一人，又必说："我曾经劝过，可高老不听，我也没有办法。"——则是指高拱敛怨，张居正市恩。

又说张居正"卖众"，"别走路径，专交通内臣，阴行事于内"，尤其是与冯保"倾身交结，拜为兄弟，谄事无所不至"。张居正每有意指，即捏旨交付冯保，从中批出，伪称上意，而张居正袖手旁观，佯为不知。——是指张居正为权势卖友，背着首辅，暗中与内监勾结。

此外还有张居正贪贿等品质问题，看官可观原书（该书收入今人所编《高拱全集》里），兹不赘述。

总之，对张居正的"小人"之态、他与冯保的勾结，高拱表示自己早就知情，只是"莫可如何"，不知该怎么办。

书中的高拱，正直而无辜。

实际上，在事变之前，高拱并没意识到张居正是善于用"诈术驭人"的"妖精"（高拱称"妖精"是赵贞吉对张居正的评价，不可信），更没觉察张居正与冯保早已秘密交结，他是在膨胀的自信中陡然垮台的。

高拱倒台的根本原因，是穆宗的突然去世。

而这，是非人力所能左右的因素。

高拱最大的后台老板，当然是穆宗朱载坖。隆庆六年（1572 年）初，穆宗身体开始不好，经常卧病不起，高拱立刻承受到政治上的巨大压力。

隆庆六年三月，他突然遭到尚宝卿刘奋庸和户科给事中曹大埜的弹击。

刘奋庸不是外人，他和殷士儋一样，也是高拱在裕邸的老同事，眼见高拱做了首辅，他才混到一个“小九卿”，十分失意，又见高拱得道专恣，内心愈发不平，于是上疏攻击高拱。

如果说刘奋庸的动机出自忌妒，那么曹大埜对首辅的攻弹，则有更深的政治背景。

曹大埜是张居正的幕宾曾省吾的门生，高拱称，曹大埜弹劾自己，是受了曾省吾的指使。曾对曹说，皇上病重，凡事都由冯太监主行，而冯公公与张相公（居正）实为一人，你若上疏攻去高拱，使张相公秉政，君可永享富贵（这段密室阴谋据高拱说，是曹大埜主动向他交代的，也不可信）。

曹大埜得到了“富贵”的许诺，遂奋然上疏，力攻高拱“大不忠”十事（又称十大奸恶疏）。

高拱说，廷臣皆知，曹大埜所为，背后的黑手是冯与张，“人情骇愕汹汹，愤激不平之甚”。当天官员们就纷纷上本，纠劾曹大埜“诬陷元辅”，包括六科公本一份、独本一份，十三道公本一份，九卿公本①一份，太常寺等衙门公本一份。也就是九卿科道衙门炸开了锅，坚决捍卫首辅高拱——高把自己写得很得官心，舆论在他这边。

病中的穆宗，下旨惩处曹大埜。司礼监拟旨：“曹大埜这厮，排陷辅臣，着降调外任。”也是据高拱讲，冯保派人找张居正商量，张居正认为，既不能庇护曹大埜，当尽量做淡化处理，于是将旨意中“这厮排陷辅臣”及“降”等字抹去，改为“曹大埜妄言，调外任”。

高拱遭到严劾，两疏求去不准，就照常出来办事。他是这么解释的，皇上病重，此时我再求去，不太合适。如果我屡言不止，徒苦圣怀，让皇上扶

① 公本指衙门官员的联名上疏。明清两代，六部和都察院合称“部院”，六部尚书加上都察院左都御史、大理寺卿、通政司使，合称“九卿”（“大九卿”）。九卿公本，是这九位重臣联署的本章。

病忧心，就更不对了。我当以君父为急，乃何有于此辈哉！——高把自己写得很大度，不惧一己安危，一心只为皇上着想。

然而冯、张狼子野心不死，倒高的行为“踪迹大露”，为此“人情愤恨愈甚”（还是高拱说的）。于是科道相约具本，弹劾张居正“交通”冯保，嗾使言官诬陷首相（高拱此说实际上自相矛盾，科道即言官，言官即科道，科道“相约”弹劾冯、张“嗾使言官”，这不是言路已经分裂了么？可见高拱并不像他自己说的那么得人心）。

张居正听说科道要参劾他勾结冯保，又怕又急，不知道该怎么办（高拱原文：“荆人窘甚，惶急无以为计。”）。此事传到高拱耳朵里，高拱道：“皇上病得厉害，如果听说荆人谋害我的事，必然盛怒。这个时候，怎么可以再让皇上动怒呢？况且其他的事，自有阁臣处置，如今是荆人要害我，又有谁能处置？必然要由皇上亲自处理。皇上已是水浆不入口，他能处理吗？何必拿这件事让圣心苦恼？人臣杀身以成其君，今天我宁可受害，宁可事不得白，也不要让皇上为此戚心。”

于是，他把六科官吴文佳、周良臣、刘浑成、王璇等人请到朝房，对他们说：“听说台省（即科道）将欲有言，此必不可。皇上病甚，一闻此说，将如何处？愿诸君以君父为重。如但有一言，则吾即日去之矣。”高拱反复叮咛，以去就相恳，四人遂遍告省台，提醒大伙不要上疏。

面对冯保和张居正的“吞噬”，高拱全然不做反抗。高拱笔下之高拱，简直成了“高大全”。

第八章　太监也做顾命大臣

对于隆庆六年（1572 年）初以来，穆宗病体日趋恶化，以及宫中事变的种种前兆，高拱在《病榻遗言·顾命纪事》里皆有所追记：

正月下旬，穆宗开始生病，特别是腕上生疮，治了一个多月才稍微平复。

这段时间，他一直没有上朝。

闰二月十二日这天，朝钟忽然鸣响，百官赶紧入朝排班。

听到钟声，高拱和张居正急忙从阁中出来，朝皇极门①走去，将过会极门②时，看见皇帝的乘舆正循御道往文华殿方向走。

怎么皇帝不登皇极门上的御座，却往文华殿去？正在疑惑，忽有宦官数名飞奔而来，急火火地传道：

“万岁爷宣阁下见驾！”

高、张二人忙疾趋赶往乘舆所在，见穆宗从文华殿金台上走下，正欲登上乘舆。皇帝面带怒色，太监们环跪在侧旁。

见阁老到了，穆宗怒色稍平，伸手抓住高拱的衣袖，欲言又止。

高拱问：“皇上为何发怒，今将何往？”

穆宗道：“我不回宫了！”

高拱吃惊：“皇上不还宫，当往哪里去？望皇上还宫为是。”

穆宗稍沉思，道：“你送我。”

高拱忙道：“臣送皇上。”

穆宗松开高拱的衣服，又抓住他的手，露出手腕上的疮给高拱看：“你看，我的疮还没落痂。”二人一边说，一边走上金台，在台上站立。

“我祖宗两百年天下，以至于今日，国有长君，社稷之福，争奈东宫还小啊！”穆宗把这话连说了几遍，一语一顿足，一握高拱之手（意为他死了，太子还小，祖宗江山怎么办）。

高拱道：“皇上万寿无疆，何出此言？”

穆宗道：“有人欺负我！”

高拱道：“何人无礼，祖宗自有重法。皇上说与臣，当依法处置。皇上病新愈，何乃发怒，恐伤圣怀。”

穆宗不答，过了许久，才叹气道：“甚事不是内官坏了，先生你怎知道！”

---

① 原奉天门，嘉靖四十一年（1562 年）改称皇极门，今故宫太和门。

② 原左顺门，嘉靖四十一年改为会极门，今故宫协和门。

于是拉着高拱的手往西行,从皇极门丹墀上走下来,在这里,他传呼“上茶”。内侍宦官忙布设龙椅。穆宗见椅子冲北放着,不坐,直到宦官将椅子转为南向,方才就座(天子之位,面南背北)。此间他抓着高拱的手,始终未放。

茶来了,穆宗左手执杯,连饮数口,回头对两位阁老道:“我心稍宁了些。”遂起身由东角门往里走,来到乾清宫门前。

外臣至此,就不敢再往里走了。

穆宗牵着高拱的手,道:“送我。”两位阁臣才敢跟着皇帝,一起走进乾清宫寝殿。穆宗升榻而坐,直到此时,他仍然紧着握高拱的手不放。

张居正和闻讯赶来的成国公朱希忠,都在榻前叩头。高拱因为手被皇上抓着,只能在皇帝膝侧鞠躬,不能屈身下跪。穆宗见首辅踌躇不安,便松了手。

叩完头辞出,阁臣却不敢辄走,留在宫门外候旨。

果然,转身的工夫,就有宦官出来“传宣阁下”,高拱和张居正忙再次进入乾清宫,候立于丹墀上。听里面传旨:“上来。”于是上殿来到御榻前,跪下承旨。

穆宗语气舒缓,道:“朕向才一时恍惚。”又道:“自古帝王后事如何如何,卿等当详虑而行。”因为他声音太轻,高拱听不真切,大意是令阁臣预备后事。

高拱心惊,不敢多问,叩头出来后,仍在乾清门外候旨。

顷刻间,又有宦官传旨:“着高阁老在宫门外莫去。”却只留高拱一人。

高拱对张居正道:“我留,先生出,外人看来,颇有形迹轻重。先生且留下,待我为皇上奏说。”

薄暮时,宦官出来,让他就在乾清门外住。高拱觉得外臣夜宿大内不妥,请求住在端门外西阙的内臣值房,那里也近,举足便到。皇帝答应了。于是高拱和张居正一连数日留宿西阙内臣值房,专候起居,直待穆宗病体益觉平愈,才遣内侍出来慰劳二臣,放他们回家了。

在这段回忆文字里,高拱用了八次“执臣手”或“执臣手不释”,形容穆宗与他“颜色相顾，眷恋之情蔼然”，突出了他们君臣的深厚情感，却将同样出身裕邸的张居正冷落一旁。他还说，张居正之所以能和他一起在宫内留宿数日，专候起居，也是他特为之奏请的结果。

据高拱讲，此时穆宗心情极为不佳，感到被人欺负，不愿回宫，并且直言“甚事不是内官坏了”，显系暗指有妃嫔、宦官作怪，风波不宁的后宫令穆宗郁郁不乐。

以上记载均出自高拱独家，是孤证，无旁的佐证，可信，也不可信。

穆宗病势日沉，没有好转，到本年五月二十五日，便陷入“大渐”，当天未、申间（约在午后三四点钟），再次传召阁臣。

此时内阁已补入一个高仪，一共三人。三臣得讯，急忙奔入乾清宫，进入寝殿东偏室。此时穆宗已经昏沉不省人事，进入弥留状态。陈皇后、李皇贵妃（太子生母，即后来的李太后）拥围御榻两侧，面带泪痕，十岁的皇太子朱翊钧立于榻右。

高拱等跪于榻前。太监冯保拿出白纸揭帖一份，递给皇太子，称是遗诏，又以白纸揭帖一份授予高拱。三臣展读，见写的是：

朕嗣祖宗大统，今方六年，偶得此疾，遂不能起，有负先皇付托。东宫幼小，朕今付之卿等三臣，同司礼监协心辅佐。遵守祖制，保固皇图，卿等功在社稷，万世不泯。

这便是穆宗的“顾命”之言，其核心内容是传位于太子朱翊钧，因其年少，特令内阁与司礼监协心辅佐，也就是阁臣与司礼太监共承顾命。

修于万历初年的《明穆宗实录》对此也有记载，但所记与高拱的回忆颇有不同。主要在两点：

一、高拱说他们进入时，穆宗“已昏沉不省”。实录却说，穆宗“倚坐在御榻上”，亲口命宣顾命。三臣听宣后辞出时，穆宗“疾已亟，口虽不能言，而熟视诸臣颔之（目视阁臣点头）”。

二、遗诏内容，高拱回忆有“同司礼监协心辅佐”一句，实录无。

在顾命的现场，穆宗是昏迷还是清醒，是能言还是不能言，不是小事，关系到穆宗的遗诏有没有被篡改，是否是他真实意思的表达。

对此，冯保也有回忆，他在万历八年的乞休疏里说："隆庆六年五月内，圣躬不豫，特召内阁辅臣同受顾命，以遗嘱二本令臣宣读毕，以一本恭奉万岁爷爷（神宗朱翊钧），一本投内阁三臣。"冯保在顾命现场发挥了重要作用，他认为自己与阁臣同受顾命，所以此后便以"顾命大臣"自居。

听完遗诏宣读，阁臣大哭而出，到次日卯时初刻（五月二十六日凌晨五点钟），穆宗遂崩。

高拱听到皇帝驾崩的消息，哭于阁中。他发现，张居正虽然也在哭，却"面有喜色，扬扬得意"。高仪偷偷对他说："先生不见张先生之意态么？是诚何心！国家之祸不知所终矣！"当然，这也出自高拱的私笔（且高仪已死，无可对证），是为下面一件事预埋的伏笔。

穆宗驾崩约两个时辰后，巳刻（约上午九点）内中传旨，着冯保掌司礼监印。

张居正"扬扬得意"之态，于此便有了着落——他定是早就知道他的盟友冯保将掌司礼监。

高拱认为，冯保掌司礼监，是"矫诏"。

他的根据是，穆宗临崩前不省人事已二三日，且升遐（驾崩）在卯时，着冯保掌印在巳时，皇帝已死，旨意何来？他认为，着冯保掌司礼监之旨在穆宗死后发出，就是矫（先帝之）诏。

对自己接掌司礼监的原委，冯保是这么说的："（二十六日）卯时分，先帝（穆宗）强起，臣等俱跪御榻前，两宫亲传懿旨：'孟冲不识字，事体料理不开，冯保掌司礼监印。'蒙先帝首允，臣伏地泣辞。又蒙两宫同万岁俱云：'大事要紧，你不可辞劳，知你好，才用你。'迄今玉音宛然在耳，岂敢一日有忘！"

他说自己掌印是在穆宗去世前，由两宫（陈皇后和李皇贵妃）亲传懿旨，并且得到穆宗的同意。

冯保掌司礼监后，仍提督东厂，成为实至名归的首珰。

冯得掌印的理由似乎很充分，太子年在幼冲（冲为年少之意），先帝既然令司礼监辅导，孟冲不识字，怎么料理得开？必须要起用能力较强的冯保，方为妥当。

如果信高拱之言，则穆宗昏迷已久，无法自主，冯保乃趁机“矫诏”，攘夺孟冲之位。但问题是，无论是实录的记载，还是高拱的回忆，当穆宗临终颁给遗诏时，太监中只有冯保在场，即使穆宗已不省人事，冯保要“矫诏”，也须获得两宫的支持。而高拱对两宫也有恨意——正是两宫下懿旨将他撵走的，所以他在记载闰二月穆宗与他执手对话时，借穆宗之口说，“朕不想回宫”，已暗示了，冯保媚惑两宫久矣，连穆宗都没得办法，恨不得逃离后宫。

冯保“夺”司礼监之印，高拱坚持认为，张居正是幕后策划者，所以传旨之后，他才“喜动颜色，不能自禁”。

对张居正主谋说，高拱也是有“证据”的。

高拱讲，穆宗在三月十六日也有过一次病危，他与张居正闻讯急趋入宫，由文华殿北出，刚从恭默室走出来，就见一个叫姚旷的吏员（是张居正的心腹）手持一大红纸套，内装揭帖（一种公文），半寸许厚，封缄完固（此处亦矛盾，既然“封缄完固”，高拱怎么知道里面装的是揭帖？），从后面快步走来。高拱喊住他问：“送与何人？”姚旷道：“与冯公公。”说罢，疾驰而入。高拱问张居正揭帖所言何事。张居正猝不及防，面赤惶怖，遽然答道：“乃遗诏事耳。”高拱闻言默然。

皇帝病危，当此非常之际，作为次辅的张居正，竟然瞒着首辅，与冯保私议遗诏，其中阴谋，不可言也。高拱心中叹道：“待看！待看！”等着瞧吧。结果就是，五月二十五日穆宗病榻前传宣遗诏，已有“协同司礼监”之说。

穆宗去世后的第二日（二十七日），冯保打出一报（邸报），内开先帝给皇太子的遗诏，文云：“朕不豫，皇帝你做。一应礼仪自有该部题请而行，你要依三阁臣并司礼监辅导，进学修德，用贤使能，无事怠荒，保守帝业。”这就是顾命当日授予皇太子的那份遗嘱，其中也有“并司礼监辅导”的字样。冯保将其“打报”，公之于众，高拱认为，冯保这么做，就是要告诉天下，我是顾命之人，先帝有托，“乃可以任其所为而莫敢谁何也”！

高拱说，两份诏书都有“（内阁）同司礼监辅导”之说，“乃知张居正盖为冯保谋也”。

高拱在书中，借引“舆论”说：“人心大骇，以为宦官安得受顾命！”这都是张居正欲凭借冯保，内外盘踞，盗窃国柄，故矫诏将顾命以与司礼监。

高拱这么说，太武断了，而且与史不合。

其实明代史上，不乏宦官“受顾命”的记载。

实录载，弘治十八年(1505 年)五月，孝宗大渐，遣太监戴义召大学士刘健、李东阳、谢迁至乾清宫御榻前，“自序(叙)即位始末甚详，欲有所记录，于是(司礼监)太监扶安、李璋捧纸及砚，(戴)义执朱笔，跪于榻前，陈宽、萧敬、李荣俱跪于床下。上命(戴)义书于片纸曰：(命太子承主器、选婚等事，从略)皆逐句宣授，间有改易，粲然成章”。书讫，孝宗执刘健手，反复告谕，前后数百言。这是孝宗升遐前一日事，司礼监六人与内阁三人共承遗诏。

此事萧敬墓表是这么记载的：“(弘治)十八年，承顾命，(上)以东宫为托。”(《司礼监太监梅东萧敬墓表》)此文为大学士杨一清所书，顾命之说绝非谀辞，然正史绝不见。

至于冯保之顾命，也见于朝廷的诏谕。

万历六年(1578 年)二月，朱翊钧大婚，太后下慈谕三道，其中一道是给冯保的，云：

> 尔等亲受顾命，所赖万分留心，引君当道，勿得顺从，致伤圣德。

冯保“顾命”的身份昭示于敕谕，岂能有假？张居正更疏请“录慈旨，付史馆，垂示万世”(而且确实载入实录了)。万历八年(1580 年)，冯保上疏乞休，自叙先朝知遇与“顾命之隆”，他在请求退休时，仍是以“顾命大臣”自居的。

冯保败后，大臣丘橓疏请“处邪媚之臣”，辄说：“曹一夔身为御史，上疏称冯保为顾命大臣。夫(冯)保，内官也，可谓顾命大臣乎？”丘橓不责“慈谕”之过，却将妄称顾命的罪责加诸御史，但这并不能改变冯保十年“顾命大臣”的事实。

又,万历四十八年(1620年)七月,神宗大渐,召英国公张惟贤、大学士方从哲及尚书、侍郎等官入见弘德殿,勉以用心办事。谕内阁有云:“皇太子(朱常洛)青宫有年,实赖卿与司礼监协心辅佐,遵守祖制,保固皇图,卿功在社稷,万世不泯。”此谕与穆宗遗诏没有区别,正是以阁、监“协心辅佐”为祖制。

饶有趣味的是,高拱《病榻遗言》收录的穆宗遗诏,明确记载“同司礼监协心辅佐”,而在万历初年由张居正主持纂修的《明穆宗实录》,却偏偏删掉了这句话。不知冯保为何没有提出异议,难道他没看过实录?或张居正别有说以谕之?

第九章　败于生前,复仇于身后

高拱在《病榻遗言》里,自称早已掌握张居正与冯保勾结卖己的证据,他只是隐忍不发。恐怕并非如此。

高拱一直将冯保视作最大的对手,所以两次推荐司礼监掌印,他都刻意压制冯保,而穆宗三次按住冯保不用,也确实说明穆宗对冯保并非十分信赖。

当遗诏明确规定内阁与司礼监“协心辅佐”嗣君,冯保在穆宗去世的当日,又出其不意地夺取司礼监掌印之位,高拱顿时紧张起来。

冯保掌印之后,首珰与首辅不和,已经摆在桌面上,面临着摊牌。

高拱决定趁冯保立足未稳,发动舆论,率先向冯保发起进攻。

他很快以“主少国疑”为由,以首辅和首席顾命大臣的身份,草拟了一份名为《特陈紧切事宜以仰裨新政事》的奏疏。列举了当下特别紧切的五件大事,“假借之弊、内臣之嫌、外廷之惑,情无壅蔽、权不下移”,无不为黜司礼之权。王世贞《嘉靖以来首辅传》将其概括为“大指使政归内阁而不旁落”。高拱则说是:“明正事体,使君父做主,政有所归。”

高拱很清楚，这是他与冯保的第一次正面交锋，也将是最后一次，成败在此一举。皇帝才十岁，既无政治经验与能力，也无自己的班底（这与穆宗居潜邸多年，拥有一班旧臣不同），谁在这场决战中取胜，谁将在未来获得总揽朝纲的大权。

这一战，不仅关系到去留，更关系到个人的历史地位。

高拱既兴奋又紧张，希望一举将冯保击败，那么至少在未来十年，他将在毫无羁绊和约束的环境下，达到人臣所能达到的光荣顶峰，建树更加伟大的勋业。

可他万没想到，他的“光荣”，一不小心，被张居正抢走了。

高拱将奏疏写好，决定以阁臣联署的方式奏进，于皇帝登基之日奏进，是为万历新政第一疏。

他特派心腹韩楫通报了次相张居正，并且志意满满地表示：

“行且建不世功，与先生共之！”

张居正笑应道：“去此阉（冯保），若腐鼠耳！”

内阁联手，再联络朝臣，大家一起动手，去除冯保，真如丢弃一只死老鼠那样容易。

高拱“五事疏”在登基当天奏进后，不出所料，被留中①了——冯保将此本扣住，不发内阁拟票，只从中票出四个字“朕知道了”。按照本章批处的惯例，“知道了”就是“不纳”的意思。

这本在高拱意料之中，内阁要限制司礼监的权力，对冯保来说正是与虎谋皮，他岂能甘心受缚？高拱在疏中要“明正”的，正是冯保这样隔绝君臣、假内批以行私的“奸欺情弊”。“朕知道了”，哪里是小皇帝的话，根本

---

① 明代制度，凡本章奏进，先由文书房送皇帝御览，然后发内阁拟票，用墨笔小纸拟出处理意见，皇帝（或委托司礼监）再依据内阁的票拟用朱笔批处，称为批红。本章批红后，就具有法律效应，可以发六科抄送部院衙门施行了。这是明代公文流转的基本路径。如果本章留在宫里不发出来，称为“留中”。

就是太监冯保口含天宪，自说自话！

高拱马上上了第二疏，要求朝廷依照旧规，将前疏（包括所有本章）发下内阁拟票，不得随意留中。

迫于压力，冯保只好将第二疏发下拟票，但仍将前一本留住不发。高拱于是在第二疏上拟票道："览卿等所奏，甚于时政有裨，具见忠荩，俱依议行。"

阁臣拟票是"代（天子之）言"，实际上就是拟旨，所以票旨模拟的是皇帝的语气。按照定制，司礼监应该依照内阁票来字样批红，不得任意更动。朱笔所批，就应该是内阁的票拟意见。高拱拟"俱依议行"，等于代表皇帝同意了他自己在疏中提出的意见。

冯保敢篡改阁票吗？

待"文章"做成，高拱认为时机成熟，便按下发射按钮，于是以工科都给事中程文为首，科道官员一齐上疏，严弹冯保，让冯保陷入"言官战争"的海洋。

冯保做掌印没几天，他的"大罪"已十分骇人，什么"三大奸""四逆六罪"，条条都要人命。

比如他"不可赦"之第一罪，就指他"平日造进诲淫之器，以荡圣心，私进邪燥之药，以损圣体。先帝因以成疾，遂至弥留"。此说不仅让穆宗蒙上非善死之羞，更指称冯保是进毒药害死先帝的罪魁祸首。

冯保升掌司礼监，也被指为矫诏。

言官们要求皇帝"敕下三法司①，亟将冯保拿问，明正典刑"。一时间弹雨如飞，齐射冯保，冯保自然知道这都是高拱在幕后指使，要命的是，这些弹章都要送内阁拟旨，届时高拱必将拟严旨接应。

冯保纵是老谋深算，也按捺不住地紧张了。

他急忙派心腹徐爵找到张居正求救。

---

① 明清时所称的"三法司"，指的是刑部、都察院和大理寺，一些重案要案，往往由这三个法司衙门共同审理。

张居正此时的心情是复杂的,在这个节骨眼上,他有两个选择,要么帮助首辅高拱剪除大太监冯保,要么替冯保策划,反制高拱的图谋。帮助高拱,是他作为次辅的分内之事,可是,高拱一旦成功,将来操持人权,辅佐少君,建功立业,一切功名与荣耀,都将归诸高拱,而他将始终被高拱的阴影所遮蔽。如果帮助冯保,虽然有违政治道德与朋友之义,但高拱一败,他出人头地的机会就来了,那么未来的事业,就是他张某人的了。

何去何从,张居正思量久之,主意已定。

此刻他略一思忖,便道:"勿惧,便好将计就计为之。"他让冯保不要怕,自有计破之。他和冯保通过亲信姚旷、徐爵,反复往来商议,最终想出一条驱逐首辅的妙计。

高拱对冯、张二人的密谋毫无察觉。

六月十六日早上,是朱翊钧登基的第六天,高拱独自一人在阁,忽然内中传旨,召见内阁与五府六部大臣。不一会儿,众官到了,唯独张居正称病后至,他来时还被人扶掖着,显是病得不轻(这一情节出自《病榻遗言》,意在突出张居正之伪)。

高拱很兴奋,他想一定是为了昨天科道参劾冯保的事,今日必要有个结果了。他对张居正表示:"上有所问,我当据正理正法而对。"

大臣到齐后,太监王蓁捧着圣旨出来,众臣下跪接旨。只听王蓁道:"张老先生接旨!"将圣旨交予张居正。高拱当时便觉不好。

再看圣旨题头写的是"皇后懿旨、皇贵妃令旨、皇帝圣旨"。两宫母后和皇帝共同发旨,形式隆重,内称:

说与内阁、五府、六部等衙门官员:大行皇帝宾天先一日,召内阁三臣在御榻前,同我母子三人亲受遗嘱,说:"东宫年小,要你们辅佐。"今有大学士高拱,专权擅政,把朝廷威福都强夺自专,通不许皇帝主管,不知他要何为?我母子三人惊惧不宁。高拱便着回籍闲住,不许停留。你每大臣,受国家厚恩,当思竭忠报主,如何只阿附权臣,蔑视幼主,姑且不究。今后俱要洗心涤虑,用心办事。如再有这等的,处以典刑。

高拱听完宣读,“面色如死灰,汗陡下如雨,伏地不能起”。这道旨意,仿佛在他的政治理想狂飙突进的大路上暗掘了一道深沟,他猝不及防,一下子倒栽了进去,头破血流。

众官骇愕而散,高拱脑中一片空白,他独自一人望北叩了个头,怆然而出。

驱逐志得意满的首辅,只消一道旨意,可见君主一言的威力。在明代,皇权是真正至高无上的,不管是“专权”的大臣还是太监,都须假借其声气,脱不了狐假虎威四个大字。

冯保是如何将计就计,营得这一道逐拱的严旨?据说,他抓住了高拱在穆宗死后对内阁同僚说的一句话,当时高拱恸哭道:“十岁太子,如何治天下?”他说这句话的语境,本是哀痛穆宗的骤亡以及对十岁小孩君临天下的忧虑,不想竟授人以柄。冯保对皇后、皇贵妃说:“高拱斥太子为十岁孩子,如何做人主?”这么大逆不道的话,令孤儿寡母大惊失色,储君听了,想到“议论侃直,外貌威严”(张居正救高拱疏中的话)的首辅,脸色也是一变。

这道由后、妃、帝联名发出的旨意,辞意异常严厉,直指高拱为“权臣”。难怪高拱听旨后,不敢多做停留,很快就离京南下。

高拱被逐后,张居正接任首辅,另一位阁臣高仪,本来已经卧病,听说高拱被勒令回籍闲住后,病情加剧,不到三天就死了。

高拱被逐,是嘉靖以来阁臣间习以为常的内斗,其中细节,多出自高拱的回忆。高拱坚定地认为,自己为张居正所卖,在他的书中,他用“荆人”“妖精”等词来称呼张居正。这些内容,可读,然不可尽信。比如他认为张居正为冯保密谋策划的一个重要证据,是冯保“粗识三二字,言不能成文”,逐他的旨意,“词语通顺无滞,是谁为之,一览自可知也”。这就有点牵强。首先,冯保并非像他说的只认识几个字,话都说不明白,相反,冯保颇有才艺。其次,纵使冯保如此无文,难道写出“通顺无滞”文字的,就一定是张居正?高拱被逐后,张居正上疏挽留高拱,此疏的朱批出自冯保之手,措辞较严,云“卿等不可党护负国”。高拱也说:“上既在幼,冯保文理不通,‘党护负国’之词,岂冯保所能言者!”又推断出自张居正手笔。其实“党护负国”是极寻常的词语,高拱未免猜测过度,抑或他是有意为之。

作为失败者,高拱很不甘心,他对张居正的“背叛”怀有切齿之恨,终生不释。他回乡不久,就写了《病榻遗言》这本书(也有说成书于万历四五年间),大力攻击居正四大罪,即附(冯)保逐(高)拱、矫诏顾命、招权纳贿、谋害元辅。书的笔法比较写实,着力于细节和情感的抒发,但情节真假相掺,皆出高拱精心布置。

高拱在张居正还掌权时,就写下这本书,却藏之不露(万历六年即1578年时,张居正从荆州回京,路过新郑,曾特地去看望过他),一直到去世都没有拿出来。但当张居正去世,冯保不旋踵而败后,这本书马上面市,为冯张之案提供了重磅炸弹,“成为最后处理张居正一案的强烈催化剂”(也有学者考证认为,此书是在冯张之案结束之后才印行的)。

由于高拱材料的独家性,《病榻遗言》的记载广为正史与各家野史所采纳,成为人们了解那一段历史、评价张居正人格的重要材料(许多地方除此之外别无所据)。高拱虽然在政治上失败了,但他通过这部生前暗埋的舆论“地雷”,掌握了百年之后的话语权,从而败于生前,复仇于身后。

第十章　冯太监亲自主抓“王大臣案”

高拱败走新郑后,与前几任首辅一样,并不能无后顾之忧。

《病榻遗言》的最后一卷《毒害深谋》,就是高拱对冯、张欲借“王大臣案”灭其口、诛其族的追记。

此案高书载记颇详,诸多史书与笔记大体从中取材。但此书记事,虚实相掺,真假勾兑,不可尽信。下面我在介绍时,杂取相关记载,随时做一些补证和判断。

事情的起因是万历元年(1573 年)正月十九日凌晨,小皇帝朱翊钧从乾清门里出来，将上早朝。侍卫发现一名内使神色紧张，从西阶下直趋而前，举止甚是可疑，遂将其拿下，当场从其衣内搜出刀、剑各一把，绑缚于两腋之下，同时发现，此人无须，却非净身之人——竟在大内抓住一个假冒宦官的刺客！

经突审，此男子自承名叫王大臣，本名章龙，系南直隶常州武进县人，“余无所言”。

这是《万历起居注》的记载。可见当场从此人身上搜出刀剑，他自承名叫王大臣，其他的什么都没说。

起居注的记载是可信的。

高拱《病榻遗言》在记“左右执之搜检”时，没有说明是否搜出刀剑，却在突审问答中，扯入张居正的爱将戚继光：

“问(王大臣)：‘何自来?’曰：‘自总兵戚继光所来。’”

张居正听说后，急忙遣人告诫冯保：“戚氏方握南北军，地在危疑，禁勿妄指戚总兵！”并且提示他说：“此人自有作用，可借以诛高氏灭口。”

商定后，张居正随票旨，着东厂鞫问王大臣，追究主使之人。于是冯保“使人以二剑一刀置于王大臣怀袖中，而自下(东)厂鞫问”。

高拱的记述，事实不清，疑点不少。

首先，张居正一听说在乾清宫门前拿住刺客，立刻想到可以借此“诛高氏灭口”，又遣人“密谓”冯保云云，显然在暗示张居正久存杀高之心，所以一见机会马上生出邪念。然而，既然是冯、张“密谓”，怎么就让高拱探听到啦？在这一关键“事实”上，高拱把“想当然”当成了证据，这是该书“编写”的痕迹。

其次，王大臣被拿住时，身上已携带刀剑，高拱却说是冯保强置于他怀袖中的，与事实不符。高拱忽略一个事实，捏造一个“证据”，无非为了证明冯保在拿住王大臣之初，已存心诬害他，而幕后起意的主谋，便是张居正。

王大臣在皇帝上朝时，忽然出现在宫门口，很可能只是偶然。

明朝中期以后，宫禁弛废，经常有人假扮宦官，混入皇城，其动机五花八门，本书上卷就讲过一例。嘉靖初年妄告太监张永之家的郭禄，他老婆就曾冒穿宦官服色，闯到午门前喊冤。只是王大臣能混入防守更加严格的午门（午门之内为宫城，俗称紫禁城），一定有宦官在内引导接应。

抓住私闯宫禁的王大臣，首先当究问接应之人是谁，以及他入宫的目的，然而这案子从一开始就偏离了"刑事"的轨道，被当作一个政治性案件来处理。

据王大臣后来交代，他从总兵戚继光处来。戚继光当时在蓟州①练兵，所统精兵多为精通火器的南方人，常州武进县人王大臣可能是投入戚营的一名南兵。

谈迁《国榷》载，王大臣为靖江人（也属常州府），确曾投戚继光三屯营为兵，但没有被收留，流落都下。因为他为人巧捷便佞，且面上无须，于是在中贵家当差，为其所昵，经常穿上内使衣服，混入宫城，不巧在乾清门外，正好碰上圣驾出朝，一时惊慌，遂被擒拿。

此说似为可信。怎么说，王大臣都不可能是入宫来行刺的。但他袖中藏有佩刀，便为冯保利用，成为他打击政敌的工具。

王大臣初被擒时，供称是戚兵，因为事涉戚继光，张居正十分敏感，所以亟告冯保："奈何称戚总兵！"至于他有没有密授毒计，让冯保借王大臣案"诛高氏灭口"，只是高拱一家之言。

事实上，王大臣最先供称是受太监陈洪的指使，陈洪随即下狱（陈此后不见于史书，未知是否死于狱中）。冯保首要打击的目标，是这位前任司礼监掌印。陈洪与高拱交笃，又由陈洪扯入高拱。

张居正在正月二十二日，也就是王大臣被捕后的第四天，第一次公开表明了态度。他代表内阁奏言："宫廷之内，侍卫严谨，若非平昔曾行之人，则道路生疏，岂能一径便到？观其挟刀直上，则其造蓄逆谋，殆非一日，中

---

① 蓟镇是明代"九边"重镇之一，主要防护京城及天寿山陵寝的安全，并策应东北的辽东镇。蓟州与辽东往往合称"蓟辽"，除了两镇分设巡抚外，还设有蓟辽总督一员。

间又必有主使勾引之人。”

张居正将王大臣挟刀私闯禁宫的行为，定性为“造蓄逆谋”，要求进一步追究“主使勾引之人”，“务得下落，永绝祸本”。

张居正隔了好几天，才上疏请求追究“主使勾引”之人，且连日来，王大臣在东厂的招词，已将“主嫌”指向了前首辅高拱。张居正没有像为亲信戚继光那样为高拱及时辩白，还主动配合冯保，要求下诏追究主使之人，他的用心，就不能不让人生疑了。

据高拱讲，王大臣下东厂后，冯保亲自提审，在审讯时，先命关门，屏开闲杂人等，然后对王大臣说：“你只说是高阁老派你来行刺朝廷（指皇帝）的，争取首告立功，不但可以免罪，还与你官做，让你永享富贵。”他要王大臣主动交代是受高拱指使来刺驾的。

同时还安排了一个叫辛儒的心腹伙长，扮作囚徒，与王大臣共监一室，待到淫狎情熟，怂恿王大臣承认是来行刺的，并教他诬陷高阁老家人李宝、高本、高来等与他同谋。

张居正在这个时候上疏，就不免有与冯保内外接应的嫌疑了。

张的同乡、太仆寺卿李幼滋就当面质问：“先生奈何为此？”张居正惊道：“为何说是我做的？”李幼滋说：“朝廷拿得外人，先生即令追究主使之人，而东厂又称主使者即高老。”指出这前后衔接的关系，张居正难以摆脱嫌疑。李幼滋提醒说：“若高老终不免，万代恶名必归于先生，先生将何以自解？”张居正坚决不承认，还说：“我为此事忧不如死，奈何说是我做的！”显出很无奈的样子。

虽说心迹难明，可事实就摆在那儿：张居正一上疏，圣旨马上批下来，“着刑缉衙门仔细研访主逆勾引之人”。冯保得旨后，立差东厂官校五名，飞去河南新郑县拿人。

东厂派去的缇骑，没有直接到高家破门抓人，而是先到新郑县大堂，颐指气使地命县里派兵，把高宅围住，声称要防止高阁老逃跑。

如此大张旗鼓，四乡八里都知道阁老派人上京行刺皇上了。

刺杀皇帝是灭门大罪，高氏家奴不愿陪主人送死，大祸临头，纷纷做鸟兽之散，逃走前还窃取主家金宝。一时间，紧张、恐怖的气氛盖住了高府。

高拱闻变大惊，手持鸩毒，在庭中徘徊，思量要不要自杀——他不愿做第二个夏言。仆人房尧第见状，一把将鸩毒击落，跪地恳请："主公若死了，天下后世将要说主公有谋逆之心，将来谁为主公辩白？"

高拱这才醒悟过来，知道大冤压顶，绝不可辄死，于是强打精神，出来见锦衣卫校尉，问："将何为？"不料缇骑语气却缓下来，道："我等不是奉命来逮阁老的，阁老大人勿要惊恐。"

原来锦衣卫闹这么大一场，只是来逮几名高府家人。

高拱稍稍自安。（以上见《嘉靖以来首辅传》。）

这里有一个细节，据《万历邸钞》记载，张居正担心性格强直的高拱过于忧惧而自戕，曾给他写过一封亲笔密信，大意是提醒高老"切勿惊死"。果为张居正料中，若非为家仆所止，高拱几乎仰药自杀了！

只是不知此信是在缇骑赴新郑捕人之前还是之后，通过什么途径送达高家。《病榻遗言》没有提到此事。

然而张居正写密信宽慰高拱并不被人视作善意。如文秉《定陵注略》就认为，张居正驰书的目的，是"欲胁令（高拱）自杀"。锦衣卫大张其事，适与之配合，为这场好戏烘托紧张逼厄的气氛。也有人提出不同意见，说张居正写这封信，确实是害怕高拱自裁，但不是为了保护他，而是担心没了活口，无法定案。总之，论者多认为张居正有谋害高拱之心，种种猜测，皆以此为出发点。

当时根本没什么人相信高拱会因罢官怨望而派人上京刺驾。以张相之精察，以及他与高拱多年交好之深，难道会不了解？王大臣挟刃直抵乾清宫，到底有无"逆谋"，主使勾引之人是谁，确当究问，但他应该首先为高拱辨析：高老绝不会有此！

新任首辅对王案的暧昧态度，十分令人生疑。

张居正很快感受到来自各方的压力。

据说张居正曾咨询过吏部尚书杨博的意见。杨博说出他的担心:“此事关系重大,若迫之恐起大狱,大臣人人自危。”他还为高拱作保,说:“高先生个性虽然粗暴,然天日在上,绝不会有刺驾之事!”

左都御史葛守礼去见张居正,也拉着杨博。在阁臣激烈的倾轧中,葛守礼一贯“周旋其间,正色独立”,当年高拱和徐阶不和,举朝攻高,就连与高拱交厚之人都转戈相向,唯独葛守礼不从众,还劝阻别人那么做。他作为掌风宪的“台长”(都察院古称御史台),对张居正说:“守礼不敢附乱臣之党,愿以一家百口保高拱无逆谋。”他还提醒张居正:“过去夏言、严嵩、徐阶、高拱为首辅,递相倾轧,使相名坐损,先生今为首辅,当为镜鉴!”

张居正矢口否认,起身从后室拿出一份东厂揭帖,递给二人,说此事完全是东厂在办,他为高老的事夜不能寐,忧至发白,奈何都说是他做的!

可是葛守礼眼尖,发现东厂揭帖上有“历历有据”四字,正是张居正的字迹,当即指出来。张居正讪讪解释道:“彼法理不谙,我为改几个字罢了。”

以上见谈迁《国榷》,《病榻遗言》也记有“历历有据”的事。

据高拱记,在锦衣卫帅朱希忠和冯保会问王大臣的当天,忽然风沙大作,黑雾四塞,不一会儿下起雨来,冰雹不止(这是写苍天变色,为其鸣冤)。东厂理刑官白一清指着窗外突变的天气,对两位原问千户说:“天意若此,可不畏乎?高老系顾命元老,此事本属子虚乌有,何以强诬他弑君之罪?我辈都是有身家妻子的,他日真相大白,能免诛夷之祸吗?两位受冯公公厚恩,当进忠言为是。”又道:“王大臣前后言语不一,而两位所拟狱词,却称‘历历有据’,是何所据?”

两个千户辩解:“这四个字是张阁老亲笔改定。”

“你们找死!”白一清吓唬二人道,“东厂机密狱情,可以送阁下删改吗?你们要这么说,那后话可就长了。”

被白一清一吓,两个千户就不敢再提“历历有据”了。

以上两事参互了看,可见张居正对王大臣案保持关注,并进行了“积极的干预”，与他对外人表示的“忧不如死”，并不一致。

由于舆论反对强烈，张居正的暧昧态度随之发生变化。

王大臣案由厂卫负责人朱希孝和冯保亲自主审。

按照厂卫问刑的惯例，未问之前，先要将犯人责打十五大板，好比《水浒传》里的杀威棒，杀杀犯人的锐气。

不料王大臣不服，向上道：“原说与我官做，永享富贵，如何打我？”

冯保斥问：“是谁主使你来？”

王大臣仰面瞠目道：“是你使我来，你岂不知，却又问我？”

冯保变色道：“你昨日说是高阁老使你来行刺朝廷，如何今日不说？”

王大臣道：“那是你教我说来，我何曾认得高阁老！”

朱希孝见王大臣当众道出隐情，忙厉声喝止：“这奴才，连问官也攀扯，一片胡说，只该打死。”又宽慰冯保：“老公公不必问他。”

据说，王大臣当庭翻供，是吏部尚书杨博暗地里为朱希孝策划的，故意当众给冯保一个下不来台。朱希孝又让抓来的高府家人混杂在人群中，让王大臣辨认，可王大臣根本就不认得这些“同谋”。

掌锦衣卫的左都督朱希孝，是成国公朱希忠的弟弟，他虽是“江陵幕宾”（被当作张居正的人），但与高拱的关系也很好，所以暗中使力救助高拱。他知道此事的症结在内，还在内廷进行了打点，一些太监大老与高拱交好，也在李太后前替“高胡子”说好话。在司礼监排名第二的张宏，也对冯保力言不可杀害高拱。

冯保知道他借王大臣案报复高拱的目的很难达到了，而刑科力主将此案送法司会审，张居正将此事按了五日，眼见舆情沸腾，也希望快速有个了断，于是在与冯保会商后，决定将王大臣发送法司会审。

二月二十日的夜里，王大臣由东厂转送刑部监押。

在转狱之前，王大臣被灌了哑药（生漆酒）。第二天三法司将王大臣提出会审时，下面跪的，已是个哑巴。

几位主审官对此心照不宣，也不追究，于是堂上不多问，堂下一言不发，很快就判了王大臣死刑，处决了事。科道官员也不敢多嘴。这件轰动一时、朝野震惊的大案，就这样不了了之了。

王大臣案，一般认为是冯、张二人刻意制造的冤案，用来谋害故相高拱的。

嘉靖以来，首辅间倾轧残害已为故习，可是冯张为何一定要将高拱置之死地呢？

许多人解释张居正的动机是他害怕高拱复起。此说不太可信。当冯张联手驱逐高拱后，盘固已深，高拱无人援引，根本没机会复起，张居正何至于因为担心高拱复起而对他进行人身消灭？但不排除张居正利用冯保对高拱的报复，对高进行震慑。

高拱在《病榻遗言》里，坚定地认为，谋害他的主谋，就是张居正，冯保不过替他当了枪手。至于张居正为何要害他，他的解释是，"张蛮子夺他首相，故要杀他灭口"。此说难以理解，就算张居正夺了高拱的首相，有何事要杀高拱"灭口"呢？

冯、张一体，对王大臣案，他们肯定有过某种合作，但在主次关系上，我认为冯保才是真正的主谋。

张居正虽然夺了高拱的首相之位，但他们毕竟相交多年，没有深仇大恨。而冯保三次有机会晋掌司礼监，至少两次遭到高拱的阻击，穆宗死后，他在两宫的支持下如愿掌印，高拱又要来扳倒他，二人结成深仇大恨。如今冯保大权在握，恰巧又碰到王大臣案这个机会，自然顺势下了黑手。这是政治争斗的黑暗面。

张居正虽然不是发动者，但他没有采取积极措施挽救、保护高拱，反而在事后致书四方，吹嘘他调剂、拯救高拱之功，而且说得很煽情，如说"高老事几乎不免，我为他忧愁，昼夜不能寝食，吐血若干，须白了若干，今才救得下他"，难免让人觉得他虚伪，充当两面派。

在这件事上，一面是张居正自鸣解救之功，一面却是被害人高拱执称张居正才是陷害他的主谋，两人感触大异，说辞抵牾。

不过一般还是认为，张居正本心是想干掉高拱的，如天启中大学士朱国桢在《涌幢小品》卷九"阁臣相构"中回忆此案时说:"看来张欲杀高,甚的。"

王大臣案从一开始就被作为一桩政治案件来办,没有就事论事,而后又匆匆结案,将本犯处死,导致万历初年的这件"刺君"大案成了悬案。

十年后,冯保垮台,满朝刮起"倒冯"风。一个叫陈希美的南京兵部郎中上疏说,冯保于万历元年正月"潜引"男子王大臣,白昼挟刃,直至乾清宫门行刺——竟指称冯保才是刺君的"首祸"之人!

陈希美的指控再次证明,在政治利益面前,事实是最无足轻重之物。

此前两个多月,即万历十年(1582 年)十二月,御史李植首劾冯保十二大罪,神宗朱翊钧本来已有旨宽处,岂料陈希美补此一枪。

王大臣事件发生时,朱翊钧才十岁,他本人已毫无印象。忽然听说十年前冯保曾派人行刺他,不由得惊怒万分,令刑部录进当年王大臣的招词,一读之下,果然发现内中大有文章。

他责问:"此事如何这每(么)就了?"他决定重审此案,将原问官提来,与冯保对质。

这件十年前的旧案发生时,张四维已是阁臣了,他对此案的背景及原委比较清楚,不愿旧事重提,又起风波,便委婉地劝说皇帝:"事情已经过去十年了,当时的原问官,东厂就是冯保,锦衣卫是朱希孝。王大臣已决,朱希孝又死,陈希美奏王大臣系冯保潜引,又无证据,如果复加根究,恐骇观听。"

一个远在南京的部郎,在冯保失势后,"勇"于揭发冯珰的逆谋,其动机如何,自不待言。就像当年没人相信王大臣是高拱派来刺杀皇帝的,现在也没人相信冯保是王大臣背后的主使。然而一个异化为政治案件的刑事案,如果再审,仍只能归于政治的框架。案件重启之日,冯保必死!死一百回也够了。

亏得张四维及时劝阻,让朱翊钧放弃了追究的念头。

最后说说高拱。高阁老无端受此一番挫折,"惊怖成疾",遂成痼疾,五年后(万历六年七月初二日)在家病故。

冯、张败后,没有人出面张罗替他平反。直到高拱去世二十五年后的万历三十年(1602 年),才补给了他赠官和赐谥,荫其嗣子高务观(高拱过继其弟高拣子)为尚宝司丞。也在这一年,高务观请东宫讲官郭正域为高拱撰写了墓志铭,算是迟到的盖棺论定吧。

第十一章　首珰赞助首辅夺情

自驱逐高拱,张居正登首辅之位,在以后的十年里,冯、张内外相济,呼应如桴鼓,结成稳固的政治同盟。在冯保的支持下,张居正获得了几近专制的权力,并以此巨大的权威推进政治改革。

由于"万历新政"触及了众多的既得利益,而且一些政策在实施过程中,确有操切诸弊,一直以来,反对者不乏其人。在遭到严厉的制裁后,反对势力转入地下,暗流潜伏,待机而发。

万历五年(1577 年)九月,张居正的父亲在江陵去世,给了反对者一次反击的良机。

噩耗到京的第二天,阁臣吕调阳、张四维即上疏,引先朝内阁大臣杨溥、金幼孜、李贤的"故事"(即先例),请皇上谕留张居正。

按照朝廷的"丁忧"制度,官员父母去世,闻丧之日,官员必须自动离职,回乡守制,直到三年(实际为二十七个月)期满,再由吏部重新安排工作。但对于一些重要岗位的官员,皇帝可以挽留他留任,称为"夺情起复",这是先大公(忠)而后私情(孝)的意思。

但夺情非常例。

单纯从人情上来说,逢父母之丧,几乎没人不愿意回乡奔丧,但回乡闲住三年(父加上母,则长达六年)是对仕途的强行中断,就极少有人乐意离任守制了。这是丁忧制度的不近人情之处,是以历来"匿丧"不报者不为少见。明朝对官员"匿丧"有着严格的处罚规定,如正统七年令,瞒丧不报者,

"俱发原籍为民";十二年令,"内外大小官员丁忧者,不许保奏夺情起复"。

规定虽严,但由于种种原因夺情起复的官员,还是不少。例如阁臣居辅弼之位,朝政繁多,难以久离,阁臣夺情,似可理解。宣德中的金幼孜、杨溥,天顺朝的李贤,都是以阁臣夺情。尽管如此,仍难免遭到朝臣的道德批判。例如天顺及成化初年的首辅李贤,就因为夺情,声誉受到严重的损害。

其他还有军事上的原因,拿较近的一个例子来说,现任吏部尚书杨博,他在嘉靖中两次逢丧丁忧。第一次是在巡抚甘肃任上,丁其母之忧;第二次是在兵部尚书任上,丁其父之忧。兵部尚书许论罢官后,世宗想重新起用杨博,杨博以没有终丧为由推辞。恰在这时,虏寇大同,杨博被授以总督宣、大、山西军务。国家安危,义不容辞,杨博就不再辞了,身穿丧服(墨缞)出关就任。像杨博这样的情况,很少有人非议,而张居正居相位,自以为主持朝政,朝廷顷刻难离,却很难得到舆论的同情。

尤其是,不少人还将张居正丁忧视作除掉他的天赐机会呢!

张居正当然舍不得辞官离任,冯保更舍不得他走。

冯保于是借"玉音"慰留。吕调阳、张四维的"保留疏"刚上,旨意马上下来了,道:

元辅张先生亲受先帝付托,佐朕冲年,安定社稷,关系至重。况有往例,卿等亟当为朕劝勉,毋事过恸。

除了让阁僚"劝勉",还下了一道手诏,说张先生"宜以朕为念,勉抑哀情,以成大孝。朕幸甚,天下幸甚"!手诏称丁父忧为小孝,而将辅佐皇帝、安定社稷称为大孝,鼓励张居正勉成大孝。

除了给阁臣的批示、给张居正本人的手诏,还颁发上谕给吏部,说"元辅,朕切倚赖,岂可一日离朕"。还是"大孝"那套说辞,称"父制当守,君父尤重",让张居正在京邸服丧四十九天,等"七七"一过,照旧入阁办事。

以上三道旨意,都是要求张居正"夺情"。

这就是一场表演,名义上是小皇帝不舍首辅,百般慰留,可是谁不知道,实际上是张居正本人不愿意去位,与冯保串通起来演的一场掩耳盗铃的好戏。

张居正根本就没打算丁忧,他动辄说:“有非常之人,然后有非常之事,何惜訾议!”——非常之人,现在当然要行非常之事啦!

据文秉《定陵注略·江陵夺情》透露,张居正接到家报后,先与冯保秘密谋划夺情已定,然后才向朝廷“报讣”。吕、张两位辅臣上疏,已微露此意。疏入时,漏下已二鼓(二更天,晚上九点到十一点间),第二天天刚亮,特旨就发出来了,正式对张居正予以挽留。

张家在京开丧,内廷香币油蜡之赐以千百计,宦官奉司礼之命,络绎而至。据目击者说,宦官对张居正附耳私语,张居正“擎曲”(躬身)而听,态度十分恭敬。客人来吊丧,“孝子”须向来客行拜谢礼,张居正叩头时,先令家人扶住宦官,强使宦官受他之拜,然而他说的却是:“此头,寄上冯公公也!”

看官,说实话,这段描写太“真”,名相丑态太过夸张,我反倒对其真实性持保留态度了。张居正在家开丧,迎接朝使宦官,态度自不可倨傲,抑果有过甚之辞,让不满他夺情的人抓住了“证据”,用漫画的变形线条,对他进行丑化,以此证明张居正是通过谄媚太监冯保而达成“在京守制”的心愿的。

文秉是崇祯中大学士文震孟之子,已是明末清初人,他笔记中的许多材料来自传闻,属野史。《万历邸钞》的记载则更为权威。

邸钞是时人对当时邸报的抄录,据《万历邸钞》,张居正闻父之丧,在报讣时,就已提出丁忧守制是常理小节,还说有非常之人,然后有非常之事,已为夺情留下余地。张居正谋划夺情已非一日,所以他的报讣疏才上,慰留之旨随即颁下。张居正继续上疏恳辞,虽名为“乞恩守制”,而文字却言不由衷,大谈“受非常之恩者,宜有非常之报。夫非常者,非常理之所能拘也”,再次强调了“非常”,暗示守制不过是常理,是匹夫小节,应为“非常之事”让路。乞恩守制疏更像一篇决心书。而且他辞着辞着,就主动提出来,要留在京邸守制,由次子代替他驰驿回籍办理丧事。

《明神宗实录》的编纂者在录入张居正的“乞恩守制疏”时，忍不住加了一句按语：“观此，而夺情之本谋尽露矣！”

经过半个月的公文表演，张居正夺情之局已定。他在家守制四十九天后，即毫无愧意地回阁理政，他是奉旨夺情！

对于张居正不得人心的夺情，舆论是怎么反应的呢？

当张居正微露夺情之意后，御史曾士楚、吏科都给事中陈三谟率先上疏，公开请求慰留首辅。此议一出，举朝和之，无人不说好！

在齐颂圣贤的主旋律中，也有一些微弱的“杂音”和反调。

翰林院编修吴中行就对首辅夺情很有看法，只是一时找不到机会说话。

可巧的是，老天给他送“话柄”来了——据钦天监报告，一颗彗星拖着长长的尾巴，忽地从西南天直飞而过。这要搁今天，就是令人兴奋的天文奇观，而在古代，彗星扫天，是重大灾异，上天射出这颗扫把星，就是为了对人事之误提出警告。钦天监报告后，朝廷很重视，按照惯例诏令百官修省（反省自己的德行与工作，并写出名为“自陈”的报告）。吴中行觉得机会来了，不是没人说两句么，那好，他来说。

他头一个上疏，对张居正夺情进行了批评。

第一个笋尖在竹园里冒出来，马上冒出一溜儿。

吴中行上疏的第二天，他在翰林院的同事、检讨赵用贤也跟进上了一本；第三天，刑部员外郎艾穆和主事沈思孝的疏也来了。

一连三天，三道奏疏，大出居正所料，尤其令他恼怒的是，吴中行和赵用贤还是他在隆庆五年做会试考官时取的学生。

这俩学生批评起“座主”老师的虚伪来，措辞尖刻，毫不留情。

好比吴中行说，居正父子分隔两地，音容不接者十九年，张居正闻讣，连一天国门都不出，就遽然复起视事，这与他常称的谨守圣贤义理、祖宗法度，相去何其远也！

赵用贤说：“臣窃怪居正能以君臣之义效忠于数年，不能以父子之情少尽于一日。臣又窃怪居正之勋望积以数年，而陛下忽败之一旦。”挖苦讽刺之意就更明显了。

吴中行写好奏疏，专门副录了一份，一本正经地送给张居正看。

老师见学生拿个手本来请教，还以为是甚好事，展阅之下，竟是这样一篇文章，不禁愕然，问道："奏疏已进呈了？"吴中行大咧咧道："不进呈还不敢送老师看呢！"

这些年轻官员高擎纲常大义之旗，以"维人纪""定国是"为宗旨，对当朝相国兼老师进行了严厉的批判。在这些古代的"核心价值观"前，张居正深知他那套"非常"论调是苍白无力的，不可能与学生进行"理论探讨"，他只能采取暴力手段压制反对者。

吴中行等疏奏进后，被冯保扣住，留中数日。经过密商，决定通过传旨的方式，对吴、赵、艾、沈施行廷杖。

脑袋瓜子的问题，板子总打在屁股蛋子上。

皇帝传旨打屁股，不经过法司，相当于皇帝对臣子实行私刑。

吴中行等四人，虽然人微言轻，可他们站在理上，所以廷杖之旨一出，立刻唤起了朝臣的普遍同情，尤其是吴、赵二位，是翰林词臣，身份特殊。翰林官员是在朝廷很有影响的一个群体，也是舆论的主力军。吴中行、赵用贤出事后，翰林院侍讲赵志皋、张位、于慎行（以上三人后来都入阁为相）、张一桂、田一俊、李长春，修撰习孔教、沈懋学，纷纷具疏论救。

可会极门收本的宦官，一听是救吴中行的，便拒绝接本。本章递上不去，吴中行、赵用贤的同事们，就由掌院学士王锡爵带头，邀集数十人，一齐到张居正府邸求见。

翰林院与内阁素称"内外衙门"，殿阁大学士基本上都出身于翰林院（明代有"非翰林不入阁"之说），大家希望张居正能看在这一层关系上，饶了吴、赵。

张居正知道他们来见的目的，闭门不纳。王锡爵情急之下，硬闯了进去，拉住张居正，一定要他给个说法。

张居正无言以对，忽然跪了下来，举手索刀，做刎颈的样子，对王锡爵说："皇上强留我，先生们力逐我，我怎么办？你们把我杀了吧！"又连声大叫："你来杀我！杀我！"首辅的异常举动把王锡爵着实怼了一下，吓得王学士赶紧逃走了(朱国桢著《涌幢小品》卷九“张居正”)。

据说,这是张居正第二次以跪退兵了。

当礼部尚书马自强来替四人求情时,张居正已跪过一回了,他一手捻着胡须,一边念念有词:“先生饶我!先生饶我!”(此事亦见笔记,《明史》马自强传未取)。

众官求情无果,十月二十二日,锦衣卫遵旨将四人逮至午门,施行廷杖。吴、赵各杖六十,艾、沈各杖八十。一顿棍子打完,校尉用布将他们拖出长安门,然后用门板抬了,即日驱出都城。

吴中行被拖出时,气息已绝,腿上挖下的腐肉有数十块之多,大者盈掌,伤口深达一寸,整条大腿上的肉几乎都被挖掉了。赵用贤体胖,被打下的肉有手掌那么大,他妻子舍不得扔掉,将肉腊了藏起来。

然而惨刑并未吓阻新的来言者。

就在四人受刑的次日,刑部观政进士邹元标也上疏来争。

与四人不同,四人只是谏阻张居正夺情,邹元标却说:“陛下以为张居正有利社稷吗?居正才虽可为,学术则偏,志虽欲为,自用太甚。”他对张居正的学术及施政方针均提出批评,甚至说:“今有人在此,亲人活时不管,死不奔丧,犹然向世人自称‘我非常人也’。像这样的人,世不以为丧心,则以为禽彘,可谓之非常人哉?”邹元标借张居正自称“非常之人”,谑称其不是丧心病狂,就是禽兽不如。

邹元标到会极门进疏时,适逢吴中行等人受刑,他静立一旁观看,待杖刑结束,吴中行等人被拖出,他才将奏疏拿出,交给接本宦官,假称是“请假疏”,得以混入呈进,结果是邹元标也被廷杖八十,谪戍贵州都匀卫。

第十二章　最好的搭档

张居正果断地用暴力制裁了反对者,看起来他轻松地赢了,然而,他赢在眼前,却输在长远。廷杖的棍棒,暂时压制了舆论,令在朝者噤若寒蝉,却也打出了几位勇于反抗权相的硬汉偶像——“五人者，直声震天下”。这些偶像以及他们所代表的激愤精神，在未来将极大地影响政局的走向，甚至是明朝的命运。

张居正对反对他的人施以残酷打击，主要依靠冯保的配合。廷杖之命，皆出皇皇诏旨，是冯保利用掌司礼监的便利，“矫诏”而下。

由于在内取得了冯保的坚决支持，又通过冯保巩固了李太后和皇帝对他的信任，张居正成为明代第一位真正的“权相”，其权势之重，远远超过了严嵩和高拱，基础正在于“宫府一体”。如万历时人沈德符说：“宫府一体，百辟从风，相权之重，本朝罕俪。部臣拱手受成，（居正）比于威君严父，又有加焉。”

“宫府”分别指宫廷和外朝相府，诸葛亮在《前出师表》里就说：“宫中府中，俱为一体，陟罚臧否，不宜异同。”本书多次指出，明朝体制最大的弊端，就是宫府隔绝，内府与外朝分割为两个相对独立的体系。本来明代的大学士就不是正经的宰相，再加上内有司礼监的牵制，阁臣的权力受到极大的制约。只是到了张居正时，由于他和冯保在共同逐高的斗争中缔为亲密盟友，从此监阁一体，锣鼓相应，当然至为关键的是，皇帝年幼，无力掌权。这在左（冯）在上（皇上）的两种条件结合起来，才使得首辅张居正比他的任何前任都更能自如地施行其意志。

尽管如此，大臣与宦官交通，仍是政治上的大忌，故有其实者往往会刻意避嫌。张懋修后来在编纂《张太岳集》时，收入了其父给冯保写的寿藏记。张居正身后之败与冯保密切相关，“附珰”是张居正的“罪端”之一，张懋修却将这篇大有嫌迹的文章收入，可能是为了借此就冯张关系发表一点意见。所以他在文末加了一个“谨按”，强调“先父之与冯司礼处也，亦宫府相关，不得不然”。

他回忆了一件事，那是万历四年（1576 年）的一天，冯保之侄都督冯邦宁酒后凌虐市人，恰好被张居正的亲信长班姚旷看见了，便出言相劝。谁知冯邦宁耍酒疯，连劝和人一起打。姚旷不甘示弱，立刻还手，把冯邦宁的衣带都扯烂了。二人不服气，拉扯着，一起到朝房找到张居正要说法。张居正写了一张帖子给冯保，直言冯邦宁使酒失仪，宜加戒饬。冯保也不护短，当即命将冯邦宁杖责四十，并奏革了他的差事，令他在家待罪思过，过了一年才让他出来做事。

张懋修说，就是贤士大夫也难免护短之习，听说自家孩子被人打了，一定会作于言色，可是冯保深信他的先父，竟割爱处断如此！

对这件事，张懋修称赞他父亲“当主少之时，于左右侍近，其调处之术，用心可谓极深”，然而从另一方面来看，冯保善于听纳，能够严于约束子弟，也非一般跋扈偏私者可比。

还有一件事。一次，内阁值房里生出一朵白莲，翰林院有白燕在屋檐下搭窝，张居正打算将这两件事作为祥瑞上报。冯保知道后，派人给张居正带话，语重心长地嘱咐：“皇帝现在年龄小，不可用这些东西来引导他贪玩不学好啊。”这是冯太监深明大义的一面。

张懋修说出了冯张关系的一个重要侧面，即司礼监与内阁必须和衷共济，彼此之间具有相当的信任乃至倚赖，这无论对于内相之权，还是外相的权威，都是至关重要的。

冯保与张居正能够成为很好的搭档，很大程度上与冯保的性格有关。

冯保善写大字，现在还有一些他的作品存世，从其书法来看，精严有余，才气不足。可能正因为他没有什么大才，在政治上也没有大的野心，所以才能主动配合张居正做事，帮助他厉行新政，否则一旦冯保也要“大展拳脚”“有所作为”起来，很可能就要跟张居正闹起不和。从万历实录以及当时的碑刻来看，冯保在做掌印期间，很少主动干预朝政，他经常奉好佛的李太后之命，主持营建京城的寺院。

一个更乐于在内政方面花费时间和精力的司礼监掌印太监，才是名相张居正做事业的最佳拍档。

万历六年(1578 年)春末，成功夺情留任的张居正，请假回家葬父。

在他离京的很短时间内，神宗朱翊钧连颁三道诏书，既是抚慰，也是催他回京——皇帝如此离不开首辅！地方官拍马屁，特地建了一座“三诏亭”，以为“湖北出了个张居正”的荣宠纪念。张居正的奔丧之旅，竟被一片肉麻的吹捧烘托成了衣锦还乡之旅。

张居正在给湖广巡按御史朱琏的信中，谈到此时的复杂心情：

异日时异势殊，高台倾，曲沼平，吾居且不能有，此不过五里铺上一接官亭耳。乌睹所谓三诏哉！

他说，今日蒙宠，有三诏之恩，谁知将来时移势易，高台会不会倒，池沼会不会平？如果有此一天，连家尚且不保，谁还记得什么三诏亭啊！

张居正书论三诏亭，未知出自真情还是例言套语。他绝想不到，这一番话，竟一语成谶，仅仅四年之后，张家真的遭遇被抄的厄运。

第三卷
万岁爷孤立，奴才也没权

本卷关键人物：张鲸、张诚、张宏、史宾、孙暹、陈矩、田义

第一章　皇上被压制了十年，他要报复！

张居正在江陵所建府邸，异常豪华，“壮丽不减王公”。喜欢书法的小皇帝亲自题写了堂额、楼匾和对联，尤为难得的是，“小（气）鬼”皇帝竟肯拿出一笔内帑（内府专供皇家使用的钱财）作为赞助。皇上都表了心意，全楚官员还不赶紧“保持队形”，纷纷跟上？大把孝敬银子飞来。大宅历三年而成，耗银二十多万两，张居正本人出资还不到十分之一。

可就是这座豪宅，后来成为投向故相的一枚重磅炸弹，张家子女在雕梁画栋、粉壁华堂间活活饿毙者达十余人。

因果之报，亦太惨矣！

自从夺情得志后，张居正渐渐失去戒惧之心，为政“益偏恣”。比如在人才的用舍上，常不顾公评，仅凭一己之爱憎，终不免堕入党同伐异的权臣窠穴。他左右用事的人，多倚势通行贿赂。张家三位公子，都中了高第，先是次子嗣修，中万历五年（1577 年）第二名进士（榜眼）。本来嗣修已被钦

定为状元，张居正极力推让之后，名次往后移了一位。但到下一科（万历八年），第三子懋修还是中了状元。这回张居正就当仁不让了。长子敬修同时中了该科二甲第十三名进士。老子在朝为相，儿子连掇巍科，难道真是“惟相府有材”？不管人们信不信，张居正反正已不恤人言了。

张家公子“一日看尽长安花”，张氏奴仆也是“春风得意马蹄疾”。张居正最亲信的苍头游七，通过捐纳做了官，顿时沐猴而冠，成为众多勋戚贵臣的座上宾，士大夫之家竟甘心与相府之奴结姻缔婚。

然而这似锦的繁华，随着张居正的去世，便恍如多闻天王忽然将手中法伞收起，立时烟消云散。

万历十年（1582 年）初，张居正生病了，长达四个多月没法入阁理事。皇帝为了表示尊重首辅，令次相张四维等在阁中处分细务，大事仍须送至相府，由“太师张太岳先生”亲自决断。

张居正长病不起，预感到无法康复，开始考虑身后事。为此他向朝廷推荐了前礼部尚书潘晟，尚书梁梦龙，侍郎余有丁、许国、陈经邦，又荐尚书徐学谟、曾省吾、张学颜及侍郎王篆等人，说这些人可“大用”。朱翊钧言听计从，立命补潘晟、余有丁入阁，并将其他人的衔名用字条写了，贴在屏风上，以示不忘。

张居正荐的这些人，多是他的好友或亲信，这并不令人意外，但坊间传言，说致仕尚书潘晟是太监冯保在内书堂读书时的老师，冯保趁张居正陷入昏迷，无法自主，强行将他列入推荐名单。

潘晟位列推荐榜的第一名，当率先受诏，这不能不令人猜测，冯保赶在张居正去世前，提前干预内阁人事布局了。

万历十年（1582 年）六月二十日，太师兼太子太师、吏部尚书、中极殿大学士张居正一病归天，灵柩归葬湖广江陵。

不幸的是，故相尸骨未寒，就开始变天。不是有“变天账”一说么？变天之后，必是要算账的！

在明神宗皇帝朱翊钧从少年到青年的关键时期（十到二十岁），司礼监首珰冯保与内阁首揆张居正“内外同心，翊戴冲圣”。

翻读这十年的实录，几乎只能看到冯、张两位内外“巨擘”，特别是张居正活跃的身影，而那位年轻的皇帝，除了在奏章上画圈，不断给“太师张先生”点赞，他还做了些什么呢？

他主要做了两件事：学习和玩乐。

少年时代的朱翊钧，玩性很大，胸臆里滋蔓着任性的野草。

本来，贪玩好动是孩子的天性，但皇帝好玩，就不是小事。在臣子们瞪大的眼孔里，皇帝就是打个陀螺，“啪啪啪”，鞭声响起，那天地都要跟着一起颠倒旋转，他们怕皇帝玩起来没边，溜到邪路上，从此一去不复还。

皇帝好玩乐，身边敢于进谠论忠言的人就少，而吹嘘拍马、投其所好的佞幸小人就多。朱翊钧周围就环绕着这样一班宦官，如孙海、客用之流，每日以“狗马拳棍”等事与小皇帝厮混，廷臣们说，他们是“导神庙以武”。①

大人们期待的皇帝，是温文尔雅、安静谦逊的，没事手中抄本书，细读慢品，遇到不懂处，虚心请教，经过大臣的细心讲解，天性愈加开悟，并且还能说出一两句显示“圣性渊深”的语录（称为“宝训”）。

如果皇帝的表现不符合廷臣的形象设置，怎么办？

那就培养、塑造呗！

万历初年的大明之政，在内有神宗生母慈圣李太后（在冯保的帮助下）主持，外有大学士张居正等操办，大事小情都不劳小皇帝操心，也不必他操心，就连每日的早朝，也大大减免了：原先每天都得上朝，经礼部奏减，现在只逢三、六、九日上朝——每月只上九天朝了。空出来的大把时间干什么？张居正说，好让皇帝多读书。

读书，就是读各种经典。

张居正对朱翊钧的教育非常上心，亲自领导编写了好几部初级读物，

---

① 朱翊钧庙号神宗，又称“神庙”，内廷之人呼之为“神庙老爷”。

作为皇帝经筵、日讲课程的教科书。历史类有《资治通鉴直解》，有《帝鉴图说》，都是用很浅显的方式讲解历史故事，尤其是后者，一图一故事，很适合十几岁的少年学习。儒家经典“四书五经”，也有专编教材。如今“大明第一名相”非常火，人们希望从他那里学点东西，这些书以“张居正讲解”的名义得以再版。其实万历皇帝的教材并非张居正亲自撰写，是由翰林讲官们编写，张居正审定，他相当于“主编”。

皇帝专用的教科书，都由司礼监雕版印刷。

司礼监下设“经厂”，专门负责内府书籍的印制，相当于皇家印刷厂兼出版社。司礼监经厂出的书，校对精良，质量上乘，非民间书肆可比。尤其是冯保“柄内政”后，注重文事，这一时期司礼监出品的书籍，是不可多得的精品。

冯保“笃好琴书，雅歌投壶，有儒者风”，他特别喜欢造琴，有一些传到世上，颇为时人所宝爱。

冯、张二人都有较高的文艺修养（在文艺方面，冯比张更胜一筹，高拱称冯“粗识三二字”，纯属诬词），对皇帝的教育倾注了大量时间和精力，因为冯保在内廷，他对皇帝的影响更大一些，所以说，“蒙养之绩，在冯为多”。

那么两位名家联手，教育成果如何呢？

就像许多亟盼孩子成才而适得其反的父母一样，冯、张对朱翊钧的栽培，根本没有达到塑造一个理想君主人格的目标，反而引起受教者强烈的逆反心理，乃至于——仇恨。

张居正严于师道，在皇家课堂上，他眼中只有学生，时常忘记君臣之分。一次“小学生”念错了一个字，他竟不顾“圣上”的体面，当着众人喝住他，大声替他纠正，令脸薄的小皇帝满面赧然。

冯保不直接参与经筵、日讲，但小皇帝日常的学习，在他的严密监控之下。冯保对小皇帝毫不宽假，皇帝做错了什么，他不好当面批评，就到李太后那里去告状——相当于见家长吧！李太后十分信任冯保，每次听“老师”介绍孩子在校表现不好，就会把朱翊钧召来，申斥一番。

哪有孩子不恨老师请家长的？

久而久之，朱翊钧对两位严师心怀畏惧，却是毫无感情可言。此外他还有一个愈结愈紧的心结，让他对冯、张的恶感越来越深。

朱翊钧登基时才十岁，不大懂事，只能任着内外大臣去做。当他在皇位上坐了多年，长成一个十八九岁的小伙子后，就不再甘心受人制约，他要亲自做主了。

可是这些年，朝廷政事已形成一套约定成俗的规矩，不管皇帝是在前台还是后台，朝政照样风风火火向前，不需要他“多事”来插一杠子。在母后和辅臣眼里，朱翊钧始终是个孩子，对他的意愿缺乏重视，经常忘记了，他才是“至尊”，他也是有“意见”的。

小万岁爷做着佛龛里的木偶，急于抓权，心痒难耐。

捺不住性儿时，他便忍不住把气撒出来。

平常，朱翊钧对冯保非常畏惧。有一次，他玩得正起劲，忽见冯太监远远来了，不禁惊呼“大伴来了”，连忙假装读起书来。

朱翊钧的性格，有一种软弱的狡黠。

然而时不时他也有肝火上升、气撞顶梁门的时候。

一次他正在练字（朱翊钧喜好书法，特别爱写大字，在这一点上与冯保比较像，不知是否受了“大伴”的影响），曾被皇祖（世宗朱厚熜）亲热地唤作“大写字”的冯保，站在一旁观看，偶尔指点一二句。不知是他唠叨多了，还是某句话触动了皇帝，朱翊钧突然发作，抬手就将饱蘸墨汁的大笔向冯保扔去。小皇帝的举动，令冯大惊，万历八年（1580 年）春天他曾以风湿和脚痛为由请求退休，就是受了此事的触动。朱翊钧一怒没遏住，马上就后悔了，冯保的辞疏自然没有批准。

朱翊钧被“太后—冯保—张居正”形成的政治铁三角紧紧箍住，无论是婉转抗议，还是任性使气，都无效果，他试图亲自发号施令，也不大灵光。别说张居正、冯保牢牢把住大权不放，就连母后也不支持他，他们一致把皇帝当作一个影子，挂在墙上。

朱翊钧肝火郁积，不敢朝他们发，可又必须泄出来，于是在他本该更加成熟的青春期，反而变得愈加叛逆。结果就闹出了下面这件事：

万历八年(1580年)十一月底的一天，皇帝喝醉了(可见朱翊钧年少就已贪杯)在殿中借酒发起疯来，腰里挂了把剑，大声喧哗，横穿宫殿夜游，宫人见了，吓得纷纷披靡躲避。一个内官不知因何触了霉头，被他用剑割了头发，说是割发代首——不然还要杀头呢！还有俩宦官，更是倒了血霉，几乎被活活杖毙。

皇帝一闹，鸡飞狗跳。

朱翊钧本是借酒抒怀泄愤，岂料惹出大祸。

此事瞬间传到慈圣娘娘宫里，太后深知，这次若不加痛惩，把坏脾气的皇儿镇伏住，以后就没法管束了，便决定演一出好戏。

当夜太后并不发作，到第二天早上，却换上青布袍子，摘掉簪珥配饰，口口声声，说要传召阁部大臣，谒告太庙，废掉皇帝，改立次子潞王朱翊镠。

她是做戏唬人，所以把场面做得极足，还让宫人四下去传。

朱翊钧听说要废他，吓得魂飞魄散，忙跑到母后宫里，跪在地上认错求饶。太后浑是不理，他就跪谢不起，眼泪吧嗒，进行了深刻的反省和自责。

李太后见他服软了，待火候差不多时，就让他自己下令，将身边亲信太监孙海、客用等人撵出宫去，其他人私家闲住，不许他们再在御前当差。

这是朱翊钧经历的第一次宫廷风暴，他的表现并不像一个将有作为的君主，并且暴露出他心智上的不成熟以及脾气暴躁、性格软弱的缺点。

此时朱翊钧刚刚步入青年，然而未来四十年，他的性格没有太大的改变。多年以后，他被无休无止的党争和前仆后继、犯颜直谏的言官折磨得头昏脑痛。一个叫雒于仁的小官甚至前无古人后无来者地嘲讽他患了“酒色财气”四病，他竟奈何不得。从朱翊钧十八岁上做出的这件荒唐事，可见他使酒、斗气，“四病”已占其二。

很难说这是教育的失败，还是天性使然。

第二章 “大伴”贬死南都

经历了被废的闹剧，朱翊钧方晓得他这个皇帝还有失位的危险，从此学乖了。他既无力反击，转而选择隐忍和退让。为了敷衍他所痛恨的人，他甚至违心地对冯、张做出超过常格的恩宠表示。

张居正就别提了，活着做到太师，也是没谁了。

此处单表冯保。那是太后最信任的人，为了表示亲热，朱翊钧赐给冯保牙章三枚，其中一枚刻有这样肉麻的话：“鱼水相逢日，风云际会时。”大伴儿，咱俩的关系，就如同鱼与水，谁也离不开谁。

拍臣下马屁，神宗也是做得出（神）！

冯保把持内政久了，说一不二，内廷嫉妒他的人很多，可是老冯外与首辅联手，内有慈圣太后做后台，妒之者只管妒，却拿他毫无办法。

与妒相伴而生的，是恨。

久妒必成大恨。

恨是人类奇特而复杂的一种情感。我们所恨之人不必得罪我，吾恨之，可能仅仅因为对方混得比我稍稍好。那边还在招摇、风光，这边早已磨牙霍霍了！

冯保自隆庆六年（1572 年）掌司礼监印，独步内府，长达十年，嫉之恨之者众多。过去拿他没办法，张居正一死，冯保孤立了，地位便岌岌可危。

他再摇摆着往前走，就步步是坑洼陷阱了。

政治风向的变化，只能察于青萍之末。

表面上，皇帝对冯保的爱，依然愈久弥坚。

万历十年（1582 年）九月，皇长子朱常洛降生，皇帝大赦天下，上两位太后徽号，满宫喜庆，大施覃恩。李太后之父武清伯李伟晋封为侯，弟李文贵升左都督，又荫冯保弟侄一人为都督佥事，司礼太监张宏等及慈庆、慈宁、乾清等宫管事牌子冯明等，各荫锦衣卫指挥、千、百户有差。又是一次大规模的滥恩。

过去内官荫典，不过授其弟侄为千户或百户，冯家所荫的都督佥事（正二品武职），是五府（五军都督府）崇阶，“自来无荫受者”。新任首辅张四维和科道官员表示反对，皇上不听。

看起来，皇仁恩典，依然浩浩汤汤。

然而，皇帝继续向他厌恶的冯大伴儿招摇花枝，展示绵绵爱意，并不能骗过所有人，司礼监秉笔太监张鲸，就在浓浓香水的掩盖下，嗅出了腐臭的气息。

张鲸出身东宫，与皇帝有交情！

张居正在世时，这位鲸太监常奉皇帝和两宫太后之命，前往张府送这送那，屡致殷勤。皇上对冯、张既惧又厌，还不得不虚与委蛇的复杂心理，张鲸比旁人都懂。只是其时“权臣”树大荫浓，遮天蔽日，他也不敢有任何表示。

他和朱翊钧，君臣装逼——装得逼真！

张居正一死，形势大变，张鲸觉得推倒冯保的时机来了。可是皇帝虽有想法，却缺乏决心，甚至还有一丝羞于对人言的胆怯，张鲸决定帮助皇上了此私怨，为皇帝的亲政立下首功。

张鲸谋划的“复仇记”，被他的本官张宏知道了。

“本官”与“名下”相对，张宏是张鲸的本官，张鲸便是张宏的名下官。

明代时，一人受阉，到内廷做官，彼此都是阉官，相互仰仗关照，结成一些超血缘的人际关系，其中最重要的，就是本官与名下的关系。

当一名阉童入宫后，被拨到某太监门下，由其抚养、照顾，这位太监便是本官，阉童是其名下。本官扶持名下，对其多方照拂提携，而名下对本官也承担相应的义务，比如帮办家政、膝下尽孝、生养死葬，有的死后还作为“孝子孙”与本官葬在一起。

这种紧密的个人关系，既是类似于家人父子的情感纽带，也是宦者在内府做官的“根柢”（人脉资源）。

张宏时任司礼监太监，在位序上仅次于冯保。

当年冯保以刺君重罪陷害高拱，张宏曾极力反对，可见张宏是能够和冯保说上话的。

张宏对朱翊钧的心理也有很深的了解，知道皇帝对冯太监积怨太深，可是要说起扳倒冯保，却有不忍之心。

此事太大，他也不敢泄密，只好暗中劝张鲸说："冯公是前辈，他又有骨力，留着他多好哩。"意思是，冯保是前辈人物，他又敢谏，有助于君德，如果把他搞掉了，将来还有谁敢在皇上面前讲真话？他希望张鲸以大局为重，不要助君为恶。

张宏讲的话，张鲸哪里听得进去，他积极地撺掇皇上对付冯保，主动当起了军师。

张鲸在朱翊钧前挑逗这个话题，撩得朱翊钧跃跃欲试，却不免逡巡迟疑。

这年轻人已经二十岁了，当皇帝也快十一年，可是他从未自主做过决断，此时忽然让他下决定"搞一件大事"，不由得心跳气虚，不敢轻易拍板。

他问张鲸当如何做。

"此事简单，"张鲸笑道，"万岁爷只消发个旨，着老冯私家闲住即可。"

这么简单？

朱翊钧狐疑忐忑，小心脏七上八下，他一边下决心，一边做免责声明：

"这是你说的！如果大伴儿找上殿来，我可不管。"

张鲸给他打气道："有旨意，老冯必不敢违抗。"

朱翊钧还不知道自己"金口玉言"的威力有多大，就试着让张鲸去传旨，将冯保解了差，出宫回私家闲住。

张鲸走后，他怀着不安的心情，等待回报。胸中那小鼓，愈敲愈密。

很快张鲸回来缴旨，说冯保已遵旨出宫，朱翊钧这才转忧为喜，把心放回肚里。

这么多年来，冯保对他如鲠在喉，没想到如今上嘴皮一碰下嘴皮，传了道旨，就把这块骨头吐出来了，整个人都轻松了。

朱翊钧初次尝到了皇权的力道。

此时是万历十年(1582 年)的十二月。

破鼓众人擂,墙倒众人推。

本书讲过多个大太监,在他们倒霉时,别人在他面前挖的第一个坑,就是“闲住”。罢官闲住了,可人不得“闲”,等着挨批吧。这就是个整人的套路。

所以冯保一“闲”,那擂鼓、推墙的“众人”,就像听到无声的号令,纷纷反正,马上动手,一齐向皇帝揭露冯保的过恶。

率先发难的,是御史江东之。

江东之是现任首辅张四维的门生。

又见“御史门生”。这层关系一亮,明眼人便知,江御史背后站立之人,是张阁老。

张四维在张居正手下做过次相,可是他对张居正怀有极深的成见——似乎从来次相、首相,就没有关系好的。

张四维本是高拱器重的人,赵贞吉罢相时,高拱就想引他入阁,不料被殷士儋走后门抢了先。一番争斗,殷、张全没讨到好,都被罢了官。不久东宫(即今上朱翊钧)出阁讲读,高拱借机把张四维请回来,做了太子的侍班官。明摆着的好前程!按照高拱的布置,张四维是要入阁做他帮手的。

可是张四维还未到京,高拱先罢了相。彼时举朝围攻高拱,张四维的屁股哪还坐得安稳?只好请病假回去了。他如果还想东山再起,就得改换门庭,另起炉灶。于是他转而去讨张居正的好,又跟李太后的父亲武清伯李伟拉上关系。张家是山西著名的大盐商,不差钱,大把的银子往京里送,不怕没人援引他。

万历二年(1574 年)张四维顺利复出,掌詹事府,第二年增补阁臣时得到张居正的推荐,顺利入阁。

自从内阁权重以来,首辅往往大权独揽,视同列蔑如,阁臣之间的矛盾常由此而生。张居正也是如此,他凡事专断,不事推让,将一支票拟的大笔紧紧攥在手里,不许同僚介入,就是请其他阁臣代笔,也必须以他的意思为准。即便在他生命最后一段时间，卧病在床，已无法遍阅章奏，仍然紧握首辅大权不放，不许张四维等人参预。张四维名为次相，与属吏无异，他对张居正能无怨怼之心？

张四维“当国”后做的第一件事，就是阻击潘晟入阁。

这位前礼部尚书是张居正临终荐单上的第一人，奉特旨入阁，传说潘晟实际上是冯保所荐。张四维当然不能容他，在张四维的授意下，言路七人忽然上疏，对潘晟进行截击，潘阁老还没上任，就被罢了相。

张四维执政之初，为了收揽人心，一反居正之政。朝廷在为皇长子诞生而颁发的大赦诏里，口风忽然变了，从督责文武官员“作为作为再作为”，变为指责某些官员“务为促急烦碎，致征敛无艺，政令乖舛，中外嚣然，丧其乐生之心”，过去总怪官员作为不够，如今反说他们作为过当了。此诏出自张四维之手，已是废除张居正苛严的“考成法”的前兆。

赦诏的宗旨大获朱翊钧好评。从此朝政风向为之一变，被张居正压制多年的言路得以发舒，批评张居正的声音开始出现。

张四维一反故相之政，令“居正党”王篆、曾省吾等人不满且不安，他们依托次相申时行，力图对张四维加以抵制。

申时行资历较浅，他是嘉靖四十一年(1562 年)进士，张四维则是三十二年(1553 年)进士，比他早了三科。但申时行是他那一科的状元，以文采结知于张居正，遂为之援引，在万历六年(1578 年)入阁。

前文讲到，因为给两宫上徽号，朝廷分别给内外贵近大臣加官晋爵，冯保本意是希望得到伯爵之封，但早在嘉靖初年，就重申“非军功不得封爵”，并将太监荫授的爵位全部削除。冯保贪望爵封，是违制之举。他希望得到首辅的支持，可张四维不同意，最后由内廷传旨，荫其弟侄一人为都督，又遭到张四维的劝谏，从此老首珰与新首辅之间就产生了嫌隙。王篆、曾省吾等人趁机在冯保那里说张四维的坏话，并且暗中指使御史曹一夔参劾吏部尚书王国光为了献媚首辅，提拔张四维的中表兄弟王谦为吏部主事。张四维本人被弹后，循例请辞，不到阁办事，在内阁值班的申时行便顺势拟旨，罢了王国光，谪了王谦。张四维被慰留后，重新回阁办事。可是屁股还没坐稳,又遭到御史张问达的纠劾。

张四维做首辅没几天,便连遭弹劾,狼狈不堪,只好托冯保的心腹徐爵和张大受(内官),在冯印公那里缓颊。冯保这边不疏通好,首辅之位难安呢!申时行为了宽慰张四维,将张问达贬官到外地。

经过这一次短促交火,张四维明白了,如果不把冯保斗垮,他这个首辅是做不久长的。申时行在这件事上的"小动作"也令他恼火,首、次二辅之间又不和了。

冯保突然被勒令闲住后,张四维毫不迟疑地抓住机会,授意他的门生江东之、李植等人追弹冯保,揭发掌印公公的"奸状"。

冯保是一个顽固的营垒,批判者选择了从冯氏的家奴、现任锦衣卫指挥同知徐爵身上突破。

徐爵别号小野,名为冯氏仆人,其真实身份是冯府幕宾。晚明的风气,高官都好蓄养山人门客,大太监也不例外。除了徐爵,冯保门下还有一个叫郑如瑾的,曾任南京国子监助教,因为收受魏国公兄弟贿赂,为其谋求袭爵,事露后被斥为民,于是来京投入冯保门下,为其主文,"预议一应机密",对外身份是锦衣卫总旗。另外,司礼太监张宏的门下有乐新炉、王安门下汪文言等,都是在京师手面很大、交流甚广的"内府山人"。他们在京城官场十分活跃,来往官僚内官之间,为之穿针引线、牵线搭桥,最后乐新炉和汪文言都因卷入党争而被处死。

徐爵曾经在司礼太监李彬的门下做事。刘若愚说他"颇通文理,达事情",是一个办事和交际能力都很强的人。大概他在内府已非常知名,所以嘉靖三十六年(1557 年)李彬因侵盗内府物料银两被处死,徐爵充军,他后来潜回京师,便为冯保收留。

徐爵作为冯保的"门下笔札人",与冯的关系非常亲近,据李植揭发,冯保经常携徐爵入宫,"晓夜共处直房,披阅章奏,凡重大之机务、紧密之军情,经御览未送阁票,而(徐)爵已先知"。就是说本章还未送到内阁,徐爵先已读过了。张居正对徐爵十分看重,提拔他做到锦衣卫指挥同知,署南镇抚司事，还让他的家仆游七与徐爵结为兄弟。张居正有事，往往通过游七告诉徐爵，再由徐爵转告冯保。冯保有所谋划，亦如之。据王世贞说，万历初年凡奖慰张居正的诏旨，都是徐爵拟的草。有了徐爵、游七这些人居中联络，不方便经常见面的首珰与首辅才能“呼吸相通、桴鼓相应”。

当冯、张风头正劲时，冯氏奴徐爵与张氏奴游七都是纵横于士大夫中、炙手可热的红人，并且通过主人的关系，穿上了官服，吃上了优厚的皇粮。如今主子垮了，把他们抛出来陪祭，倒也不冤。

江东之说，徐爵本是一罪犯逃军，夤缘冯保门下，滥叨武职，“擅入禁庭，为谋叵测”。“叵测”二字，让人揪心，不久后果然有人重提当年王大臣行刺的案子，差点旧案重审。

江东之还说，吏部尚书梁梦龙，托徐爵送给冯保三万两银子，才谋到吏部的印，他还将孙女聘给冯保之弟做了儿媳。梁梦龙在被任命为尚书的当天，就前往徐府拜谢，狎饮至夜漏二鼓方归。

“梁梦龙受命公朝，拜恩私室，清明之世，岂容有此举动!”江东之质问道。

朱翊钧正要抓冯保的把柄，他马上就着江东之的疏批旨，将徐爵下诏狱严讯，问完送刑部拟斩。梁梦龙在御史的追打下，也被迫挂冠去了。

徐爵只是个引子，第二天，江西道御史李植（他也是张四维的门生）再接后手。这回他直捣黄龙，指出冯保犯有“营私舞弊、欺君罔上”等十二条大罪。

圣旨当天就批下来，说：“冯保欺君蠹国，罪恶深重，本当显戮，念系皇考付托①，效劳日久，姑从宽，着降为奉御，发南京（司礼监）新房闲住。”朱翊钧说，依着冯保的大罪，本当处死，姑念他过去的功劳，免死不杀，且到南京去吧，还假惺惺地赐给“大伴儿”银一千两、衣服两箱。

据说李太后曾过问处分冯保的事，朱翊钧敷衍道：“老奴被张居正蛊惑

---

① “皇考（穆宗）托付”表明，冯保并不像高拱指认的那样，是“矫诏”顾命和掌印，他确实是穆宗托付给朱翊钧的，朱翊钧本人都承认了。

了，他去南京不会太久就会回来的。”冯、张一死一逐，李太后在政治上失去了膀臂，对此也无能为力了。

冯保人被撵走了，冯氏的家财庄宅，分寸都不许带走。朱翊钧令锦衣卫提督刘守有会同司礼太监张鲸等各带官校长随封锁冯宅，全数抄没入官。

张鲸在奉旨查抄的当日，获提督东厂之命。提督东厂之职原由冯保兼着的，张鲸帮皇上拱倒了冯大伴儿，着实从中得了实惠！

冯保之弟冯佑、侄冯邦宁等全部革职，原说是“发回原籍为民”，但冯佑和冯邦宁都死在狱中，徐爵命大，留了一条命，遣戍边疆。

冯保名下太监张大受、周海、何思、何忠、刘定、玉铭、杨舟、李忠降做小火者，发孝陵司香。“居正党”王篆、曾省吾也或贬或逐。而那些为张居正“沉抑”的官员们，此时成了“海内正人”，纷纷起用。张四维力反前人之政，朝事为之大变。

这是万历十一年（1583 年）正月间的事。

除掉了冯保，朱翊钧真正打开了他的时代。

不管新的时代是好是坏，冯保都看不到了。他谪死于南京，葬于皇厂。冯保的葬地风景优美，刘若愚赞叹说：“林木森郁，巍峨佳城，实天所以报忠臣也。”

冯保虽然有不少缺点，但他在本心上，是为皇朝和皇帝着想的，他在掌管司礼监期间，不争权、不乱政，大力配合、支持首辅的变革。大明宫阙上的最后一抹熠熠光辉，他也是参与涂抹了的。平心而论，冯保可称晚明的一代良宦。

第三章　权臣的家产，必须没收！

万历十年（1582 年）年底，要准备潞王朱翊镠的大婚了。

朱翊钧大笔一挥，令户部进皇弟婚礼须用金珠，数量惊人：各色金三千八百六十九两、青红宝石八千七百块、各样珍珠八万五千余颗、珊瑚珍珠两万四千八百余颗。

按照《大明会典》所载亲王“定亲”礼物,金只五十两、珍珠十两,这和传旨需索的数量不啻天壤之别。

内府要用钱,只管伸手找外廷要。从万历六年(1578年)到万历十年(1582 年),每年例进内府“金花银”(专供皇室应用的银两)一百万两,累计已有五百万两,此外还多进了买办金珠银九十万两,全是从国防预算经费(备边正项银两)里挪借。

皇上要为亲爱的弟弟筹办一场豪华的婚礼,可户部哪里找钱去?

明朝到万历中期以后,陷入日益尖锐的财政危机,一往而不可复。皇上动辄狮子大开口,外廷每每哭穷(也实在是穷),两下里为钱的事,反复纠缠博弈。最后朝廷府库就像一条瘪皮牙膏,实在挤不出东西来了,朱翊钧也受不了外廷的软磨硬抗和叽叽喳喳,干脆撇开官僚体系,直接派太监到各地去搜刮。这便是从万历二十四年(1596 年)开始在全国大折腾的“矿监税使”。此为后话,但历史发展的逻辑即如此。

还让我们回到万历十一年(1583 年)初。在群起揭批冯保的奏疏中,有一本比较特殊。

这一本来自巡按直隶御史王国,他揭发冯保在辅臣张居正病故后,令徐爵到张家,索取名琴七张、夜明珠九颗、珍珠帘五副、金三万两、银十万两;吏部左侍郎王篆为了做左都御史,送给冯保玉带十束、银两万。

皇上正差钱时,忽然读到这样一份奏章,满篇亮晶晶,全是珠光宝气,登时龙目瞪大了,射出精光。

史云,“帝疑居正多蓄,益心艳之”。本来,朱翊钧对故相的恨,已随着张居正作古,宛如乌云初散,然而张家的“巨富”,忽地又让他的恨意复炽起来,秋后算账之心变得急迫。

随着冯保失势,对“权相”张居正的反攻倒算开始了。

死人张居正成为众矢之的、人人交攻的对象,这与居正病时,大小官员们纷纷为首辅祈福斋醮、擗踊哀哭、如丧考妣的场景,直如隔了一世(其实才几个月时间)。

最终,御史羊可立一疏,将张氏一族的命运推到了地狱的边缘。

羊可立揭发张居正构陷亲藩辽王之狱,使其被废。

辽王是朱元璋第十五子辽简王朱植的后人,初封广宁,"靖难"后改封荆州。

被废的这位辽王,在嘉靖中跟着世宗学斋醮修道,很邀了一些宠,还被赐予"真人"的称号。辽王仗着皇帝做后台,干了很多坏事。隆庆初年,巡按湖广御史部光先劾他十三大罪,朝廷命刑部侍郎洪朝选前往勘问,发现辽王"淫虐僭拟"诸罪,件件属实。穆宗念在辽王是宗亲的份上,免其死罪,废为庶人(称辽庶人),禁锢凤阳高墙。

亲藩肆行不法,在明代是普遍现象,像辽王这样,竟因作恶被废,国被除封的,却极为少见。张居正在其中起到了关键作用。

张居正是荆州人,与辽王算是同乡,然而相府与王府的关系十分不睦。

当时的湖广副使施笃臣与辽王交恶,他听说洪朝选奉命来勘辽府之事,就伪造了一封辽王致洪侍郎的书礼,派人送去。用今天的事来理解,就是"中央巡视组"即将入驻辽府之际,辽王这位重点被巡视对象竟然派人给巡视组组长送礼。

施笃臣这一招,是历史故事里常见的反间计,而且与书上写的一样,"送礼人"也最终落到施副使手里。

这是一箭双雕之计,既可加重辽王之罪,也可以借此挟制巡视组组长、刑部侍郎洪朝选。

辽王感到问题的严重性,惊慌之下,用白布赶制了一面大纛,在宫门前立起来,旗上大书"讼冤之纛"。辽王树旗,本为讼冤,施笃臣却故意惊称:"辽王反了!"——竖旗造反嘛。马上派兵五百,将王府团团围起,制造辽王将反的紧张气氛。

施笃臣不遗余力地陷害辽王,洪朝选却处事秉公,他经过仔细调查,据实回奏,施笃臣罗织的那些罪名,他提都不提。张居正看到洪朝选的奏报,里面缺了最厉害的“谋反”一款，不禁大失所望，对“不懂事”的洪朝选心生厌恶。后来洪朝选受巡抚都御史劳勘陷害，惨死狱中，时人便指劳勘是“希居正意”。施笃臣、劳勘所为，就是所谓“以媚杀人”。洪朝选之子洪兢赴京控诉，劳勘飞报冯保，洪兢受廷杖几死（据兵科给事中孙玮劾劳勘疏）。

羊可立揭发张居正陷害亲藩后，辽庶人的王妃乘机上疏辩冤。朝中这一件件事，都是有前后手、分步骤来的，其目的就是借旧案摧毁张居正的信誉以及他在朝的影响力。

辽庶人妃向皇上哭奏道，辽藩被除后，王府被张居正占用，府内金宝万计，悉入居正之家。

张居正不仅占人房子，还夺人金宝，“王府金宝万计”更是撩拨得贪财又缺钱的皇帝心痒难耐。

朱翊钧马上派司礼太监张诚、刑部侍郎丘橓，偕同锦衣卫指挥、给事中，前往荆州去籍没张居正的家产。

钦差还没到，荆州地方官已行动起来，先录张府人口，然后将张宅大门紧锢，不许一人一物出入。由于事发突然，张府毫无准备，骤然封门，连饮食都不及措备，等到钦差来了，重启大门，发现张家子女家人被饿死者多达十余人。

他们就毙命在那座由皇帝助资并亲自题写楹联堂额的大房子里，这正应了《桃花扇》里一句经典的话：“眼看他起朱楼，眼看他宴宾客，眼看他楼塌了。”张居正泉下有知，不知做何感想哩！

地方官封门，一是怕人跑了，二是怕张家转移财产。

钦差来后，最重要的工作，就是“打土豪”，掘地三尺找钱。为了让张居正的兄弟、儿子们交代“余财”，对他们使用了重刑。张家长公子、礼部主事张敬修受刑不过，只好胡乱招供，承认私寄白银三十余万两在曾省吾、王篆、傅作舟等人处，然后就上吊自杀了。

张诚、丘橓奏报后，朱翊钧严令追查，强调不可使一两赃银匿网。

说到这儿，就要介绍一下张诚是什么人了。

司礼监太监张诚，过去因见恶于冯保，曾被从宫里撵出去一段时间。

张诚的失意,恰促成他成为皇帝的亲信。朱翊钧偷偷对他讲,你且出去吧,正好替朕在外面盯着,看冯、张做甚好事!

张诚成了皇帝诇察权臣的秘密调查员。

这段时间里,他就像英国作家狄更斯《双城记》里的德伐日太太,把敌人的过恶都织在毛衣里,一针一线地向皇上汇报。

张诚太了解皇帝了,所以他的"秘密情报",除了摹画冯、张"交结恣横"之状,还特地强调了两家的巨富,说他们"宝藏逾天府"。"天府"不是说天府之国四川,而是指天子府库。他说,那两位富得流油,比您还有钱!

权贵之门,最通行的,就是谀辞和宝货。

张居正和冯保当权时,许多人出于各种目的,向他们投财献媚。我手头没有两家的"贿簿"账本,不好缕述其财产来源,只说一个非常典型甚至可以说很奇葩的例子。据《明朝小史·万历纪》记载,张居正曾接受某大臣用黄金制作的一副对联,联文是:

日月并明,万国仰大明天子;

丘山为岳,四方颂太岳相公。

这金子,不是西汉海昏侯墓里出土的马蹄金,而是马屁金——马屁包着黄金一块儿送。送钱的人,为了讨首辅的欢心,马屁之词唯恐不尽其意,可是这样的对联传出去,也着实害人不浅。上联中,"日月并明"接"大明天子",下联"丘山为岳",指号为太岳的张居正。对联把"大明天子"与"太岳相公"相提并论,不需要有多少政治敏锐性,一般人读了这样的对联,都会觉得不妥,当事人更应感到不安。可张居正竟坦然受之!

张氏家财巨万,如今就逃不脱"抄没"二字了。

有意思的是,奉旨查抄北京张家的,是张居正死前二日代表皇帝前往张府探视并转呈张居正遗疏的张鲸。而赴荆州查抄的,是张居正去世当日奉命"经济其丧"的张诚。

说起来,这两位抄家太监都是熟门熟路!

据民间流传的一份查抄张居正家产的册子,从张家(包括北京及荆州两地)共抄出金 2426 两、银 107790 两,金器皿 617 件,重 3711 两,金首饰 748 件,重 999 两,银器皿 986 件,重 5240 两,银首饰 31 件,重 117 两,金累丝镶嵌玉犀角玳瑁玛瑙水晶象牙琥珀杯盘筷 183 件,另蟒衣纻丝纱罗绫布 3500 余匹,各色男女衣服 500 余件,玉带 10 条。另外张家在京的住房,值银 10670 两(《天水冰山录·籍没张居正数》)。

张家有金七千余两、银十一万三千余两,算得上大富之家。可这点家底,与人们的估计相去甚远。好比王世贞说张居正"多受馈遗",他对张氏家财的估计,是比严嵩少一半。严嵩被抄的家产在《天水冰山录》里有更详细的记载,张居正家财即使"不能当分宜(严嵩)之半计",在人们看来,也不止这十几万两。

奉命到荆州翻"老巢"的太监张诚,见所抄金银不够,怀疑是张家私藏起来了,于是对大公子张敬修用了重刑,又勒逼出白银五万两。

据实录记载,抄没张氏的金银宝玩,至少分四运入京,每一运约在一百至一百一十杠。最后一运,由回京缴旨的张诚亲自押送,奏报为"抄没张嗣修(嗣修为居正次子。敬修因受不了酷刑自杀了)等银十二万"。这一运走到真定柏乡县时,居然被盗走一杠。

以上抄没之钱物,全部奉旨收入内库。

东厂太监张鲸会同锦衣卫抄没冯保及其弟侄冯佑等并张大受、徐爵等家产,所抄"金银睛碌珠石帽顶玉带书画等件,并新旧钱、各色蟒衣纻丝绢无算",连抄了好几天,"日逐具奏,运进御前"。那几天里,天子府库日日都有进项,皇帝大悦。皇上要的只是金银珠宝,至于"各犯衣服、米盐、床柜、桌椅、铜铁锡磁器皿等"粗笨之物,则分送各有关衙门。

一边是掘地三尺的抄家,一边是廷臣对故相不断升级的追打。

御史丁此吕甚至说,几年前会试时,主考官高启愚用舜、禹来命题,这是在为张居正受禅位鼓噪舆论。如此害人之心,真比蛇蝎还毒!亏得尚书杨巍等据理力争,驳斥了御史疯狗一样的乱咬。张居正想篡位,连朱翊钧都不信,所以在大臣力驳后,丁此吕以妄言贬官,但无辜的高启愚仍被罢官为民。

一时朝野乌烟瘴气，许多大臣看不下去了，首辅申时行（张四维在万历十一年即1583年四月丁忧）率领六部尚书联名上疏，请求缓追张氏赃银。

此时的张家已成了一块干抹布，拧不出油水了，朱翊钧便给大臣面子，答应不再追赃。他还要做样子，下诏留一所空房子和十顷田地，以供赡养张居正八十多岁的老母。可是对老母的子孙，张居正弟都指挥张居易、子翰林院编修张嗣修，却是一点情面不留，全部发戍烟瘴地面。

同时，宣布尽削张居正官秩，将所赐玺书、四代诰命全部收回，并向天下公示张居正的罪恶。朱翊钧在诏书中犹然切齿道：我本是要将张居正开棺戮尸的，姑且饶他这回——他可是为十年的师生之情、君臣之谊，留足了面子！

总之，在冯、张之案中，除了漆黑乌糟的人心，就是滚滚带血的黄金白银了。

两家的财富，最后全便宜了万历皇帝朱翊钧。

得了便宜的朱翊钧，由此受到启发，找到了一条致富的门道：没钱花，抄臣下。

第四章 堂堂皇帝，竟贪臣下之贿?

冯保留下的两件差，东厂由张鲸掌了，司礼监印为张宏所得。

张宏，广东新宁人，是嘉靖中大太监高忠的名下。嘉靖初侍世宗于乾清宫，累升至司设监太监，又改内官监太监。嘉靖十八年（1539年）扈从世宗南巡，行至河南卫辉时，夜里行宫起了大火，张宏"拥驾出烈焰中"，立下救驾大功。回朝后，擢为乾清宫牌子，随朝捧剑，又掌银作局、惜薪司印。

隆庆初，张宏往南京任守备。朱翊钧即位后，以特旨召还他，任司礼监秉笔太监，兼掌内官监印。万历初年的朝廷"大工"，多由他主持（实录常称之为内官监太监，其实内官监印是由他兼掌的）。冯保败后，继之掌司礼监印（王家屏撰《司礼监太监张公宏墓表》）。

张宏为人宽和，人称“所南张公”。据刘若愚说，张宏曾密劝张鲸，叫他莫害冯保。此备一说。

张宏的地位仅次于冯保，地近而逼，要说他没有顶掉老冯自己来干的意思，大概也没什么人信。顺天府通判周弘禴就揭发说，御史李植疏劾冯保，是张宏的门客、自称“山人”的乐新炉在后穿针引线，事后李植得到张宏的关照，升为太仆寺少卿。

张居正死后，言路大兴，言官风闻奏事，将道听途说之事入于奏章，胡编乱造的消息满天飞，令人难以辨别。周弘禴指张宏是李植参劾冯保的幕后主使，真伪如何，已无法考证。

想张宏是隆庆六年（1572 年）朱翊钧初即位时从南京守备任上奉调还京升任秉笔的，这应该是掌印冯保提携的结果，他俩在司礼监同事十年，关系应相当亲厚。冯保败时，当时有势力的内廷“三张”（张宏、张鲸、张诚）中，有后两张在背后推动已足够了，张宏未必预其事。在两说之中，我取信刘若愚的话。

张宏经常对人说“我形虽废，自有不废者存”（刘若愚著《酌中志》卷五“三朝典礼之臣纪略”），真可称一句名言。“形废”指他受阉，身体残疾，所“不废”者，是他一颗忠君爱国的心。

张宏掌司礼监时间不长就去世了。墓志没有记载他去世的时间，只是说到，当定陵（朱翊钧为自己所建的陵寝）工兴后，张宏奉命总督工程，但为时不久，以“寝疾（病重）”请求休养，神宗同意了，命每月赐给廪米三十石、舆隶三十人，并其名下二十八人以从。

张宏的退休之恩可谓优渥，可是他拜命仅匝月就去世了。

讣闻后，哀典从优，皇帝赐谕祭九坛，“视故事有加”（一般为一坛，多亦不过三坛），所赐宝钞、斋粮、银币也很优厚，并由工部营建兆域，造享堂碑亭，钦赐祠堂之额曰“旌忠”（张宏墓址在北京崇文门外迎祥寺）。

虽然张宏墓志的撰写者、大学士王家屏说张宏“善始善终”，但张宏身后获得这些“异数”，诚恐有“异”！

墓志是谀墓之词，往往为志主讳，故意回避一些不好的事。张宏之死，可能没那么简单。

实录中关于张宏最后的记载，就是上述顺天府通判周弘禴揭露山人乐新炉是其门客。乐新炉因为妄议朝政，引起朱翊钧的极大厌憎，将他用“法外非刑”立枷处死。乐新炉作为首珰的门客，身份特殊，才有条件在士大夫中制造舆论，影射朝政。他被处死，张宏很可能受到牵连，于此前后故去。

刘若愚在专记司礼监掌印之事的《酌中志·三朝典礼之臣纪略》中讲，张宏掌印“不二三年，因神庙日益英圣，而左右间有以货蛊圣心者，遂绝食数日而卒”。这段记述比较含糊，大意是说，朱翊钧好财，他左右亲近之人常拿财货之事来蛊惑他，皇上又自恃聪明，以为啥都懂，啥都瞒不过他，于是严于拒谏，这就是所谓“日益英圣”（似有讽刺之意）。张宏忍不住劝了几句，不料惹动圣怒，张宏一则畏惧，二则心冷（可能还害怕受门客乐新炉牵连），竟绝食而亡。

同样在《酌中志》中，刘若愚还记载了朱翊钧与张宏名下张维的一段对话。那时张维刚刚为张宏守孝三年，期满除服（脱去孝服），朱翊钧对他道：“我常想张宏好个老儿，每见我谴罚一个谏官，即叩头流涕，善言宽解，我亦为他息怒，何等忠爱。”张维叩头应道：“此是圣德纳谏，非臣下所能挽回。倘圣怒不息，他亦岂能成功？”

可见张宏对皇帝的过失是每有规谏的，而以朱翊钧的个性，他定是难以容忍的。

张宏不是正常离职，从其墓表也可以看出来。

当时他正奉命总督陵工，那可是今上的陵，十分紧要，工还没完，工程总负责人却连疏请辞，必然有迫使他“归政”的理由。朱翊钧同意他退休后，给的廪米和舆夫，都超出他应有的待遇，殊可称特恩，然而蹊跷的却是“并其名下二十八人以从”。何以本官荣休，竟连他名下内官二十八人一并投闲置散？这不就是连累么？

将墓表与刘若愚所记对比，恐见墓表为讳语，刘若愚所记为可信：张宏虽“以荣名终”，但他很可能不是善终。他的死，有点像尸谏，让朱翊钧受到感触，至为之“改容易服”，所以赐予他超出常格的异典。

亲政后的朱翊钧，毛病还真不少！

此时的他，如小虎脱笼，性格中的缺陷就像春天的野草，自由地疯长，无可遏止。他才二十出头的年纪，就开始在天寿山兴建他的寿陵，也就是今天北京十三陵中唯一可供进入地宫参观的定陵。

他除了好酒、好货、好色，还好使性儿（雒于仁形容为“酒色财气”四病缠身），他容不得别人巴巴地来说，动辄发怒，竟让较为贤良的司礼监掌印吞药自毙。

冯保之后，朱翊钧再无畏惧之人，身边也没了勇于劝谏的内臣。他贪于逸乐，多疑、任性且善变的性格缺陷没有遮拦地发展，在这位君主位下，太监们不仅没什么权势，许多人在失宠后，还没有好下场。

下一个倒霉的，是太监张鲸。

张鲸，北直隶新城县人，嘉靖二十六年（1547 年）选入，为张宏名下，隆庆中供事东宫。他第一次在实录中出现，是万历九年（1581 年）九月，奉朱翊钧和两宫太后之命，赐张居正母金头面及蟒衣等。张居正寝疾时，他先后四次捧御笔手札到张府视疾，张居正死前三天所进推荐潘晟、余有丁的密揭，也是托张鲸转呈。

张鲸宫里宫外来回跑，表现得十分殷勤亲热。可是在清算故相时，他奉旨抄家，到了熟地，见了熟人，可一点没留情。

刘若愚说，张鲸为人“刚介寡学，驰心声势”。驰心声势是说他热衷功名，喜事，好出风头。寡学则是不学无术，而刚介者往往鲁直浅躁，无精察之明。像张鲸这样的性格，一旦重权在手，很容易为人蒙骗利用，被人拐带进沟里（后来的魏忠贤也是这样）。

张鲸掌东厂没几年，果然成了众矢之的。

万历十六年（1588 年）冬天，御史何出光参劾张鲸及其党羽鸿胪寺序班邢尚智，与锦衣卫都督刘守有相倚为奸，专擅威福，赃私无算，“当死之罪有八”。

对于言路的举劾，朱翊钧明显包庇张鲸，邢尚智、刘守有在被劾后均遭革任，却只令张鲸“策励供事”，仍鼓励他好好干。

皇帝的态度不能让言路满意，于是群起攻之。给事中张尚象、吴文梓、杨文焕，御史方万策、崔景荣相继上疏论劾。科道言事，真如满月升起时的海潮，言无不尽、言之不尽，一波接一波，按住张鲸打。万历朝言路的强悍与执着，此时毕显无遗，朱翊钧将慢慢领教“毒舌”小官们群狼战术的厉害。而此时，他只是略觉厌烦，对科道的奏疏，一概“报闻”①。

十天后，刑部覆议张鲸、刘守有、邢尚智三人赃罪，邢尚智论死，刘守有罢官，对于张鲸，皇帝虽然严厉地批评了他（“切责”），但仍令他“策励供事”。

厂卫一体，锦衣卫帅被斥，东厂太监却毛发无伤。言路认为，这是“党羽虽惩，元凶漏网”，强烈要求惩处张鲸。可朱翊钧态度坚决，对言路的呼吁不予理会。

言路见皇帝不搭理，便将矛头转向内阁。御史马象乾的观点比较有代表性，他在论疏中首先发问：“皇上是英明不世出之主，去冯保如脱鞋，今张鲸之恶不在冯保下，奈何去之如此之难也？”然后说：“皇上不听，我等是小臣，有甚办法？我们原以为内阁一定有话说，可连日来阁臣寂然无声。”

马象乾直言，阁臣连奉劝皇上远小人这样的话都不肯说，“一味阿意顺旨，为调停之计，使圣明亏损，众愤郁积”。他要求皇帝将其本章发到内阁，令阁臣对照了展开自我检讨，并明定张鲸之罪。

马御史竟要求宰辅根据他的批判书“自陈”写检查，这便是小臣狂妄之言。

首辅申时行却不得不自陈不职，请求罢斥——相体是早已不存了！吏部也以尚书杨巍为首，全衙门合疏请辞，同时请求皇上“伸公论，正国法”，给予张鲸应有的处分。

---

① 报闻就是将奏疏下发六科传抄（科抄），但不做批示。比“报闻”更消极的，是“不报”和“留中”，即如俗语说的如泥牛入海。

万历朝言路的发舒，很大程度上是由朱翊钧纵容的，他将言路小官作为牵制大臣的猎犬。只是言路得意惯了，最后对皇帝也不客气起来，而没有较为有力的相权做辅佐，皇权也大受损害。当朱翊钧深感弱势、统驭乏力时，后悔也晚了。万历后期，皇帝驾驭不了言路，金口玉言不灵了，朝野的聒噪几乎让他发疯，他干脆赌气闹起了罢工，把生龙活虎的明王朝整成了个半身不遂。

马象乾责备内阁，意在激励阁臣积极作为，而这恰恰是朱翊钧所忌讳的，他更不愿让人以为，他还跟张居正在时一样是受权臣摆布的皇帝。朱翊钧针对申时行等人的辞呈，发表上谕，质问言路："张鲸之事已经处分了，言官为何执意逞私妄言，波及辅臣？"此时他对言路还比较客气，没有动不动就拿"犬吠"来形容他们。他强调：

"章奏皆朕亲裁，卿等以为，谁为阿从？"

这句话是说给所有人听的，"章奏皆朕亲裁"，是向众人澄清，所有章奏（也就是朝廷大事）皆出他本人的独断，他不会受阁臣的影响（如言路"自以为是"以为的那样）。阁臣只是"赞理"者，是帮办之人，朕才是拿大主意的人，你们别搞错了！

有趣的是，随着朱翊钧怠政日渐厉害，对他的批评越来越多，而他也反复做着同样的自辩：所有章奏他都是一本本亲读、一本本亲自批处，阁臣没有（你们想的）那样大权力。他的这种心理，无疑严重制约了宰辅和司礼监之权（权力与权威）。朱翊钧自以为乾纲独断，事实上却是异常孤立，朝廷光有"元首"（皇帝），却乏"股肱臂指、任同一身"的统治效能，而且在他和激越的言路及廷臣之间，缺少必要的缓冲。万历朝君臣之间、大臣与小臣之间，冲突越来越厉害，呈加速分崩、撕裂之势。此为后话，然亦不远矣。

为张鲸的事，闹得阁部大臣集体请辞，朱翊钧很烦心，他让大臣们不必因言求退，各回衙门办事。

对于狂妄的马象乾，则送锦衣卫"打问"。

在明朝，言官因言获罪，不是小事，特别是这位言官挨打，直接原因还是他批评了内阁。阁臣为了避免“专权”的批评，不得不上疏营救，申时行就自打耳光说：“臣等乃万世罪人，宁与（马）象乾同赴司刑[①]，万无觍颜在位之理。”在大学士申时行、许国、王锡爵的营救疏里，不约而同都提到了张居正。说先年张居正以夺情迁怒，攻击言官，皇上为居正谴责言者，最后张居正不容于公论，身受恶名，家被显祸，若马象乾今日得罪，臣等异日将为张居正之续。

不单皇帝以张居正专权为鉴，大臣也以张居正受祸为鉴，申时行将处理马御史与自己身家联系起来，请求皇上宽恕马象乾，好“曲全阁臣”，为此他将御批封还（请皇帝三思，不执行圣谕）。

朱翊钧没耐心啰唆，对三位阁臣的奏疏一概不报，只是派太监拿着他亲笔信，到申时行府上，劝首辅立即回阁办事。

申时行将御札传示阁僚后，于十二月初一日奏缴御札，报名廷谢后，照常回阁办事。朱翊钧也做出妥协，命司礼太监陈政到内阁传口谕，称“张鲸侍奉多年，他家用的人做坏了事，他未必知。如今都下法司问过重罪了，张鲸着他私家闲住”，宣布将张鲸免职闲住。朱翊钧仍不忘强调：“（我这么做）不为章奏纷纷要处他，只为近年四方灾伤，民间疾苦，每令他访奏，不以实闻，故此处他。”

申时行觉得这是个令人满意的结果，马上写了一份谢疏，发挥他状元的才华，对皇上的“天纵英明、圣心独断”好生吹捧了一番。

他以为，张鲸既已处分，廷臣当“称颂圣德”了。可是他想错了，就在当天，又一波要求纠处张鲸的奏疏涌进来。

如吏科给事中李沂，就认为“闲住”太轻，认为“元凶未伏其辜，非法之平”。他还提到一件令皇上倍感羞辱的事，说数日来都市喧传，都道张鲸往内廷广进金宝，多方请乞。

李沂公然在奏疏里写进这个未经证实的消息，然后说：“如果真是这样，则亏损圣德，皇上不处张鲸，就不只是顾念他侍卫之微劳了！”他分明在

① “同赴司刑”之司指锦衣卫镇抚司，该司是诏狱（锦衣卫狱）的审理机构。

暗示，皇帝佑护张鲸，根本不是为了张鲸有劳，而是受了他的贿赂。

臣子揭发皇帝受贿，这也算是天下奇闻了吧！

李沂如此风闻奏事，完全不顾及皇帝的体面，朱翊钧由羞辱而产生的愤怒可想而知。当天有多名科道官围攻张鲸，只有李沂一人被拿送锦衣卫，就是因为他的奏章里有“都市流传进贿”这句话。朱翊钧怒斥李沂道：“这厮，欲为冯保、张居正报仇！”一不小心，暴露了他力保张鲸的真正原因，那就是张鲸是他推倒冯保的功臣。

虽然申时行一再替李沂解释，说冯、张在日，他还未入仕，原无恩仇，何来报复？但李沂借上疏指皇上贪臣下之赂，令朱翊钧羞怒交加，必不肯容他，最后将李沂拿到午门前廷杖六十，罢官为民。

当时还有一种传说，说司礼太监张诚为“冯保之余”（即冯党），欲甘心于张鲸，李沂之疏不过为其所用罢了。

这是外廷的传言，记在《明神宗实录》里。

然而刘若愚《酌中志》却说张诚是冯保所斥之人，受神宗密令，在外刺察冯、张之过。若张诚真为“冯保之余”，朱翊钧岂会信任他，令他在张宏死后接掌司礼监？张诚有可能与掌东厂的张鲸不合，但不合的原因，不大可能是为了冯保。何况张懋修在编《张太岳集》时，就说冯、张“交结恣横”并非事实，出自中官张诚的诬构，懋修之言，应是有确凿证据的。

张诚应该不是冯保的同情者，更非其余党。

而且对李沂的廷杖，就由张诚监刑。

对廷臣施行廷杖，由锦衣卫执行、司礼太监监督，这是累朝惯例。

李沂先在锦衣卫镇抚司打问，已经带伤，假如再拖到午门重责六十，恐他难以存活。申时行本想将御批留下，再行劝谏。可捧着御批来的文书官刘成不答应，强行将本章和御批带走了。不一会儿，张诚就奉命到午门监杖了。

申时行匆忙赶写了一本，亲自送到会极门，请皇上开恩停刑，“俯全言官垂死之命”。本章递进去，他就在会极门候旨。很快，有太监出来传谕说：“先生们说话，依得的便依了，依不得的，也难依。如前日马象乾就依了，李沂放下各处贪官污吏不说，却说我贪，这等捏污君父，岂可轻宥！”申时行无奈，只得转赴午门，再求张诚，左说右说，张诚都不肯听。

张诚如果是利用李沂之疏来打击张鲸，他大约不会这样不给首辅面子的。

张诚坚持要打李沂，道理很简单，知道皇帝非常痛恨这个骂自己贪的小官，一定要打他出气。

万历十六年至十七年（1588 年～1589 年），是万历皇帝朱翊钧统治生涯的重要变迁之年。在万历十年至十一年（1582 年～1583 年）间，朱翊钧对冯保、张居正的势力进行了清算，扳倒了“权臣”，真正掌握了权力。此时他刚刚二十出头，也曾雄心勃勃，欲有一番作为。有一年天旱，为了在求雨时表示诚意，他拒绝乘辇，步行到南郊的天坛，祭典结束，又执着地步行回来。那可是万人空巷、争看皇上的大事啊！可惜他的励精求治之心，很快就消沉在享受逸乐之中。冯、张两家的财，全被他抄了享用，年纪轻轻就为自己修建豪华的陵墓，内府各项开支急剧增长，对国家府库的分外攫取越来越多。万历十六年（1588 年）冬，就在御史何出光疏参张鲸的那个月，内廷一下就收用了净身男子两千名。两千人吃用，要多少月粮、例赏？光冬春两季衣裳，就是一笔额外的大开销。想万历十四年（1586 年）时，也曾有自宫男子叩阍求用，遭到驱逐，不想两年之后，内府自破其例。

当朱翊钧为张鲸的事与言路闹过一回争执后，怠政的趋向变得明显了。他就像之前所有厌政的皇帝一样，不再轻易出来接见大臣，连阁臣都不大容易见到皇上了。就在宣布张鲸闲住的当天，朱翊钧让太监到阁传谕，还半带保证地说：“朕是想要召见先生们的，只是偶因动火，身体未安，等朕病体痊愈，立即出来召见大家。”

但他并不能信守承诺，阁臣听说皇帝病了，那就等呗。可左等右等，皇上的御体总不见痊愈，新任阁臣王家屏来京三个月了，连皇上一面都没见着。动火、头晕、脚疾等病，从此在朱翊钧身上落了根，只要大臣们一请他召见、勤政，他就把这些毛病推出来抵挡，说哎哟喂，我不行了，头也晕，脚也疼，哪儿都去不了，只能在宫中静养。

他不止不召对大臣，就连每月仅仅九次的朝会，也不上了。从万历十七年（1589 年）以后，他几乎不再坐朝，朝臣不晓得缘故，纷纷猜测，怀疑是皇帝被迫令张鲸闲住，心中不爽，便废了朝参，和朝臣斗闲气。

这是否属实呢？大家只是这样猜，却不好向皇帝本人求证。万历十七年六月，吏部尚书杨巍、太常寺卿赵世卿等大臣具公疏，请皇帝加意珍摄，争取在秋天出来视朝，并且提醒他，“皇上不视朝则诸臣猜疑益甚”。朱翊钧只是不理。

就在廷臣把皇帝不上朝和张鲸联系起来时，不想皇上在八月份又让闲了大半年的张鲸回内廷供事了。

皇帝不用心政事，倒是对那个闲住太监念念不忘，似乎印证了廷臣之前的猜测。

朱翊钧没想到他悄没声地让张鲸复职，引发了舆论的巨大反弹。吏科都给事中陈与郊等、御史贾希夷等，交章上疏，请皇上收回成命。就连几千里外的留都南京都惊动了，南京吏部尚书陆光祖等、户科给事中徐常吉等、御史王以通等，纷纷来疏劝谏。

而且群臣的不满如荒野之火，很快就延烧到皇帝头上了。

比如吏科右给事中钟羽正说，陛下初政，无论是“朝”（朝会）还是“讲”（经筵、日讲等皇家课程），无不兢兢，然数年之后，朝讲乃免者十之一，又数年乃免十之七，今天则动称动火，一概皆免了。临御日少则上下交睽、中外异议，这样才有置而不览的章奏，有览而不用之言，以至于举朝都说不可，皇上然犹力排众议而行之，好比张鲸罪而复赦，赦而复用，就是证明。他建议皇上将章奏留中者次第发出，并斥逐张鲸以慰臣民之望。

这个局面应该不出朱翊钧的意料。如果他细读本章，不难发现，群臣之怒，并不在一个东厂太监的复出，而在于他作为皇帝的不称职，张鲸只是群臣发泄的一个“窗口”罢了！朱翊钧并非被殃及的池鱼，这把火本就是为他而烧。

然而朱翊钧拒谏之心趋勇，他对廷臣苦口婆心的劝勉，一概报之以“不报”。张鲸之事又是不了了之。

第二年(万历十八年,1590 年)正月初一,朱翊钧忽然临御毓德宫,召见阁臣申时行、许国、王锡爵、王家屏。

阁臣在太监的带领下进入西室,御榻向东,申时行等西向跪。这日是新年第一天,阁臣们先致辞祝皇上元旦快乐,又以久不瞻睹天颜,叩头问御体安好。年方二十八岁的朱翊钧叹道:“朕的病,已成痼疾了!”申时行等劝慰:“皇上春秋鼎盛,神气充盈,只要加意调摄,不用药即可康健,实不必过虑。”

朱翊钧便说了些病情,他道:“朕去年为心、肝二经之火时常举发,头目眩晕,胸膈胀满,近来调理稍可,又为雒于仁奏本肆口妄言,触起朕怒,以致肝火复发,至今未愈。”

雒于仁官居大理寺评事,他的本章还未到阁,申时行不知他所言何事,随口奏道:“圣躬关系最重,无知小臣,狂戆轻率,不足以动圣意。”

朱翊钧拿出一份本章,亲手交给首辅:“先生们看吧,这本说朕‘酒色财气’,试为朕评评看。”

申时行接本在手,尚未展疏细看,皇上已愤然自辩起来:“他说朕好酒,谁人不饮酒?他说朕酒后持刀舞剑,非帝王举动,哪有这样的事!又说朕好色,偏宠贵妃郑氏。朕只因郑氏勤劳,朕每至一宫,她必相随,朝夕间小心,侍奉勤劳。如恭妃王氏,生有长子,朕着她调护照管,母子相依,所以不能朝夕侍奉,何尝有偏?”

又说到财:“雒于仁说朕贪财,受了张鲸的贿赂,所以用他。去年李沂也这等说。朕为天子,富有四海,天下之财,皆朕之财。朕若贪张鲸之财,何不抄没了他?”

又说到气:“雒于仁又说朕尚气,古云‘少时戒之在色,壮时戒之在斗’,斗即是气,朕岂不知?但谁人无气?就说先生们吧,也有童仆家人,难道有过更不责治?如今内侍宫人等,或有触犯,及当差失误的,也曾杖责,然亦有疾疫死者,如何都说是杖死?”

阁臣等一边听,一边点头称是。最后,朱翊钧指着本章道:“先生们将这本将去票拟重处。”

申时行观察皇上面无暴怒之色，试探着说：“这是无知小臣，误听道路之言，轻率渎奏。”朱翊钧道：“他还是出位沽名！”大理寺评事不是言官，以道听途说之言上奏，是“出位”的行为，而其动机，就是沽名钓誉。申时行就着皇上这句话，劝解道：“他既沽名，皇上若重处他，适成其名，反损皇上圣德。唯宽容不较，乃见圣德之盛。”说着，将雒疏轻轻放到御案上，他希望皇上重新考虑重处雒于仁的事。

朱翊钧道：“这也说得是，倒不是损了朕德，却损了朕度！”

申时行忙道：“皇上圣度如天地，何所不容。”

虽然说起“圣度”，可朱翊钧被骂得血淋淋的，还是不甘心，他又将雒疏拿起，重新交到首辅手里，令他详阅，连声道：“朕气他不过，必须重处。”

经皇上口述，申时行已知雒疏大概，稍稍浏览一过，便奏道：“此本原是轻信讹传，若票拟处分，传之四方，反以为实。臣等愚见，皇上宜照旧留中为是。容臣等载之史书，传之万世，使万世颂皇上为尧舜之君。”说时，仍将雒疏送回御案。

朱翊钧见首辅如此说，沉吟道：“如何设个法子处他？”

“此本既不可发出，也就没法处分他了。”申时行道，“还望皇上宽宥，臣等传语大理寺堂官，使之去任可也。”他建议密令雒于仁自己辞官，了结此事。

朱翊钧点头同意。处分之事已定，龙颜也和霁了些，道：“因先生们是亲近之臣，朕有甚举动，先生们还知道些，（雒于仁所说的那些）安有是事！”申时行道：“九重深邃，宫闱秘密，臣等也不能详知，何况疏远小臣？”朱翊钧道：“人臣事君，该知道理，如今没个尊卑上下，信口胡说。先年御史党杰也曾数落我，我也容了，如今雒于仁亦然，因不曾惩创，所以如此。”

申时行婉劝道：“人臣进言，虽出忠爱之心，然亦须从容和婉。臣等平常唯事体不得不言者，方敢陈奏。臣等岂敢不与皇上同心！如此小臣，臣等亦岂敢回护！只是以圣德圣躬为重。”

朱翊钧道：“先生们尚知尊卑上下，他们小臣，却这等放肆。近来只见议论纷纷，以正为邪，以邪为正，一本论的还未及览，又有一本辩的，使朕应接不暇。朕如今张灯后看字不甚分明，如何能一一遍览？这等殊不成个朝纲。先生们是朕的股肱，要做个主张。”

申时行道：“臣等才薄望轻，因鉴前人（指张居正）覆辙，一应事体，上则禀皇上之独断，下则付外廷之公论，从不敢擅自主张。”

朱翊钧道：“不然。朕就是心，先生们是股肱，心非股肱安能运动？朕既委任先生们，有何畏避？还要替朕主张，任劳任怨，不要推诿。”

申时行等叩头谢道：“皇上以‘腹心股肱’优待臣等，臣等敢不尽心图报！‘任劳任怨’四字，臣等当书之座右，朝夕服膺。”

其实，他们都知道，皇帝这些话，大抵只可听之，不可尽信。有张居正的“覆辙”在前，不单“股肱”做事瞻前顾后、束手束脚，他们也得不到“心”的完全信任了。而一个弱势的内阁，在皇帝“独断”和廷臣“公论”中调剂的空间实际上非常逼仄。此时言路发舒，意气大张，内阁常成为他们攻击的目标。大学士许国曾深有感慨地说：“昔之专恣在权贵，今乃在下僚；昔颠倒是非在小人，今乃在君子。”一个朝堂分裂，小臣攻大臣，大臣诋小臣，廷臣壁垒森严，党同伐异，又各以“君子小人”负气相争的新时期即将到来。对此，朱翊钧毫无先见之明，他空寄“委任”之说，阁臣根本得不到应有的授权，最终也只能“任劳任怨”了。

还回到毓德宫。

说完狂人雒于仁的奏疏，申时行稍前一些，问：“皇上近来进药否？”朱翊钧道：“朕每日进药两次。”阁臣都劝：“皇上须慎重拣选良药。”朱翊钧道：“医书朕也常看，脉理朕都知道。”阁臣道：“皇上宜以保养圣躬为重，清心寡欲，戒怒平情，圣体自然康豫。”又道：“近来皇上朝讲稀疏，外廷日切悬望。今圣体常欲静摄，但一月之间，也不须多，三次或四次，间一临朝，也足以慰群情之瞻仰！”阁老们小心地规劝皇帝，希望他调理好身体，一月之内，怎么也要临朝几次，总不能一直不出来。朱翊钧道：“朕的病好了，岂不欲出？即如祖宗庙祀大典也要亲行。圣母（李太后）生身大恩，也要时常定省。只是腰痛脚软，行走不便。”他这样答，亦似没答，只是推诿。

阁臣又提到“国本”大事，道：“册立东宫，系宗社大计，望皇上早定。”他们提醒皇帝，皇长子常洛已经九岁了，应该替他选几位好的师傅，出阁正经读书了。朱翊钧对此不愿多说，敷衍道：“朕已知之，先生们回阁去罢。”

召对后照例赐阁臣酒饭，申时行等叩头谢过，辞出。

走出宫门外数十武，忽有司礼太监从后追来，亟呼道：“阁老留步！”

太监说，请阁老稍候，万岁爷已宣长哥（明宫称皇长子为长哥）来了，着先生们去见一见。

申时行等闻听大喜，急忙回到毓德宫立候，可过了很久，长哥都没来。一个太监从宫内走出，面带笑容地对申时行说：“万岁爷教咱家出来看看，申阁老听说召长哥来见，是喜还是不喜。”申时行大笑道：“我等得见睿容[1]，如睹景星庆云，真是不胜之喜。”太监道：“咱家便依申阁老所言进奏！”说罢去了。回头又出来说：“向才咱奏过了，万岁爷微笑点头来着呢！”

过了一会儿，又有两个司礼太监出来传旨：“可唤张鲸来，先生们训责他。”申时行道：“张鲸乃左右近臣，皇上既已责训，何须臣等！”司礼太监拿阁老的话回奏，朱翊钧说：“此朕命，不可不遵。”

张鲸来得倒是快，说话便到，冲宫门跪下。

皇上有谕，申时行不好违拗，便称“传上意”，对张鲸道：“尔受皇上厚恩，宜尽心图报，奉公守法。”他也不敢太作真，说是“责训”，仍不过是“策励”之言。张鲸却满脸露出不平之色，自称是因为“多言”才得罪的。申时行也不与他辩，只是道：“臣事君，犹子事父，子不可不孝，臣不可不忠。”张鲸自知多说无益，便山呼万岁三次，叩头去了。

这是朱翊钧临时加演的一折戏，算是演完了。

司礼太监进去照实入奏，朱翊钧对申时行的表现评价很高，道：“这才是不辱君命。”

为张鲸的事，又混了半天，忽有太监出来说：“皇长子到了。皇三子也

① “睿”字多用于皇子，皇帝用“御”字。

到了，只是皇子还小，还离不开乳母。”两位皇子被引进西室，来到御榻前，长子常洛立于榻右，朱翊钧用手扶着他(携之)，五岁的皇三子常洵在一旁站立，乳母在他身后扶持着。

朱翊钧命再宣辅臣。

申时行等进来，正式见过皇子，连声称赞：“皇长子龙姿凤目，岐嶷非凡，仰见皇上昌后之仁，齐天之福！”

微妙的是，阁臣只赞皇长子，对皇三子不置一词。

朱翊钧开心笑道：“此祖宗德泽，圣母恩庇，朕何敢当！”

阁臣旧话重提，说“皇长子春秋渐长，正当读书进学”。朱翊钧道：“已令内侍授书诵读了。”申时行道：“皇上正位东宫时，年方九龄，即已读书，皇长子读书已经晚了。”朱翊钧道：“朕五岁即能读书。”复指常洵道：“是儿也五岁了，尚不能离乳母之手，还经常生病。”与一般做父亲的喜欢夸耀自己孩子不同，朱翊钧似乎对自个儿更得意些，而有些瞧不起两个孩子。

申时行请求稍微进前，好好看看皇长子。朱翊钧亲手拉过常洛，让他向明处站立，叫阁臣好生端详。申时行熟视良久，奏道：“皇上有此美玉，何不早加琢磨，使之成器！愿皇上早定大计，宗社幸甚！”乃叩头出，随具疏谢。

这天阁臣事先并不知道皇上要见他们，当天是元旦，内廷已经传旨，免百官朝贺，阁臣到会极门行礼时，忽有内官来召，才急趋数重宫门，来到毓德宫。自来召见阁臣，还没有深入内廷至此者。

君臣谈话气氛和谐，令阁臣有“父子家人”之感，但谈了半天，并没有实质收获，阁臣多次暗示立储、早些让皇长子进学，都没有下文。而随着郑贵妃所生皇三子逐渐长大，威胁皇长子地位，“国本”之争，将愈演愈烈，成为万历后期政争的一条最大的主线。

最后说说张鲸。据刘若愚说，张鲸宠衰后，退废林下，万历三十六年(1608年)五月病卒，葬北京香山永安寺旁。张鲸之弟张书绅，由荫金吾卫起家，曾掌锦衣卫镇抚司印，仕至都督同知。

第五章 太监要和皇上攀亲，万岁爷怒了！

司礼监掌印张宏去世后，接任的是司礼太监张诚。张鲸仍督东厂。张鲸斥退后，张诚就兼了东厂和内官监二印，这是冯保后再次由“印公”而兼东厂。张诚以一人而兼掌三大衙门印信（官衔为“钦差总督东厂司礼监掌监事兼掌内官监印务太监”），从官职上来说，可与冯保比肩。当然，论权势和影响力，张诚自是远远不能和冯保相比的。

张诚于明代正史首见于朱翊钧即位后的隆庆六年（1572 年）七月，时任内官监掌印太监。他奉命提调陵工（穆宗昭陵），请求颁给敕书。张居正说，管工太监已经颁发专敕，内官监掌印按例原不须领敕，况且也没有一事而两敕的道理，遂将其本章封还，张诚因此没能得到敕书。

张诚后升入司礼监，万历十年（1582 年）六月张居正去世，奉旨为他“经纪”丧事的，就是张诚。万历十二年（1584 年）四月，奉旨前去江陵籍没张居正家产的，还是张诚。

据熟于万历间内廷掌故的太监刘若愚称，张诚“为人耿直不阿，好看书，每据古事规谏，或暗地讥骂，无所忌，神庙颇惮之”。说张诚喜议论、好进谏，因为读书多，说起事来头头是道，经常引用古典。我们知道，过去士大夫进言，习惯说古人如何如何、圣贤云何云何，可见张诚是颇有士人之风的，这就是司礼太监的文化修养。但张诚在涵养上就比较差劲了，他规谏皇上，皇上有听的，也有不听的，有些事不听他的，或者他看不惯的，张诚喜欢在背后嘲讽，甚至于讥骂，无所顾忌。用今天的话来说，张诚有点炮仗性格。张印公成了“张大炮”，不单下人害怕，就是皇上也忌惮他。

这不是好事，让万岁爷不安的人，早晚要挨收拾！

张诚身居高位，为人却粗疏率性，他的名下官仗着他的势力，颇有骄纵之态。内廷谮之嫉之的人不少，他也率意不知防备。

万历二十四年(1596 年)正月初一日,司礼监太监陈矩忽于会极门传圣谕:"原任提督东厂官校办事张诚弟侄张勋等,都着革职为民,解发原籍,不许延缓。"

在新年的第一天,突然龙颜震怒,将张诚的弟侄全部革职,发回原籍为民。

兵部奉旨查出张诚弟侄在北京各卫任官者,有张勋、张世泰、张问政、张世佺、张世秋、张绍宁、张锡、张世岐等,全部执送锦衣卫镇抚司,"候事完解发"。

元旦这天正是群臣入宫朝贺、给皇上拜年的日子,掌印公公被革职闲住的消息,迅速疯传开来。

张诚到底所犯何事,忽然罢官,并累及弟侄都被革职为民?

原来,张太监的弟弟张勋,又名张五老,最近与戚臣武清侯李家联了姻。武清侯不是寻常贵戚,正是朱翊钧的妈妈慈圣太后李氏的娘家,属于皇上的舅氏。

张诚虽然贵为司礼监掌印、大内总管,到底只是皇帝家的阉奴,是士大夫口中的"刑余之人",一般士族之家都不轻易与太监结亲,何况还是主上的舅家!刑科都给事中侯廷佩就指张诚之罪是"背主欺君,联姻外戚",他说:"(张)诚以刑余之族,举家受锦衣卫之荣,以侍从之流,乃敢联椒房之戚,岂不上蔑懿亲?"奴才和主上联姻,就是侮辱主上!

大概张诚与武清侯结亲的事,原瞒着皇上,不想在大年节里,哪个说漏了嘴,皇帝知道真相,龙颜大怒,张诚全家都没过得年关。

侯廷佩上疏,是嫌"闲住"的处分太轻,他知道张诚在政治上已经完蛋,于是大力揭发张诚"擅作威福诸恶"。

张氏之恶,多的不必说,只说两点:一是张勋的家人霍文炳,恣肆骄横,强夺都中子女,买邵皇亲(世宗祖母邵太后的娘家)等田庄不下数百余所,其市店遍布京城,积赀雄厚,都人号为"百乐川"。霍文炳其实是张诚的"白手套",他仗着张太监家的势积累的财富,当然都是张家的。二是张诚作为司礼监掌印,参与军政考察,借此营利,官员为了升官,动以千金结纳,甚至于诸王，如襄王、庆王等，也都向他行万金之贿。

侯廷佩的劾疏一上，马上批下来，圣旨未论张诚，先把言路批了一通，说："张诚谲狡巨奸，假作威福，胁骗亲王，肆横中外，尔等如何先无一言之忠，今已发露，方行参劾？"

对于张诚，念他"效役年久"，降为奉御，发南京孝陵司香（《酌中志》记为"降发南海子净军，看守墙铺"）。

张诚被贬后，他家所"霸占、势买（倚势强买）"以及本犯名下庄田财物，尽行抄没入官。所谓"入官"，就是抄入内府天库。

张老太监一场辛苦，全便宜了万岁爷爷！

可是张诚既未谋反，亦未谋逆，他的罪根本够不上籍没，结果万贯家财全让皇帝给端进内廷了，这不禁让人想起朱翊钧曾说过的一句话——"朕若贪张鲸之财，何不抄没了他？"朱翊钧抄没张诚，难道只因这奴才胆敢与主上结亲，而没有贪羡他家私的成分？

张诚原兼的司礼监与东厂二印，分别由司礼太监田义和孙暹接掌。孙暹提督东厂后接到的第一份指令，就是去籍没张诚的家产，这与张鲸籍没冯保一例。

霍文炳之弟侄霍文灿等也在抄没之列，霍文炳逃往徐州，由锦衣卫差官缉访。另有内官王玉、钱恩、李承德、李辅、耿进、马义、王用、马彰、萧玉、王忠、段秉忠、张懋忠、霍朝、王诏、乔进、马钦、金忠等十余人，都是张诚名下或亲信内臣，他们的名字也被录入圣旨，逐名查抄其所有的庄房和田地。

这是前所未有的大抄家，抄的主要是宦官。

和皇上攀过几天亲的张五老张勋和张诚名下太监萧玉、王忠，受祸最重，被斩于西市，其他人则长期监押。

万历三十四年（1606 年），司礼监太监陈矩奉敕大审京囚，以张桢监禁已久，请求将他释放，没有得到准许。次年夏天，京师大水，张桢等数人竟被倒塌的狱墙压死。朱翊钧去世后，还活着的乔进等数人才在泰昌元年（1620 年）秋天获释，至此他们已在狱中关押了二十四年！

熹宗朱由校在东宫时的"纪事"内臣高时明、伴读沈荫，都是张诚的名下官,他二人升做司礼监秉笔后,才具疏为张诚求复了原官,还讨了一坛谕祭,算是聊慰逝者了。

朱翊钧对张诚之"党"一网打尽,株连之广、惩罚之重,前所未有。

他在下旨查抄张党在京及在籍家产时,非常认真,多次重申,严禁瞒漏,还要求都察院给各地巡抚、巡按立下限期,尽快将各犯家产运送上京,不许稽缓。朱翊钧的这些动作,不能不让人怀疑,他对张案张大其事,甚至说"肘腋奸逆,张诚甚于冯保",可能只是贪图他的财产。当时的舆论,已有许多这样的猜测。

事实上,随着宫廷奢侈、开支日巨(比如一次朱翊钧上坟,就勒令兵部出银十万两,兵部拿不出这么多钱,他就强令兵部、户部和太仆寺等衙门分摊),还有宁夏之乱、朝鲜之役、播州之乱等"三大征"的持续展开,明朝的财政状况急速恶化。据统计,万历二十年(1592 年),宁夏用兵,费帑金两百余万。其冬朝鲜用兵,首尾八年,费帑金七百余万。万历二十七年(1599 年),播州用兵,又费帑金二三百万。战争接踵而至,国用大匮。万历二十四年(1596 年)三月,乾清、坤宁两宫发生火灾,第二年,皇极、建极、中极三殿又遭回禄。明朝府库空虚,左支右绌,宫殿修复工程一拖再拖,任那几架东倒西歪、焦黑如炭的屋架子留在那里,成为大明衰落的特大号标签。

但重建宫殿却给了朱翊钧揽财的借口,正是从万历二十四年起,他开始派出大批的宦官,到天下四方搜罗攫取财富。从此,"矿监税使"大兴,骚扰几半天下,大大折损了明朝的阳寿。

在这样的背景下,朱翊钧忽然抄没司礼监掌印(被视作太监中最有钱的一个人①)就不得不令人严重怀疑他的动机呢。

---

① 上部写到,太监刘瑾曾对武宗说,抄了司礼监,可得银数十万。此时的司礼太监,其富厚又非昔日可比了。

第六章　万历皇帝的疑心病

在人们的印象中，明神宗朱翊钧不是好皇帝，他二十多年不上朝，偏溺“妖姬”郑贵妃和他的胖儿子福王朱常洵，“荒淫贪婪”可以概括他的人生，“酒色财气”是他的特殊标志。

宦官在万历朝的气象如何呢？

万历年间，一大伙子“矿监税使”在各地捣乱害人，坏事干绝，甚至激变一方，骚扰时间长达二十多年。许多人据此认为，万历是宦官特别纵恣的一个时期，是明代宦祸的最后几个高潮之一。

固然，皇帝派出去猎取财富的这些狼犬在皇帝的偏袒下为所欲为，迅速淘空了大明王朝的统治根基。然而，如果撇开这些“宫廷财税官”的霸道，仅仅从政治层面来说，宦官在万历朝是没什么权势的，甚至比嘉靖朝还要衰落。许多大太监的命运，不是抄家，就是被一阵乱棍打死（包括因民怨太深被召回的矿监税使）。

只要细读史料，你会发觉，朱翊钧虽然常说“头晕”“动火”，并以此为由不上朝、不见大臣，其实他的头脑一点都不“昏”，他是一个精明、敏感、猜忌心重，而又智识平庸的皇帝。

下面通过几件具体的事来了解这位名声不佳的皇帝。

先说他读书。

朱翊钧喜欢读书，他读书的一个特点，是涉猎广泛，喜欢读时兴、畅销的书。

明宫内没有为皇帝专设的皇家图书馆（皇史宬、文渊阁都为藏书之地），也没有类似清朝上书房的机构，离内阁不远的文华殿本来是皇帝日常办公、处理政务的所在，自朱翊钧“端拱九重”后，基本上也是殿门不开，常年积灰了。朱翊钧读书，也就是随其日常所居，随其兴趣，读些杂书。

他读的书，多由司礼监和乾清宫管事牌子，专门到京城坊肆搜购（皇帝住在深宫，想吃点新鲜时令美食，读些市井新书，必须托宦官到市上去买。就是清朝末年，光绪皇帝对新知十分渴求，各国历史及变法类新书，也得御笔开列书单，然后让内务府去书肆或印书馆购买）。朱翊钧所读的，多为最新上市的新书，他的思想倒是不会与时代有隔膜。

朱翊钧的阅读面很广，如竺典丹经（道、释之书）、医卜小说、画像曲本，靡不购及。司礼太监们对皇上读书非常重视，好比太监陈矩在任掌印时，凡所进之书，必册册过眼，亲自审查。陈矩是万历中期著名的良宦，他进书时非常审慎，这就相当于形成了一道防火墙，将他心目中的“淫书”（淫书的概念除了诲淫诲盗之书，还包括那些可能对读者观念产生错误引导的书籍）加以过滤，而那些有助“涵养圣德”的书，则多多进呈。

据刘若愚回忆，像《人镜阳秋》《闺范图说》《仙佛奇踪》这样一些书，“每岁之中何止进数次，所进何止数十部哉”。

《人镜阳秋》，以人为“镜”，顾名思义，是一部镜鉴类的书。该书刊于万历三十八年（1610年），与朱翊钧少年时所读的《帝鉴图说》近似，收的都是有教育意义的历史故事，配以插图。《仙佛奇踪》又名《月旦堂仙佛奇踪》，编撰者为洪自诚（他另一部著作就是有名的《菜根谭》），此书前收道家，后收佛家，历代仙真一传一画，被清修四库全书称为“荒怪之谈”。现存世的明朝内府藏本，很可能就是万历皇帝亲自读过的那本！

《人镜阳秋》与《仙佛奇踪》两书的共同特点，都是一事（传）一画，每篇文字都配有精美的徽派木版插图。这些时新书，具有普及读物的性质，对象应是低龄或文化程度较低的读者群体。陈矩按照皇帝的喜好，选择这样的“低级读物”进呈，可见朱翊钧虽然好书，阅读境界却相当一般，四十多岁的皇帝，还读着与他十来岁的读物近似的“画本书”。

在刘若愚提到的三本书里，还有一本《闺范图说》，也是一种文配图的初级读物。从“闺范”二字可知，它是一部引导妇女培养“闺德”的书，作者是时任刑部侍郎吕坤。朱翊钧读后，觉得不错，把它推荐给郑贵妃。朱翊钧向贵妃荐书，可能真心觉得它通俗易懂，适合文化程度不高的郑氏阅读，也可能是希望郑氏借古事学学闺仪，做一个贤淑的好内助。他没料到，这本书将来会在政治上掀起轩然大波。

《闺范图说》及其引起的“妖书”大案，容后再述。

朱翊钧自万历十六年（1588 年）后，几乎不再出来上朝、参加经筵日讲、接见大臣，整日称病，在后宫“静摄”。

自他亲政以来，“事事惩张居正专权之辙，章奏亲览处分亲断”。朱翊钧深忌臣下揽权，便做不到与宰辅和衷共济，君主不信臣下，大臣便无权，大臣无权，还经常遭受言路小官的无端攻击。挨了气，还没处说理去，只有“三告”——告假、告病、告退，除此别无办法。张居正之后的内阁，从权威上来说，已是日薄西山，一刻不如一刻，自正、嘉以来的首辅政治，已然终结。“监阁”只有一体，才能充分发挥作用，如今内阁疲软，司礼监也硬不起来。从这个意义上来说，万历间的司礼监，也是相当弱势的。

内外辅臣在政治上软弱的状态，常让朱翊钧感到不便。

比如万历十九年（1591 年）时，内阁辅臣三人，就有二人告病不出。朱翊钧自己也说过，皇帝是朝廷之心，阁臣是臂膀，如今臂膀没了，他也落得一个“有心无力”。政事料理不开，他也急啊！不得已写手诏慰安阁臣，说：

今内外章奏，每日朕自亲览，应行的朕自批拟，其中边方重务、品骘官员、紧要文书，自初六日至今，堆积盈几，是朕孤立于上，卿可忍乎？孰不可忍乎？书云：“君逸臣劳。”用臣犹子代父，卿逸卧在家，心可忍乎？不可忍乎？

其言语何其动情！阁老先生们，你们快回来办公吧，奏章都把御案堆满啦，我一个人孤立在上，搞不过来呀！

他也晓得“君逸臣劳”的道理，但“臣劳”的前提是君主放权，可是他对臣下猜忌太深，在外的阁臣，在内的司礼监，他都不信任，尤其防忌阁臣与司礼监“合体”欺蒙他。

刘若愚讲了一件事,很典型。

他说太监史宾多学能书,是个人才。刚好朱翊钧想要用一个得力内官到司礼监做秉笔,忽然想到史宾,正寻思此人可用不可用,嘴里念叨了两句,被皇贵妃郑娘娘听到了,就随口在旁帮了个腔,说了几句史宾的好。

看官不都晓得朱翊钧特别宠溺郑贵妃嘛,史宾的提拔问题这下可以解决了吧。然,大错特错!郑贵妃这一句帮衬的话,非但没有起效,反而让神宗心里一动,怀疑史宾有钻营宫闱的行为,否则贵妃怎肯替他说好话!大概郑贵妃也是不见兔子不撒鹰的主儿吧。这可犯了万岁爷的大忌,朱翊钧二话不说,立将史宾贬到南京。

史宾没冤死,因为他还有一回更大的冤屈要受!

过了几年,这件事情渐渐淡忘了,史宾又慢悠悠转回京,仍在司礼监文书房供职。

一次,因为一件要紧的旨意要发到内阁,按照惯例,该由文书官排名第一的太监亲自捧送到阁,史宾在文书房太监中正好名列第一,他就亲自跑了一趟。等他回来覆奏时,朱翊钧也没搞清楚状况,忽见史宾巴巴地跑去内阁传旨,登时想起他当年"钻营宫闱"的旧事,登时大怒,以为这家伙还不老实,借传旨"夤缘往阁中见辅臣也"!于是趁怒一脚,又把史宾踢回了南京。

这回史宾惨啦,在南京蜗居二十多年,直到朱翊钧驾崩,才回到北京。

史太监这只倒霉蛋,从南滚到北,从北滚到南。从这件事我们却可看出,神宗是一个精察、疑心很重、性情敏感的人,在他身边是不好当差的,所以经常有宦官因为做错了事,被杖责致死,搞得宫里人人害怕,以到皇帝身边办事为险途。

神宗如此精察,为何把国家搞得一团糟呢?

我觉得还是体制的问题。日趋衰落的皇权与日益高涨而腐败的官僚体制发生了严重错位,互相掐、斗气。皇帝越是想有所作为,却越难有所作为,神宗与外官小臣斗了半辈子,最后实在没辙了,干脆撇开官僚,直接派出一批宫廷宦官,一竿子插到底,由着他们去胡来,明朝就更乱了。

第七章　太监中的双璧：田义与陈矩

继张诚掌司礼监的，是太监田义。东厂大印，则由孙暹接过。孙暹值得提一下的是，他是著名太监魏忠贤的本管官，魏忠贤是他的名下。这个裙带关系，我们后面再讲。

如果仅从事迹上来说，田义不是个知名的太监。

在猜忌多疑的万历皇帝手下做事，就是贵为首珰，也难以在政治上形成多大的影响力，这是冯保之后太监权势的总体状况。但说起田义，还是有许多人知道，这缘因北京磨石口（石景山区模式口）有一座太监博物馆。这座中国唯一的一座太监主题博物馆，位于地下。难道是公公的事见不得人？不是，因为博物馆是借别人的地盘建的，馆区原是一座明代太监墓，就是田义的坟墓。从其遗存来看，田义墓规模很大。田义有能力为自己修建豪华的坟墓，足见他不差钱，是一个富太监。

太监有钱，不能说明他就是一个坏太监。相反，田义为人还不错。

田义是陕西华阴人，生于嘉靖十三年（1534 年），九岁时选入内廷，送内书堂读书，隆庆中迁司礼监六科廊掌司。万历二年（1574 年）拔入文书房管理章奏，累迁至内官监太监。万历十一年（1583 年）任南京副守备，以南京司礼监太监兼掌南京内官监印。万历十四年（1586 年）转正守备，兼掌南京司礼监印。万历十七年（1589 年），特召入（北京）司礼监，随堂办事[1]，不久管理本监事务，总理中外文书，提督教习，兼督礼仪房，又掌司苑局、巾帽局印。万历二十四年（1596 年）正月张诚罢后，升掌司礼监，兼掌酒醋面局印，总提督礼仪房。万历三十三年（1605 年）八月卒于直庐，享年七十二岁（大学士沈一贯著《乾清宫近侍、司礼监掌印兼掌酒醋面局印、总

---

① 随堂与秉笔一样，都是司礼监职衔。司礼太监中只有系秉笔、随堂衔者方能“参与机务”。

督礼仪房司礼监太监渭川田公墓表碑铭》)。

在刘若愚的笔下,田义"性俭朴寡言,休休有量,人不敢干以私",且为人"贞介忠诚,有大臣度"。

田义性格严厉,但他和秉笔太监陈矩(陈是刘若愚的本官,在孙暹之后提督东厂)关系很好,凡司礼监典礼政务,二人"开诚协济,裁酌施行"。

刘若愚记了一件事,说万历二十四年(1596 年)夏天,田义偶与陈矩夜坐,谈及国事,仰天太息。二人谈到很晚才散去,第二天大清早,陈矩又来了,将两纸奏稿交到田义手里。

原来昨夜陈矩回到值房后,心急国事,夜不成寐,遂披衣起床,将他与田义所议最紧要之事,连夜草成两本,赶早过来拿给印公过目。

田义接本在手,见两本分别讲了两件事,都是以自己的名义起头。一本说:"臣(田)义等窃见近日以来,外廷章疏留中不报者多,以致部院屡行催发,间有疑惑议论,左右朦胧隐蔽,不行进奏。伏乞万岁爷简览批。"

这是昨晚他们谈得最多的。

近年来,皇帝怠政,批处奏章日益迟缓,大量本章积在御前,不能及时疏通;就是奉旨办理的事情,各衙门不敢马虎,加急处理,可等事了奏进去,皇帝照样不给回音。在明代,"章疏即是政事",朝政依靠本章的运转来推动,大量本章积在内廷,要么"留中",要么"不报",已严重影响到政事的施行。外臣不晓得缘故,纷纷责怪司礼监"朦胧隐蔽,不行进奏"。田义和陈矩都是司礼监秉笔太监,本章之事,职责所关,不容不言。

此时的朱翊钧,一方面揽权不放,无法发挥内阁和司礼监的主动性,一方面终日与少年科道争闲气,到后来干脆故意扣住本章不发,几乎令朝政停罢,许多衙门官员开了缺,都没法及时补上。而无论是外官请"疏通",还是司礼监"乞简发",一概不报。陈矩在这一本里说"本章在御前,唯皇上得而批发",诚为实情,那种认为宦官肆意蒙蔽作奸的说法是不符合事实的。

田义声音嘶哑,音量却大,他看完这一本,连声道:"好、好!"又打开另一本,这一本是劝皇帝善待御前服侍的宫人与内官。

上文讲万历十八年(1590年)正月初一日,朱翊钧在召见内阁三臣时,曾自辩,宫里死人,比如因疾而亡,也是常有的,怎么说都是我打死的?

看官,凡议明代的廷杖,可莫只盯住外廷书生的屁股,那宦官无蛋的屁股蛋儿上,挨的打着实更多、更狠、更要命。

万历皇帝脾气非常坏,动辄发怒,乘怒则拿御前执事的宫人和内官撒气,受杖者络绎不绝,时时有人因伤重又不幸患上时疾而毙命。

朱翊钧不单脾气不好,打人"殆无虚日",而且传旨打人时,急如星火,当日传旨,当日就须用刑。皇帝这般急法,还不知那宫人或内官如何触怒皇上呢!押解犯人和用刑之人见龙颜震怒,害怕自己受牵连,不敢稍有宽假,用过重刑后又日夜墩锁,使得犯人得生者十无一二。

陈矩举例说,好比本年(万历二十四年)两宫火灾,为追查责任,炽火锻炼,或成灰烬,已打死多条人命。又宫人病死,也往往连累内官,或打一百二十、一百五十,性命难存。而外臣廷杖,多不过二十、三十、六十,可见同为"法外"之刑,廷杖施之于内官更厉。在严厉的杖刑之下,很少有内官能够活下来。

陈矩慨叹,一人病死,尚然可悯,况又波及无辜生命乎?今耳闻目见,哭声载道,怨气冲天,如此惨状,致伤天和,岂是圣世所宜!

读罢两本,田义奋袂称赞道:"陈家写得太好了,我来签名。"当即援笔,在稿末签上自己的名字。

这两本都通过密奏的方式进呈。朱翊钧读后,表示"嘉纳之"。嘉纳之意,相当于说"你们的意见很好,我一定改正",是给予肯定的意思。

以上记事,见《酌中志》卷五"三朝典礼之臣纪略"。刘若愚说这两本是"密谏",但我翻阅《明神宗实录》,在万历二十四年(1596年)六月分别发现这样两条记事:

壬寅日,司礼监太监田义奏乞检发内外诸司章疏。不报。

丁未日,司礼监太监田义奏乞宽宫人、内官刑罚。不报。

实录所记与《酌中志》略有不同。首先,如果是密谏,当用密疏,但这两本间隔五天,相继奏上,并且被载入实录,应该是用题本,而不是密疏。其次,神宗对两本的意见,刘若愚说是“嘉纳”,实录说是“不报”。嘉纳与不报没有本质的不同,但嘉纳总还有一个赞许的态度,而不报则是置之不理,两者还是有些微的差别。我的理解是,刘若愚是内官,他大概能听到皇帝对田义进谏的嘉许态度,但此本并未下(六)科发抄,皇帝的态度不为外廷所知,这便是“不报”了。

田义以司礼监掌印的身份进谏,可能多少对神宗有所影响,他的奏疏不仅被收入实录,也被大学士沈一贯写入他的墓铭里。其中有这么一段:

上(神宗)严于御下,左右近臣,虽夙所爱信,稍不当意,即得谴以去。独公(田义)始终宠遇不衰,禄米岁增至六百余石,官弟侄若干人。

从张宏、张鲸、张诚、史宾等太监的例子以及田义之本所言皇帝动辄杖责御前执事近臣来看,神宗朱翊钧确乎是“严于御下”的。

田义在皇帝那里“宠遇不衰”,在廷臣中声誉也较好,这除了他家下用事掌班太监赵刚、杨致中广交缙绅,注意了解舆论,主要还是田义能站在同情舆情的立场,对皇帝多有规谏。

自万历二十四年(1596 年)三月宫灾后,矿使四出,又兼之税监,闹得人情汹汹,内而勋戚大僚词臣科道,外而各省抚按,合词力诤。据实录所记,田义也曾同皇帝进行过激烈的抗争。万历三十年(1602 年)时,朱翊钧一度重病,自以为不治,已经将太子托给首辅沈一贯,并且传谕撤除矿监税使。可第二天他病情好转,马上就后悔了,又派太监到内阁要取回前谕。沈一贯不给,太监急了,甚至给首辅磕头请求。当阁臣在外力争时,田义也在内力劝皇帝不可言而无信。他说个不停,朱翊钧被他惹急了,作势要斩杀他。田义不惧,言之更力。就在这时,太监却已经说服沈一贯,拿着前谕回来缴旨了,结果一次撤除矿税的大好机会就这么失去了。后来田义见到沈一贯,还吐唾数落他道:“相公你只要稍稍再坚持下,矿税就撤了,你为何胆怯啊!”

田义算得上万历中叶一位较为贤能的大太监。看官有机会去参观太监博物馆时,当对他有更深的认识。

万历二十六年(1598年)春,太监孙暹卒,东厂由陈矩接掌。田义去世后,陈矩又继掌司礼监印,然不辍东厂之差,这是张诚之后又一位以印公兼厂公的例子。

陈矩是太监刘若愚的本官,刘在《酌中志》中专辟一卷"先监遗事"介绍他。

有意思的是,陈矩首见于史料,是在王世贞编辑的《中官考十一》里,说的是万历十年(1582年)十二月初八日,锦衣卫于会极门接奉圣旨,着锦衣卫帅刘守有等,同司礼监太监张鲸并监官、典簿等,各带官校长随,封锁太监冯保并其弟侄、亲信家财庄宅,抄没入官。陈矩就是其中的一名典簿①。

说明陈矩在万历十年时,已任司礼监典簿一职。

万历二十四年(1596年)正月,在会极门传奉圣谕,命将张诚弟侄张勋等革职为民的,也是陈矩。此时他已升任秉笔。遂于孙暹、田义死后,接任其所遗提督东厂、司礼监掌印之职。

陈矩作为兼掌东厂的司礼监掌印太监,在他任职期间,恰逢朝廷发生了围绕"国本"之争而发生的妖书案,陈矩对大案的平息、朝廷的稳定,发挥了重要作用。

第八章　"国本之争"大略

太子,是为一国之本、国之储君,故称"国本"。

朱翊钧所立的太子,是他的长子常洛。

常洛生于万历十年(1582年)八月,他是朱翊钧"私幸"其母的结果。

皇帝看中某位宫人,忽然意动,临时起意,和她发生性关系,是常有之事。因为皇帝临幸关系到皇嗣,不是小事,要由随侍的文书房太监记在《内

---

① 典簿居于奉御之下,掌管各监簿籍及收支数目。

起居注》[1]里，注明幸于某年月日，以及所赏为何物（事完赏点东西，不是留个念想，而是留下物证，好以备将来查考）。

说句题外话，可惜这样的“笔记”没能保存下来，不然将是古代宫廷史研究的重要资料。比如明朝皇帝多短寿，有人说是“荒淫纵欲”死的，明代皇帝纵淫不纵，一查他们的性生活档案就知道了。

将皇帝的性生活如实、详实地记录下来，是很有必要的。因为皇帝妻妾（有封号者）众多，除此之外，他还有数不清的可能性伴侣，即所谓后宫“佳丽三千”是也。理论上，所有后宫女性（包括普通宫女），都有接受皇帝宠幸的义务（反过来说，这也是她们努力争取的权利），谁运气好，入了龙目，登上龙床，盖上龙被，受龙翻起的云雨，设若运气再好点，怀上龙种，就有机会翻身“做主人”了。

这样的机会，虽然稀罕，但确实是存在的。

比如宪宗成化年间，一名姓纪的守藏女官，偶然被宪宗看了一眼，一幸之下，竟怀上了龙胎，十月期满，生下一个男孩。临幸一名宫女，对宪宗来说，就是一次再寻常不过的宫殿猎艳，连一夜情都够不上，他哪里记得住！男孩都六岁了，他却毫无所知。而宪宗多年无子，想儿子都要想出毛病了。忽然有人告诉他，万岁爷您早已有一位皇子了！宪宗喜出望外，马上派人把孩子迎来，旋即立为太子——这孩子就是未来的孝宗（其事的波折，详见《大明后宫有战事》）。史书上没有记载，宪宗有没有赐物、太监有没有记录，但应该是有的，因为那孩子“从无到有”，忽然冒出来，他的身份没有任何人质疑。

皇帝青春年少，精力旺盛，就容易像宪宗一样，动不动来个不长情（有欲，无情）的宫廷艳遇（只可惜，万岁爷的活动范围被限制在皇城苑囿里，没

---

① 《起居注》分内外。外起居注由翰林院官员撰写，记录皇帝的政务活动；内起居注由司礼监文书房官负责，主要记皇帝在内廷的言行。明朝在洪武时有起居注，后废，万历初年在张居正的倡导下恢复。现传世有《万历起居注》，为外注，内注则不可寻矣！

法到更广阔的天地去“采集狩猎”)。

尽管神宗朱翊钧有一位非常宠爱的妃子郑氏,但男儿的情欲就像春风,根本不可能被一根“弱柳”拴住。一天,朱翊钧到母后宫里闲坐,叫水洗手时,眼睛瞟到端水的宫女,忽地心中一动,当下二话不说,“悦而幸焉”。

这女子姓王,与朱翊钧的皇后同姓。王氏是个福人,就受了这一次雨露,她就怀孕了。

李太后得讯大喜,在一次内宴上,特将王氏唤来,指着她的肚子对皇帝说,这是你的孩子,我的皇孙!

朱翊钧的脸倏地红了,他却装起糊涂来,做出不知其故的样子。

太后不急,笑盈盈地提示他,朱翊钧却蒙着脸,只是否认。

皇上这是要赖账啊!

太后也不含糊,命人取来内起居注,翻开某页,上面分明记着:某年、月、日、时,万岁爷幸王氏于某地,事毕赐头面一副(就是一套首饰)。老娘拿着账本,要偷吃的儿子认账。

朱翊钧仿佛猫儿偷腥被当场捉住,羞愧难当,无言以对,他对突然要当爸爸的消息,不仅毫无惊喜,还有着强烈的抵触情绪。

李太后道:“吾年老矣,犹未及弄孙。倘生男,宗社福也,何必相讳?”她以为朱翊钧只是害羞,毕竟他才十九岁,对公开谈论男女之事未免会觉得难堪。

第二年,也就是万历十年(1582 年),王氏果然不负太后之望,生下了庶长子朱常洛。

“元子”诞生,是普天同乐的大事,朱翊钧按照惯例,坐殿接受百官朝贺,告祭郊庙社稷,上两宫太后徽号,颁诏大赦天下。然而万岁爷心中不乐,还是从一些明显的细节显现出来了。比如,王氏母以子贵,礼当晋封,却只封了个寻常的恭妃。而三年后,当郑氏生下皇三子常洵时,一下子就封为皇贵妃,仅下皇后一等。王恭妃直到皇长孙朱由校出生,才进封皇贵妃。亲疏厚薄,如此不同!

这还不是一时的"恩礼从薄",恭妃娘俩儿,终其一生,都在寂寞和冷遇中度过。而一宫之隔,郑贵妃母子却是花团锦簇,蜂蝶趋附,无比荣耀。

皇帝做事不公,引起了外廷的警惕。

给事中姜应麟首先上疏,把皇帝羞答答的盖儿给揭了。他提出来,进封必须有序,应先封生了皇长子的王恭妃,再封生了皇三子的郑贵妃。他还说,这不是皇帝家的私事,它关系到"重储贰、定众志",是天下大事。姜应麟还请求"明诏册立元嗣为东宫",就是立长子常洛为太子。这是朝臣首请建储第一疏,也是万历朝二十多年"国本"之争的第一道硝烟。

朱翊钧对此当然极为痛恨,下旨将姜应麟这根搅屎棍降为边方杂职。

不单朝臣,李太后对朱翊钧的不公平也表示了不安。王氏是她宫里的人,又诞下了皇长子,她自然是同情王恭妃而不满于专宠的郑贵妃的。她故意问朱翊钧:"外廷诸臣多说该早定长哥,如何打发他?"

外廷臣子都请求早立常洛为太子,你说说,这事该怎么办?

朱翊钧胡乱道:"他是都人之子。"

宫里的称呼,都人就是宫女。朱翊钧嫌常洛的母亲是宫人出身,身份低微,这孩子也不配立为太子。

不料朱翊钧这一句口不应心的话,正戳中他妈妈的心事,李太后把脸一沉,道:"母以子贵,宁分差等!别忘了,你也是都人的儿子!"

李太后当年在裕邸,也是由"宫人进御",生下朱翊钧,并母以子贵,成为今日的慈圣皇太后。

朱翊钧自知失言,忙惶恐认错。

太后见皇上知错,便和颜悦色,晓之以理——不过说些母以子贵的话,劝皇帝不要歧视孩儿他妈,毕竟那孩子是你的长子。

朱翊钧虽然对母亲的话无法苟同,但也不争,对册立之事,他是兵来将挡水来土掩,只捏住一个拖字诀。

对母亲的催促是如此,对来自外廷的舆论压力,他也是这法儿。但托辞则有所不同，他最常用的解释是：皇后还年轻，说不得哪天就生了嫡子[①]，何必着急立嗣呢！

在册立东宫的事情上，十余年间，大臣小臣不断上言，催促立朱常洛为太子。朝臣并不知道他们拥戴的朱常洛是贤是愚，他们拥戴朱常洛，只因他在皇子中年纪最长。廷臣一致认可朱常洛为大明唯一合法的储君，别人（尤其是郑贵妃之子福王）就想都别想了——“小龙”有全体朝臣保护着呢！

在拥立常洛一事上，形成了长期、持续、强大的舆论力量，竟使“天子一怒，血流千里”的帝王权威失效了。

这并不说明臣子抱团可以形成令君主屈服的威力，它显示了朱翊钧统治地位的弱势——想当年，同样很弱势的景泰帝，想换太子，都能如意，朱翊钧却做不到。在位近半个世纪的万历帝，却是明朝历史上最为弱势的皇帝之一。海瑞骂皇帝，至少他还以为必死，先为自己备下棺材，而万历中臣子骂皇帝，不仅不必担心被处死，还能获得巨大的声誉，宛如英雄一般，这可真是咄咄怪事！

在太子的事情上，朱翊钧承受了巨大的压力，他没有力量将反对声音压下去，毅然易储，又不愿违心地立常洛为嗣。“国本”大事，便在君臣的僵持中，无限期地拖延下去。

郑贵妃很苦恼，心怪皇帝夫君不争气，明说暗讽都不济事，只能恨铁不成钢，她假装开玩笑，还给皇上取了个“老妈妈”的外号。朱翊钧明知是爱妃在讥刺他，却也只能装聋作哑。

可是儿子能不能被立为太子，关系到她母子的未来，兹事体大，容不得朱翊钧打马虎眼。从福王出生那天起，贵妃就立定主意，一定要让福王做

---

① 皇后是皇帝的正妻，所生之子为嫡子，拥有无可争辩的继承权。其他妃嫔（皇帝的妾）所生，都是庶子。嫡子的继承权是优于庶子的。朱常洛是朱翊钧的庶长子，朱翊钧推说等皇后生嫡子，实际上还是拿朱常洛的身世说事。不过，他的皇后一生都没有生下皇子，朱常洛到底还是占了年长的优势，最终被立为储嗣。

太子。她晓之以理，动之以情，急时忍不住眼泪滴答，祈恩乞怜，不断给老公施压。可朱翊钧总是嘴上答应，就是没有行动，而随着时间的推移，外廷要求立朱常洛为储的呼声越来越高。由于皇帝始终不应，廷臣在进言时，开始明里暗里把矛头指向郑贵妃。郑贵妃真急了，要求朱翊钧立誓，纵使今日不立，将来一定也要立福王为嗣，不能立朱常洛，天子金口玉言，您得给我保证喽！

朱翊钧何尝不与爱妃同心！群臣试图强迫他立朱常洛，令他十分厌苦，他能顶住压力已经不错了，遑论更立福王！贵妃怪他优柔寡断，他也就依着优柔寡断的性子，答应立誓。应贵妃之请，二人携手来到西上门外的大高玄殿，于神前上香，在真武大帝的监督下，朱翊钧写下立福王为嗣的誓词，然后封在一只玉匣里，交给贵妃保存。

郑贵妃满心欢喜，以为大事已定，虔诚地拜谢过真武，又拉过福王，叫他叩谢父皇。她全没留意皇帝脸上迟滞而复杂的表情，更没料到，皇帝答应与她立下秘誓，仍是在使拖字诀。只要能将这件烦心头痛之事再拖一拖，贵妃要他怎么做都成。

假如朱翊钧有能力做到，一奋龙威即可，哪里需要立誓？即或立誓，又何必秘？郑贵妃从朱翊钧立誓，看到了老公对她和儿子的爱，而我则从中看到了万历皇帝的软弱和可悲。

在廷臣的力挺下，朱常洛母子的境遇逐渐有所改善。

之前，朱翊钧对长子的成长完全是忽视的。朱常洛已经十三岁了，古人成熟早，十三四岁就已“成丁”，到了该为国家承担劳役义务的年纪，算是成年了，可他还和妈妈王恭妃一起住在景阳宫。

郑贵妃始终将这个不断长大的孩子视作最大威胁，她向孩子的父亲进谗说，皇长子“好与宫人嬉，已非童体矣”，说常洛常与宫女厮混，已失了童子之身。

朱翊钧平日对长子不管不问，一听说长子性生活不检点，他倒来气了，马上派人去景阳宫查验。

王恭妃见到来使，悲痛道："我十三年来，与常洛同起卧，不敢顷刻相离，正为今日，今果然矣。"她早看出，郑贵妃一定会设谋陷害朱常洛，今果不其然！亏得这些年谨小慎微，不让孩子稍离左右，不然真是有口莫辩了。

王恭妃真是又气愤又庆幸。

一俟来使回去，照实回奏，朱翊钧了解到真相，不禁对王恭妃母子增了些怜惜，对郑贵妃的用心多了几许反感，以后贵妃再说话，也不轻易入耳了。

也是因祸得福，经过这件事后，朱翊钧开始关注长子的教育问题，就在当年，命朱常洛出阁讲书。而以后的事情——行冠礼，册立，成婚，也就顺理成章了。

廷臣的基本愿望总算达到了，他们该开心了吧？否也，这才是万历君臣置气、斗气的开始呢！

朱翊钧在宣布皇长子明年出阁讲学时，顺便要求"一切仪从俱从简略"。这要是切换个时空，群臣就得赶紧上本吹嘘，盛赞皇帝的"俭德"。可万历朝的舆论环境却是完全颠倒的，小臣们专爱鸡蛋里挑骨头，以数落皇上的不是为美德，以"进谀颂圣"为奸邪小人。

朱翊钧前脚刚传旨，让各衙门省着点，不要铺张，后脚就来了个叫张贞观的礼科给事中。他上本说，皇长子出阁讲学，讲读官都请好了，皇上您怎么不着急呢，还等明年？兵部奏请安排护卫，工部请制造仪仗，礼部请定仪制，您怎么不赶紧批复呢？虽说仪从从简，可您只许将皇长子出阁之事预告奉先殿，讲学时朝谒两宫太后，其他礼仪一概停免，这也太寒碜了吧！

朱翊钧减免朱常洛出阁读书礼仪，本不想太过刺激郑贵妃，也担心礼仪太重，臣僚会借此做文章，更把朱常洛当太子来敬了。他想，让朱常洛出来读书，已经是做君的让步了，臣僚不至于还有话说。不料，廷臣真会找话题，竟拿出阁礼仪来挑事。朱翊钧心中烦躁，便以张贞观"邀功阻渎"，罚俸一年。

明朝京官穷，停发一年俸禄，是很严重的经济惩罚。谁知小官们要得名，不怕穷，这边刚罚了礼科给事中张贞观，那边又来个工科给事中黎道照。他说，皇长子出阁，有旨下户部买金珠宝玉，由内府造办所需仪物，皇上您这就不对了，皇子读书，“所亲者师儒，所重者道德”，何必让珠宝玩好这些俗物乱皇子之心呢？他又为张贞观求情，说张贞观所言都是他职掌内的事，您罚他俸干什么？

朱翊钧鼻子都气歪了，仪礼从简你们有话说，让买金珠你们还有话说，讲完了还指责朕躬，互相营救！他当即刷一旨，以黎道昭“党救同类”为由，同样罚俸一年。他还使出一个新招，但凡他处分过的人，如果有人来救，那就加重处罚。为此张贞观由罚俸改为降杂职，调外任用。

朱翊钧这么做，明显是在使气。

皇帝不讲理的行为，不仅没能震慑住臣子，反而引起他们新的议论。随即吏科给事中许弘纲上疏，指出一个倾向：

“自从皇上以‘渎扰’责言臣，而臣子之言越来越轻；自从皇上怀疑臣僚以‘同党’相救，臣等获罪越来越重；自从皇上因臣下进言而加重其罪，臣子们的效忠之路越来越堵塞。”

“这样下去，”许弘纲理直气壮地说，“他日国家有大奸邪、大政事，谁还敢为皇上争是非？您这么做，怕不是社稷之福吧！”

许弘纲疏递上去，这回朱翊钧不说他“渎扰”，也不说他“党救”，直接传旨，罚俸一年，同时再次加重对张贞观的处罚，将其革职为民。

可怜张贞观，本来只是罚俸，却因同官（他们三个人都属六科）相救，搞到把官弄丢了。谁让他是“祸首”，第一个放炮来着呢！

这一次短兵相接，只是未来二十多年君臣缠斗的开始。

皇长子朱常洛出阁，群臣取得第一回合的胜利。然而，从朱常洛十三岁出来读书，到万历二十九年（1601年）十月正式立嗣，还有漫长的六年时间……

第九章　打忠臣，太监手下留情

在明末舆论的大环境下，“言路”做先锋，领头骂皇帝。而论者亦多无所顾忌，恣其谈锋，或传播谣言，或编写图谶文字，妄议朝政、指斥宫闱的现象非常普遍。乱象纷呈,是明末"言论自由"的一个非常突出的特点。

对民间"非议朝政",朱翊钧深恶痛绝。几年前,布衣山人乐新炉并未发表什么出格的言论,只因他飞弹时政,引起朱翊钧的憎恨,就将他用残酷的立枷之刑处死。

对那些可能危及朝廷稳定的言论,官方称之为"妖言",妖言写成图书文字,就是"妖书"。妖言妖书不一定都是宣扬神秘果报的迷信邪说,或煽惑愚民的巫蛊之术,那些妄议时政的言论,亦可为"妖"。

本章要讲的"妖书案","妖"即是此义。

在万历二十五年至二十六年(1597 年~1598 年),北京书市上忽然出现一本很令人关注的书,名叫《闺范图说》。从书的内容看,没有什么特别,也就是编选历代女德故事,再配以图画,是当时通俗读物市场十分流行的形式。这本书也不是新书,它是时任刑部侍郎吕坤过去在山西做按察使时编写,几年前就已付梓,没什么人注意。直到它再次出版,才引起人们的关注。

前文讲到,这本书被太监选中进呈,成为御览书目,并由朱翊钧作为推荐读物赐给郑贵妃。

郑贵妃读过后,意犹未尽,在万历二十三年(1595 年)秋天,捐资重刊再版《闺范图说》,并且以自己的名义冠了一个新序。

后妃编、刻女德之书,是不同寻常的。

比如《女则》一书,就是唐太宗的长孙皇后编写。女则者,为女子做"则"(树立规范)也。

明代史上也有后妃编写类似读本,如成祖徐皇后,著有《内训》二十篇。世宗母蒋太后,编有《女训》,并亲自在宫中宣讲,皇后率六宫嫔御都来听讲,该书还在嘉靖九年(1530 年)颁行天下。神宗母李太后,也编有《女鉴》一书,命宦官"教六宫"(由宦官在后宫宣讲),奉命"督教事"的,就是司礼监太监张宏。

看过以上数例,就很清楚了,为天下女性制定"闺范""闺则"的,只能是母仪天下之人,要么是当朝皇后(徐皇后),要么是天子之母(蒋太后、李太后）。对此郑贵妃心知肚明，她肯定还参加过婆婆李太后的新书发布会呢！在新刻《闺范图说》的序言里，郑贵妃并不讳言，她是学上述几位母后。但问题是，郑贵妃您是哪位呀？可曾掂量一下身家？您既非皇后，也非帝母，却出头来为天下女性编则范之书，岂止是僭越，直教人怀疑她居心不良了！许多人猜测，吕坤者，借此书“媚内”，郑贵妃则借吕坤之书为谋夺储位大造舆论。

郑贵妃居心叵测，便有人想到以其之道还治其人之身。二三年后，市上突然出现一本自称是跋《闺范图说》的书，名为《忧危竑议》。书的作者题为“朱东吉”，这个化名显然含有深意。朱为国姓，东指东宫，“朱东”明指立储之事。该书以一问一答的形式，指出《闺范图说》是为贵妃夺嫡张目之书，郑贵妃为之作序重刊，是在为母仪天下做舆论准备，故称为“吉”。

《忧危竑议》是给事中戴士衡私撰。“忧危”二字的来历，是《闺范图说》的作者吕坤曾上过一道“忧危疏”，吕氏“忧危”，忧了许多事，却只字不提“国本空虚”，故此戴士衡将矛头直指吕坤。他除了借制造私书大造舆论，还在参劾吕坤的奏疏里，指责吕坤“潜进该书，结纳宫闱，包藏祸心”，并借此请皇上速行册立、冠婚诸典。①

多年来，皇帝不立储，许多人关切国本，却无以进言，《忧危竑议》一出，等于揭开了盖子，将立储之事的症结直指郑贵妃。此后舆论就像开了闸的洪水，喷薄而出，而且一边倒地要求皇帝立即册立皇长子朱常洛为嗣。在强大的舆论面前，就连郑贵妃的哥哥都被迫上疏为贵妃辩护，并且请求速立朱常洛为太子。

为着皇帝的家事，纠纷不断，烦恼不断。

万历二十八年（1600年）十月的一天，担任皇长子讲官的中允黄辉，因为讲读之便，经常接触宦官，打听到一些重要消息，说朱常洛母子待遇很差，王恭妃生了重病，可能不讳。皇后的身体也很差，皇帝却不闻不问。最

① 吕坤实是冤枉的，但他既无辜卷入此案，则不得不黯然引咎辞官。

近宫里都在传，说一旦皇后去世，郑贵妃将登上凤位，福王就变成了嫡子，他将顺理成章地被立为太子。

黄辉听了，非常着急，可他不是言官，无权上疏来争这些事。于是找到给事中王德完，对他说："此国家大事，中宫若旦夕不测，书之史册，将谓我朝廷无人呢！"

王德完是个敢作敢为的人，他马上表示，此事不可不言，让黄辉先打个底稿，他润色后再以自己的名字奏上。疏中说："时下道路喧传，都说皇后与陛下不相得，中宫役使者仅仅数人，皇后娘娘以此抑郁成疾，朝不保夕。臣闻之不胜惊疑。"

王德完此疏虽为皇后所发，到底还是为了朱常洛，所以在请"笃厚中宫"外，也提到王恭妃"抱病独居，视药无人"，意在"保护皇长子"。

王德完是以儿子对父母的忠爱之心来讲这件事，不料曝光了皇帝的隐私，朱翊钧勃然震怒，以王德完"故听流言，扯遮离间"为由，将他下诏狱打问。

内廷之事，外臣不得详知，得之传闻者，可能有真有假。比如神宗之王皇后，她和朱翊钧的关系不亲密，肯定是事实。皇后多病，假如真的死了，郑贵妃乘机入主中宫，接替后位，对朱翊钧和郑贵妃母子来说，自是皆大欢喜。可王皇后要强得很，她病而不死，坚强地活着，就是要让"狐狸精"的美梦落空。果然她做到了：王皇后奇妙地与朱翊钧死在同一年，只比丈夫早走三个月！在她死后，以国母之尊，与丈夫合葬在定陵，而活着的郑贵妃只能干瞪眼，无可奈何。

当然，这样活着，也很辛苦……

我们回过头来，再说王德完为中宫说话，干涉皇帝家事，将宫中丑事外扬，大大激怒了朱翊钧。对这样"多嘴"的人，朱翊钧毫无耐心，惩罚也是极其严厉的，既不罚俸，也不降官，而是令锦衣卫将王德完押到午门外，"着实打一百棍"，然后革职为民——打了再滚蛋！

每当一个臣子因言获罪，马上会有一大帮廷臣跑出来"论救"。这回出来说好话的，是吏部尚书李戴和给事中杨应文、御史周磐等人。朱翊钧均报之以严旨切责，但对大臣和小官，还是有所区别：李戴是大臣，须留体面，批评了就完事，可对杨应文、周磐这样的小官，骂了还要罚俸。

当时的首辅大学士沈一贯正请病假，在家休息，听说要廷杖王德完，忙伏病草疏，为他求情。

朱翊钧不加理会：王德完，一定要打！

朱翊钧派出监杖的，是司礼监太监陈矩。

陈矩提督东厂，深知一般人犯，就是铁打的身子，也难以熬受一百棍，何况还要“着实打”！他心里清楚，皇上要求“着实打一百棍”，就是要将王德完毙于杖下。

陈矩是个敬佛性慈之人，不忍下此毒手，而且他对王德完的进谏，实际上非常认同，只是拘于身份，不敢妄议，可是他岂肯将忠臣打死！

监刑者有这样的心思，王德完就绝无毙命之虞了。

一百棍打完，王德完趴在地上，一动不动，但意识还清醒。陈矩上前查看了下，命锦衣卫士将他抬回监舍，敷药疗伤，然后回宫复旨。

果然，朱翊钧开口便道：“打死了没？”

陈矩不说死，也不说没死，囫囵答道：“快死了。”

朱翊钧以为王德完必伤重不治，且让他自生自灭吧，也就不再追问，让陈矩出去传口谕，警告大小臣工：“你们是为皇长子重，还是为王德完重？如果是为了皇长子，就不要再来渎扰。如果一定要为王德完重，那就再来上本。只要一本，册立之事，就再迟一年！”

这位皇帝，尽说气话。

可此言一出，群臣既惊且喜，揣摩圣意，似在暗示，只要群臣不再“渎奏”，册立太子的事很快就会落实。

莫非盼了、争了这些年的事，就要实现了么？

消息迅速传开，大家将陈矩传的口谕作为皇上的公开承诺，就等着看皇帝的行动了。

可惜王德完为了皇长子，虽然博得“直声满天下”，也付出了惨重的代价。他挨了一顿痛揍，官也丢了，等到伤势稍好些，就雇车离开北京，回故乡隐居,终万历朝不复再出。这一年是万历二十八年(1600 年),一直到万历四十八年(1620 年)皇长子继位,才把他又请出来做官,然而,那已经是二十年后的事了。

王德完在离京前,特地去拜辞了太监陈矩。他知道,如果没有陈矩的暗中保护,他早已一命归西。午门前的廷杖场,不知有多少冤魂命丧于此呢!

朱翊钧和郑贵妃陷入群臣重重的围堵之中,没有转身退路。王德完被贬的第二年,国本之争发生了重大转机。

万历二十九年(1601 年)春,朱翊钧下诏,令长子移居迎禧宫。此前朱常洛一直和母亲同住,没有自己的宫殿。这虽然是一小步,但对立储大事来说,却是令人振奋的一大步。

当年九月十八日的二更天(晚上九点多钟),内廷忽然传谕,说皇长子以及诸皇子册立、冠婚之礼,已奉圣母(李太后)嘉许同意,让阁臣传命礼部,择日具仪行礼。

这惊喜来得太突然,群臣期盼了十几年的大事,竟在这深更半夜里,毫无征兆地实现了! 皇上的意思,是几位皇子的册封、冠礼(即成人礼)和婚礼,一揽子解决。消息哄传于外,群情振奋。礼部立即拟好了册立、冠婚等一切仪注。

到十月十五日那天,传旨出来,正式册立皇长子常洛为太子,另外几位皇子一起封王:皇三子常洵福王,五子瑞王,六子惠王,七子桂王。

经过群臣多年力争,朱常洛终于坐到了储位之上。

他结婚了,册立了,不久孩子(朱由校)也出生了,似乎储君名分已定,再无争议。

可是树欲静而风不止,许多人继续揪住这件事,议论不止,风潮不断。

这当然事出有因。一个根本的原因,就是贵妃子朱常洵封王后,一直留在京邸,不去他的封国洛阳。人们猜测,皇帝和贵妃没有死心,还时刻谋划着翻盘呢!

就在人心猜疑之际，市上又冒出一本《续忧危竑议》。

万历三十一年(1603年)十一月十二日的大清早，大学士朱赓打开大门，发现门首上放了一本匿名书，题为《国本攸关》，内题《续忧危竑议》。书中的内容骇人听闻，直斥郑贵妃串通朝臣，谋易太子。

朱赓草草浏览，竟在其中发现了自己的名字！他的大名朱赓，被恶意解读为“朱更”，说皇上用朱赓，已含有姓朱的换人之意。

朱赓大惊，他怀着惴惴不安的心情来到朝房，一打听才知道，原来当天不少大臣家都收到了这本书。

这就是震惊朝野的“妖书案”。

第十章　妖书案，多亏了东厂太监！

万历三十一年(1603年)冬天的妖书案，还得追溯到几年前给事中戴士衡标新立异，搞出一本《忧危竑议》(戴因此被遣戍)。这本妖书，是续着前书来的，故名《续忧危竑议》。不知是谁写了，偷偷投在京城一些大官的门前。

为这本书，平静未久的京城再次掀起轩然大波。

《续忧危竑议》是一本来路不明的黑书，为君者若大度，置之不理则可。而且维护“国本”，题目很正大。在万历朝，扶保太子朱常洛，是最大的“政治正确”，包括郑贵妃在内，没有任何人敢于公开反对太子。在如此一致的舆论下，为何这本“妖书”能像一条恶蛟，搅得京师官场波浪滔天、势成决裂呢？

这是因为“利口”之争的背后，夹杂着论者的私利。

在一个弱势而懒惰的君王统治下，廷臣迅速分化，有了以东林讲学为旗帜的“东林党”，有了以地域、师友、同官关系为纽带的浙党、楚党、齐党、昆党、宣党，清与浊、君子与小人，全都像打了鸡血，以亢奋激进的姿态表现自己，朝臣之间，要么为“党”，要么为“敌”，政治已陷入极大的混乱。

《续忧危竑议》顶着“忧国本”的名义，书中内容实际上牵涉到复杂的朝臣关系，该书对郑皇亲和许多当朝要员均斥名指责，比如东厂太监陈矩，就得到“朝夕左右，帝前之主”的评语。

陈矩生怕“帝前之主”四字引发皇帝的猜忌，赶紧上疏自辩，请求闲住。朱翊钧安慰他说：“妖书恣为诽谤，离间朕宫闱骨肉之情，大逆不道，朕尚且被其诬枉，何况于尔！”

朱翊钧已将匿名书定性为“妖书”，作书人为“反贼”，令东厂严捕缉拿，并表示将大破常格叙赏。

《续忧危竑议》宛如一根搅屎棍，搅动了时局，顿时恶臭熏天。

锦衣卫掌卫事左都督王之桢，以及该卫都指挥佥事李桢国、千户王名世、王承恩等四人，都在妖书有名，他们遂一致检举，说妖书出自本卫“奸人”同官周嘉庆之手。周嘉庆随被捕下狱，朱翊钧令府部九卿科道等官会同东厂从公勘议。

妖书案也成为某些大臣排斥异己的大好机会，首辅沈一贯就试图将脏水泼到次辅沈鲤和礼部侍郎郭正域身上。他肯定地对皇帝说，妖书定是“臣下有欲相倾者为之”，说大臣相互倾轧，乃借妖书兴风作浪。其实欲借妖书“倾害”他人的，正是沈一贯自己。

沈一贯是公认的“浙党”领袖，沈、郭则是清流的标杆式人物。

何以见清流之清呢？就说郭正域吧，他是皇长子讲官出身，每次讲完课，按惯例，宦官都要出“讲帷”与讲官互揖，道乏寒暄一下。如果想结纳内官，这就是大好机会。可郭正域每次都是一揖即出，不多说一句话。

皇上对皇长子不疼不爱，宦官们是势利眼，他们对小爷自然缺乏关心（有时甚至是故意的）。好比大冬天开讲，讲帷宫殿里竟不给生火。朱常洛坐的那张几案，还是七八年前刚出阁时所置，仅高二尺，已经明显矮了，也没人奏请换一张。朱常洛成天担心地位不保，弄得凡事谨小慎微，冬天没火，台案低矮，他都不敢说，生怕得罪人，被人拿住话柄做文章。

对讲官来说，冬天给皇长子上课就是件苦差。可是对宦官欺负皇长子的行为，没一个讲官敢仗义执言。

万历二十八年(1600年)十一月的一天,侵晨大风,异常寒冷。过去皇子讲读,都在巳刻(上午九点到十一点),寒暑天还会暂时免讲。不知为什么,万历二十二年(1594年)时,忽然将进讲时间提前到寅刻(凌晨三到五点钟),遇寒暑也不免讲,简直是故意虐待皇长子!这天正好郭正域当讲,那时朝廷还没传谕,准官员戴暖耳。他窝着脖子,立在寒风中,感觉浑身冰凉。时间到了,皇长子从宫内走出。郭正域见他穿一身单薄的狐裘,瘦削羸弱,若不胜衣状,不禁怒起,大声道:“天寒如此,皇长子系宗庙神人之主,玉体固当万分珍重!就是我们讲官,参列禁近,若中了寒气病了,亦成何体统?还不快取火御寒!”那时宦官们都待在小屋里,围着炉子烤火,听郭正域在外嚷嚷,忙把屋中火炉全部抬到讲殿里,顿时室内温暖如春。

其实啊,宫里的奴才就是对皇长子不上心,但还没到公开欺辱的地步,关键是要有人出头说个公道话。郭正域说了。他这一句话,后来救了他的命!

不趋附权势,就是真清流(说到真,自然就有假,清流的中坚是东林,东林的旗号大,有好多投机者混进来,以东林自居,弄得东林真的成了“党”,东林的水池子里,已是鱼龙混杂)。

郭正域从在翰林院做编修,就是皇长子讲官。后来到南京做了一段时间的国子监祭酒,再回来任詹事府詹事,又任东宫讲官。万历三十一年(1603年)三月,礼部尚书冯琦去世,郭正域就以礼部侍郎署理尚书事。

郭正域与沈一贯原有师生之谊。万历十一年(1583年)郭正域中举后,选为庶吉士,在馆读书期间,沈一贯是教习之一。可郭正域心薄沈的为人,加上他还未毕业就丁忧回乡了,所以根本不认这位老师。二人同朝为官,每每意见相左,特别是郭正域代理礼部尚书后,经常为一些事和沈一贯发生争执,好比前一年为“伪楚王”的案子,两个人针锋相对,公然撕破了脸。

特别让沈一贯感到不安的,是郭正域与自己关系很僵,却和次辅沈鲤相处融洽。在楚王的案子上,沈鲤就站到郭正域一边。沈一贯已将沈、郭二人视作他首辅地位的最大威胁。

当“妖书”案突起后，沈一贯感到机会来了，他向朱翊钧暗示，妖书是臣僚间倾轧搞出来的，先把谋害的线索伏下。十一月二十一日晚，东厂缉获一名重要的嫌疑人皦生彩，此人供出他的亲兄皦生光，先年为顺天府学生员，多有刊造妖书诈骗的劣迹。可是在沈一贯的指授下，巡城御史康丕扬上疏，极力为皦生光辩护，并且将妖书案与楚王案联系到一起，将锋芒直指郭正域及其兄长国子监丞郭正位，直称他二人为“贼兄弟”。

康丕扬又先后捕拿了和尚达观和医士沈令誉。同知胡化则举报了教官阮明卿。厂卫还逮捕了一个叫毛尚文的嫌犯。

山人沈令誉是郭正域家的常客，达观和尚也是一个混迹于京师贵人之门的山人，曾经被郭正域驱逐过，毛尚文就是郭正域的仆人（实为门客）。他们都与郭正域有着某种关系，这是沈一贯、康丕扬为郭正域布设的罗网。而胡化告发的阮明卿，是给事中钱梦皋的女婿。钱梦皋在楚王案中曾攻击过郭正域。此番他的爱婿被扯入妖书案，他认为胡化是受了郭正域的指使，遂上疏反击，说“妖书刊播，不先不后，适在楚王疏入之时[①]。盖郭正域是沈鲤的门徒，而沈令誉是郭正域的食客，胡化又是郭正域的同乡同年，群奸结为死党”。钱梦皋将郭正域指为“乱楚首恶”，并揭发他与沈鲤结党营私。

钱梦皋这一本十分得力，郭正域奉命回籍听勘，同时朱翊钧严令加强对几名在案疑犯的拷问。

这道严旨一刷下来，达观和尚立成齑粉。但所有人在重刑之下，宁死都不肯招认与妖书有关。胡化深悉此事利害，当法司试图迫使他承认受郭正域和“归德”指使时，他明知归德就是沈鲤（沈是河南归德府人），却忍痛大呼：“阮明卿是我的仇人，所以我才讦告他。我与郭正域

① 所谓“伪楚王”案，就是有楚府宗人举报，称楚王朱华奎非先王之子。在这个案件中，郭正域支持对楚王进行勘问，为楚王所告，说同为楚人（湖广江夏人）的郭正域是挟怨报复。

举进士二十年不相往来，怎么可能与他同做妖书？我也不晓得归德是什么人！”

锦衣卫在郭氏门客毛尚文身上特别下功夫，都督陈汝忠甚至拿出锦衣卫的“告身”（任命书）对他说，只要你能告发妖贼，这就是你的了！郭正域奉旨回籍听勘，陈汝忠一边加紧严讯毛尚文，一边派兵在杨村把郭正域的船围住，尽逮其家中仆妇男女十五人，与皦生光并案处理。沈、郭两家在京的私邸，也遭到锦衣卫的搜查（是沈一贯在背后指使）。

陈汝忠诱使毛尚文供出沈令誉，并让奶妈龚氏十岁的女儿作证。在会审时，东厂太监陈矩问女孩：“你见妖书书版有几块？”小女孩随口应道：“一屋子。”陈矩笑道：“妖书才几页纸，书版怎么可能有一屋？”又问毛尚文：“沈令誉告诉你妖书是几时刻的？”尚文道：“十一月十六日。”戎政尚书王世扬当即驳斥：“妖书初十日查获，十六日又刊，难道有两种妖书不成？”毛尚文哑口无言。

在沈一贯的迫害下，郭正域的生命面临巨大危险，此时亏得太子发话，救了他一命。朱常洛听到郭正域被人陷害的消息后，多次对身边近侍说：“奈何杀我好讲官！”（另一种记载是，太子传话：“东厂饶得我，便饶了郭先生吧！”）当太子亮明了态度，就再无人敢对郭正域下毒手了。周嘉庆和胡化也因查无实据，后来都被释放。

厂卫手里，就只剩下那位被人告发的“斥生”皦生光了。

这位皦生光，据《明史》说，是京师无赖人。他通过编写匿名妖书碰瓷敛财，不是第一回了。比如万历二十七年（1599 年）他曾擅用黄纸封皮，假托宦官，到西城开印铺的富商包继志家（包家与郑皇亲为儿女亲）伪称封门，诈银三百两。万历二十九年（1601 年）又往包家，诈骗不遂，随捏造谣言，私自刊刻印文（有印的官府文书），诈银二百两。那时刚刚册立太子，在他捏写的包继志诗里，有一句“郑主乘黄屋”，意指郑氏觊觎储位，他靠这句诗找上郑皇亲府，勒索贵妃之兄郑国泰钱财。

皦生光的老师田大有，将其刊造谣言、屡次诈骗的情况告到提学御史那里，将皦生光问了徒刑，发大同原籍为民。后来逃回，仍行造谣为非。他弟弟皦生彩多次劝说不从，唯恐受其连累，就向东厂举报了皦生光，但并不肯定《续忧危竑议》就是其兄所为。

皦生光被捕后，抵死不肯承认妖书出自他的手笔。他这人倒有骨气，起先问官要他攀扯郭正域，他也坚决拒绝。

当其他嫌犯摆脱嫌疑后，皦生光这个小小的斥生，开始变得重要起来。厂卫将他的妻妾子弟都关起来，施以重刑，就连皦生光年仅十岁的小儿子，都被用上了针刺指缝的酷刑。

可是皦生光妻妾子女都招了，他本人就是不招。

礼部侍郎李廷机见皦生光打死不承，认定此人凶狡异常，他对陈矩说，不须皦生光自承，且看此人以前写的诗文，与妖书词句甚合，凭这个已足以结案了。

陈矩觉得如此结案似乎过于仓促，可是转而从大局着眼，又想皦生光纵然冤枉，可依他以前所犯，已经是死罪，而妖书案始终揪不出个正犯，皇上之怒不息，势必辗转攀累，不知何时方是止歇。反正皦某左右是死，不如将他坐在这件案子上，如此最为圆满。

思想已定，陈矩遂将皦生光作为主犯奏上，最终皦生光以“大逆不道”被凌迟处死。

皦生光之死，虽有冤情，然而在当时皇帝震怒，首辅挟势倾轧，案情有可能辗转株连的形势下，也有迫不得已之势。还是前面说的那样，当一个案子变成政治性案件时，就无公正可言了。

人们对太监陈矩在妖书案中的作用颇为感激，说沈鲤、郭正域、周嘉庆及其他株连者，“皆赖（陈）矩得全”。

第十一章 多选淑媛，一举两得

万历三十一年（1603 年）的妖书案，最终不了了之。首辅沈一贯借妖案陷害同僚的手段，令人瞠目，虽说内阁之斗不是什么新鲜事，但明朝“顶层政争”卑劣到这个程度,也是够没品的了。

大明王朝到了这个地步,除了一个“乱”字,也没有新的评语了。

乱固然为乱,但没有最乱,只有更乱。

明朝还剩下的二三十年阳寿,基本上是君臣一起作死的节奏了。

妖书案的一个积极效果是,太子朱常洛的地位从此不可动摇,而攻击郑贵妃母子,成为各路奸徒博取功名利禄的新诱饵,因此围绕储君的“妖案”并未终止,继续搅乱着万历时局。

万历四十一年(1613 年),又有一个叫王曰乾的百户忽然告变。

本书已写过好几桩“告变”事件了,想必看官对小官、小民告变,已经不觉陌生。这回王曰乾所告又是什么呢?他告的是“奸人”孔学等人密为巫蛊之事,将不利于圣母及太子。

“圣母”不是太子常洛生母王贵妃。王恭妃在皇孙朱由校降生后进封为皇贵妃,但这个不幸的女人已于前两年(万历三十九年,1611 年)去世,王曰乾说的圣母,是万历皇帝的王皇后。前面我说过,这个同样不幸的女人,吊着一口气,顽强地活着,与她夫君和“妖精”较劲呢!

王曰乾指出,奸人孔学这么做,是为了报郑贵妃的恩。

这等于指郑贵妃就是以谋害皇后和太子为目的的巫蛊案的背后主谋。要不是大学士叶向高密劝皇帝静以处之,同时速遣福王之国,以息群言,还不知要兴起多大的风浪呢!

第二年,福王终于到洛阳就国去了。

福王都走了,该风平浪静了吧?不然。福王刚走,又发生了著名的“梃击案”,一个叫张差的疯汉,手持一根木棍,打进东宫。一些东林党人意气用事,大做文章,坚决不承认张差是疯子,又引出郑贵妃宫里的内侍庞保、刘成,将祸水引向郑贵妃。贵妃害怕了,向皇帝哭诉,朱翊钧对她说:“外廷语不易解,你须自求太子。”贵妃只好找到朱常洛号诉。郑贵妃向太子下拜,太子亦回拜,这两个冤家,至此方“相逢一笑泯恩仇”。等家事摆平了,朱翊钧又于慈宁宫慈圣太后灵前①召见群臣，令常洛降谕，严禁株连，张差案才得以定谳。

朱常洛做太子很久了，太子妃郭氏一直无出，待“妖书”案尘埃落定，他爸爸朱翊钧的心也定了，给予储君的关照也多起来。

对于皇朝继承人，“广嗣”是第一重要之事。孩子多，是大位不致旁落的关键。陈矩秘密地提醒皇上，如果太子生一位皇孙，将使东宫的地位愈加巩固，国本稳定了，朝堂之上也会少许多无谓的纷争，奸人也就无隙可乘了。

身心俱疲的朱翊钧，不希望再发生“国本攸关”这样的糟心事，他叹了一口气，对陈矩道：“事是这个理儿，可长哥自己不争气，我有甚法儿！”

“为君者皆当有广嗣之道，”陈矩道，“万岁爷何不多选宜子的女孩儿，让她们在东宫侍奉，想来很快东宫就会有子息了。”

他还说：“万岁爷下这道旨，不单为东宫广嗣，也好教内外知晓圣心所在，这是一举两得的事。”

经陈矩这么一点，朱翊钧马上领会，遂下令为东宫“多选淑媛”——这就是后来东宫诸“选侍”的来历。选侍不是后宫封号，只是一种体现皇恩浩荡、“关心下一代”的名义。

过去“一加一”生不出儿子，现在是“一加多”，广种薄收，花儿此地不开彼地开，东方不亮西方亮。还别说，一年多后，一个姓王的选侍真的怀上了。

十月怀胎期满，于万历三十三年（1605 年）十一月十四日夜里，顺产诞下一位麟儿。这位皇长孙，就是未来的熹宗天启皇帝朱由校。

这孩子一生下来，呱呱大叫，浑不知东宫情形。

刚刚做父亲的朱常洛，让孩子的啼哭声搅得心烦意乱。

他焦虑的是，该不该将皇孙降生的事奏报父亲？父亲听到这个消息，

① 神宗母李太后崩于万历四十二年（1614 年）二月。

将做何反应？此刻宫中大门都已上锁闭户，父皇大概也已安寝，他会因孙儿搅了他的好梦而生气吗？

这时，一名老年宫女叫柴德女的，见太子迟疑不定，面带难色，知他所苦者为何，便走上前来说："万岁爷得此长孙，一定开心，如果不速报，反而会让圣心不悦。"

朱常洛知她说的是，就命柴德女即去御前报喜。柴德女走后，朱常洛也无心弄儿，踯躅于月光之下，忐忑不安地等待回信。

柴德女来到仁德门外，轻拍宫门，往内连呼"大喜"。

守门内使赶紧往内通报，在值房当值的陈矩听说后，忙换了身衣服，到皇上寝宫奏报。万岁爷得孙的消息立刻在宫里传开，一座座宫殿亮起了灯。朱翊钧知道自己做爷爷了，高兴得手舞足蹈。宫人和太监纷纷上前贺喜。朱翊钧摸着胡子，连连点头。他忽然想起什么，命陈矩快去慈宁宫给慈圣太后报喜。他呵呵笑道："别忘了给老娘娘说，她有重孙啦！"

乾清宫里一派喜庆的气氛，柴德女大喜，得赏后，脚步轻快，飞回东宫。朱常洛听说父亲龙颜大悦，方才转忧为喜。

待乐过了，该议正事了，皇长孙光诞，当向外廷宣告。司礼监在拟稿时，因长孙的生母还没有名封，不知该怎么称呼。陈矩道："先前有旨，多选淑媛，不好称别样名色，就写'钦命选侍某氏出'，不很好么？"所以第二天传旨出来，写的是皇长孙为"钦命选侍王氏"所出。

称"钦命选侍"，只是权宜之计，王选侍为皇室立功，当有所加封。礼部先拟封为夫人，朱翊钧不同意，他亲自查了《皇明典礼》，决定封王氏为才人。王选侍，便成了王才人。

还在中年的朱翊钧（四十三岁），对长孙之生，看得比长子之生还要重。第二年春天，专为长孙降诞，给慈圣太后加上新的尊号，就连朱常洛的生母，被冷了半辈子的王恭妃，也一体沾光，进封为皇贵妃。

连朱由校在内，东宫选侍们共生了五位皇孙、八位皇孙女，最后存活的，只有朱由检和朱由校（崇祯帝），还有孙女三位，即傅选侍生的皇五妹（宁德公主）、皇六妹（遂平公主），李选侍生的皇八妹（乐安公主）。

东宫人丁兴旺，追根溯源，还是太监陈矩建议“多选淑媛”的功劳。东宫连生贵子，也使东宫的地位愈为稳固，再不可撼动。

万历四十八年（1620 年）八月，神宗朱翊钧崩，太子朱常洛顺利继位，即为光宗。

神宗在遗命中要求封郑贵妃为皇后，可是他生前做不到的事，岂可成于身后？可怜神宗，至死都无担当之力，死了还要逃避对心爱女人的责任！果不其然，此事经礼部反对后，就不再提了。

光宗朱常洛在东宫苦守二十年，不想他竟如此无福，在位仅一月就崩了。在短短一个多月的时间里，明宫连出三次大丧（神宗夫妇与光宗），又掺进“红丸”和“移宫”两件大案，弄得人心纷扰。那时节，内廷那叫一个乱乱乱哪！

朱由校在光宗去世后的第六天即皇帝位，以当年（万历四十八年，1620 年）八月以后称泰昌元年（至十二月为止），以第二年为天启元年（1621 年）。

明朝进入短暂的天启时期，而大明的江山，也只剩下且行且危的二十多年了。

第四卷
江山倾危血阳里

本卷关键人物：王安、高时明、魏忠贤、魏朝、王体乾、李永贞、徐应元、曹化淳、王裕民、刘元斌、卢九德、王承恩、杜勋、韩赞周

第一章　皇帝不好静坐读书

前文讲到，光宗直到十三岁才出阁讲读，已经很晚了。

神宗明知长子、长孙将来是要统治国家的，应该早点开始正式的教育，如果有可能，还要创造机会，让皇储进行适当的政务实习，提前学习如何当好皇帝。可是他的“为君之计”，全不在此。

在与群臣斗了二十多年的气后，神宗彻底疲沓了、气馁了，朝政不在他心上，对自己身后的家国兴亡，也是漠然无动于衷。

朱由校从小缺乏管束，养成了淘气的性格，业余爱好不少，就是不肯专心读书（后来他被好事者烘托为“鲁班再世”，其实他哪有那样的本事！做木工活只是好玩罢了）。刘若愚说他“不好静坐读书”，已是很委婉的说法。

朱由校即位时，年方十六岁，学问底子很薄。但做了皇帝，就不能照旧在后宫“野”了，必须按照祖制接受正规的皇帝教育。

明代皇帝的正式课程有二:一个场面大、礼仪繁、参与官属多,叫作“经筵”,分春秋两季举行,相当于每学期的开学典礼。之后就是正式上课了,“日日举之”,称作“日讲”。日讲礼仪相对简略些。

给皇帝上课,是翰林官员在撰写政令文书之外的一项重要职责,所以说,“词林之职,在制诰纂修与经筵说书”。不少词臣,给皇帝当过“西席”讲官,会将讲义(称“讲章”)收入自己的文集,以为荣耀。在天启四年至六年间,以阁臣和讲官身份参预“讲筵”的丁绍轼,写有《讲筵恭纪诗》十二首,详细记载了朱由检上课的情况。他在《诗》序中说:“今上冲年嗜学,经筵、日讲二者兼举。”其实“今上”并不嗜学,丁绍轼那么说,不过是“照例颂圣”罢了。

朱由校第一次参加日讲,是泰昌元年(1620 年)十月十八日,此时距他即位仅一个月时间。登基之始,百事丛脞,功课却不可放下,可见大臣对皇帝读书看得很重。

经筵与日讲都在文华殿举行。

因为经筵礼仪隆重,参与人数众多,场面要铺得开,所以在前殿举行;日讲的规模小多了,就在前殿和后殿之间的穿堂(又称为穿殿或穿廊)举行。前殿、后殿分别矗立在一个“工”字形台基的两横上,穿殿就是“工”字中间那一竖。

日讲在卯时(早上五点到七点)进行。这天,天光未亮,四下黑影幢幢,朱由校已坐在銮舆上,挤着惺忪的睡眼,到文华殿上课来了。在正式开讲前,依照老例,先到文华后殿的东房(又称左室,曾是嘉靖皇帝的斋居之所),祭拜几位“古圣”。

房内设有九个小龛,分别供着伏羲、神农、黄帝、尧、舜、禹、汤和周文王、周武王,左右还有两小龛,供的是周公和孔子。朱由校按照宦官的引导,冲着神龛规规矩矩行一拜三叩头礼。

朱由校不是一个很有悟性的孩子,当年他祖父神宗第一次参加日讲时,曾向阁臣逐一询问,所供师、圣都是什么人,并且提出疑问:为何周公、孔子旁列?阁臣答:周、孔虽为圣人,但也是人臣,不可与先王并列。那年神宗才十岁，而朱由校已经十六岁了，可是他对此毫无兴趣，一句多的没问，糊里糊涂给几位古人请好拉倒——算是大明的新天子跟各位老前辈打过照面啦！

此刻，阁臣和讲官们立在文华殿外月台左侧的栏杆边等候，隔着还未开启的殿门，依稀能听见宫殿深处宦官导引皇帝叩拜的赞礼声。

等到礼毕，皇帝进入后殿，文华殿檐门才打开，放讲官入内。

穿堂内就是"讲幄"。这里御座的陈设与他处不同。凡皇帝落座之处，都要把"地平"，也就是安设御座的台子垫得极高（比如皇极殿内的"金台"），好使台陛威严崇高，令臣工仰望天颜。但穿堂讲幄内的地平，仅高三寸，御案也不甚宽大，这就有一点尊师的意思了，毕竟在讲读时，听者（皇帝）与讲者（讲官）在君臣名分之外，还有一层师生关系。这样的安排，除了"略除堂陛之严"，也是为了方便讲官靠近御几，给皇上指点讲解。

这天讲的是《帝鉴图说》。讲完了，天也亮了，朱由校遂退入后殿，在殿东房习字，讲官则移至前殿"少舒"——老先生们忍了好久的"痰嗽"，这时可以轰然而放了。

以上便是朱由校做皇帝后开学第一天的大致情形。

这位学生毫无新鲜感和兴奋之情，而且颇觉烦恼，因为打这以后，他要天天上课了。朱由校是个好动的少年，受不了捧书久坐的姿态。

十月二十一日，已经连上了三天课，这天下课后，朱由校走进九五斋。九五斋在文华殿后东侧，是世宗在嘉靖十三年（1534 年）建的祭祀斋居之所。由于缺乏修整，房屋已很破旧，但庭中花草繁多，虽在初冬，仍有一派盎然的生气，立刻吸引了朱由校，他在庭院流连赏玩，不舍离去。

连日来陪皇帝读书的太监王安和高时明，一起走进九五斋。王安向讲官孙承宗询问了些课程上的事，然后瞩望院中的皇帝，对孙承宗道："听了这么长时间的讲，万岁爷一点都不累，兴头还高哩！我看天光还早，何不多讲一些？"高时明立刻附议："王家所言极是，培养圣性，正要趁早！"

王安环顾破败的斋室，说道："这屋子得修修，等修好了，再把午讲恢复起来。"

午讲就是早讲之后，午后接着讲。前朝几乎没有哪位皇帝能坚持午讲的，王安兴致竟是如此之高。高时明的性子比他还急，马上道："何必修斋而后讲！"恨不得打今儿就开始午讲。

两位公公全没觉察皇上对上课的厌倦。

没几天，朱由校忽然传旨，命暂免日讲，第一条理由就是九五斋损坏不堪。

朱由校才上几天课就想逃学，他不爱读书，这是真的。可不知从什么时候起，有人竟称，明熹宗朱由校"大字不识"，是"史上唯一的文盲皇帝"。这是真的吗？

当然不会是真的。

把朱由校当作文盲的人，是因为不知道，明代皇子的开蒙教育，并不需要等到"冠礼"和出阁。"出阁讲读"是正规的学堂教育，而学前教育早就进行了。跟民间一样，皇子们在五六岁的年纪上，已经开始咿呀诵读，读书写字。只是西席先生不是秀才，而是伴读内臣，也就是太监们！下课之后的温书或拓展阅读，也由太监指导。

《明熹宗实录》记了一件事：

天启元年（1621年）初，因为春寒，暂时"辍讲"（停课），朱由校便在乾清宫暖阁内批阅奏章，"将阁臣票拟章疏亲洒宸翰，批发数通"。他亲自动笔，批了几本（照着阁票字样抄写一遍，没有让太监代劳）。

批红本发下来，阁臣都晓得是皇上的亲笔，一见，哟，字儿可真精神！纷纷"拍马"向前瞻仰，齐赞道："万岁爷书法日进。"——每天都有进步呢！倒弄得朱由校怪不好意思，谦虚道："哪里哪里！天气冷了，写字也少，还是不太工整。"又道："等到天气暖和，我要多写字，还会有进步的。"

这便是朱由校不是文盲的直接证据。

朱由校学习抓得不紧，学问完全谈不上，但读书写字，都没问题。至于批阅奏章，则不是识字不识字那么简单，这是需要“功力”的，与皇帝个人的修为、学养、见识以及政治经验有关。由于明代缺乏良好的储君训练，而且嗣君在即位前几乎不与廷臣往来，这方面的能力普遍薄弱，这也是朱由校后来那么倚赖魏忠贤的根本原因。

我觉得啊，朱由校被人说成是文盲，除了论者不了解明代宫廷教育，还有一个重要原因，那就是被“文盲”魏忠贤连累的。

几乎所有的书里，都说大太监魏忠贤是个大文盲。

第二章　“委鬼当朝立，茄花满地红”

魏忠贤是不是文盲，且放后文再论，在此先得介绍一下这位著名太监是何来历，他是如何起家、如何发达起来的？

明末清初的众多典籍均提到，万历末年京师曾流传一个谣谚，说的是：

委鬼当朝立，茄花满地红。

七量糠车过，压塔（按原文如此）卢沟桥。

据说，那时北京朝天宫来了个疯道人，整天嘟囔一句话。唠得久了，人们也听明白了，只是不明白意思。过了些年，等到魏忠贤和客氏“两口儿”忽如骄阳一般火起来，才明白过来，原来那疯道人的疯话里，藏着一句奇验的谶语呢！权阉与妖妇横空出世、坏乱朝纲，天启之运只有七年，竟是早有预言、命中注定的！

其实，所谓“万历时”谣谚，应出自后人编造（须知魏忠贤败后没有几个月，市面上就出现大量的“魏阉小说”），不可误以为，当万历中魏忠贤还是一个名不见经传的小宦官，就已经有了他必将石破天惊、震动山海的预言。

“委鬼”与“茄花”之谶，在明代是除了“燕子飞入”（指燕王朱棣起兵靖难）外，最著名的一条谶语。在朝天宫挂单的那位疯道人，很像朱元璋称帝前，在南京时常偶遇的那位开口闭口“贺太平”的周颠（癫者，狂也）。说白了,都是神仙界的套路,不可坐实的。

这条谣谚浅显易懂,“委鬼”是魏的拆字。北方一些地方,客念如“茄”。比如在东北,人问:“家里来茄啦?”你答:“来茄了。”说的是家里来客了。有一个《百家姓》里没有的姓——客,也读作茄。谣辞中的“茄花”,指的就是熹宗朱由校的乳母客氏。

魏公公和皇帝的奶妈客氏,打断骨头连着筋,是怪胎式的合体。天启年间,这阴阳妖孽线索暗通、表里为祸,他们在个人生活上是情夫与情妇的关系,在政治利益上则是荣败与共的同盟者。

就是平常人家,奶妈也与普通仆妇不同,她们奶过少主人,与主家的关系更亲密一些。奶妈参与主家之事,站队内斗,是寻常之事。

明朝有一项很没人情味的宫廷制度,就是皇子和皇女出生后,不让亲生母亲抚养,却交给奴婢代养。这使得在孩子们的成长过程中,父母职责不到位、情感缺失,皇子女与奶娘、侍婢和宦官的关系,甚至比亲生爹娘还亲。好比宪宗朱见深,他和从小伺候他的万贞儿就有一种说不清道不明的两性关系,最后逆了天,保姆做了皇贵妃!

与万贵妃不同的是,客氏是乳母,不是保姆,朱由校是吃她的奶长大的。有人拿宪宗、万氏那个版本来套熹宗和客氏,编造他们之间不足为外人道的“宫闱讳史”,纯属胡说八道。

古代宫禁防闲甚严,民间妇人不得擅入,但“三婆”为例外。

三婆之中,稳婆(助产师)、医婆入宫,事完就得离宫,只有奶婆可以长期留侍宫中。据朱长祚《玉镜新谭》卷九所收刑部司法文书,客氏卒年(天启七年,1627年)四十八岁,据此推算,她作为奶婆入宫时,年纪约为二十五岁。

乳母不仅给皇子女喂奶,还要照顾他们的生活起居,剪指甲、换尿布,这些事都得做。故此乳母成为皇子少年时代的亲近伴侣,彼此之间感情深厚。想当年成祖靖难成功后,还特地派太监郑和去祭过他的乳母。明朝历代乳母,都有“戴圣”“翊圣”这样一些封号(圣就是皇帝),客氏就获封“奉圣夫人”。

客氏自万历三十三年(1605 年)入宫,一直住在东宫。现在皇子已经成年,而且登基做了皇帝,怎么可以“不离保姆之手”?这时奶妈还和皇帝住在一起,就太辣眼睛了。所以在泰昌元年(1620 年)冬天,客氏被安排住到乾西二所。

朱由校即位之后,为谁有权和他住在一起,让廷臣议论汹汹,并且闹起大风波,最著名的就是“明末三案”之一的“移宫案”:光宗李选侍(康妃)赖在乾清宫不肯走,硬是被大臣撵走了!李选侍在光宗驾崩前,曾嗾使朱由校,让他到先帝病榻前,当着阁臣的面,为她求封皇贵妃。她之所以能如此摆布皇子,只因朱由校过去由她照管,她是以养母自居了。而光宗的另一个侍妾,名郭春女的,也曾游说光宗,试图获得朱由校的“监护权”。这些女人谋划着“挟皇孙以邀宠”,为争朱由校的抚养权,闹得不亦乐乎,可孩子亲妈王才人还没死呢!王才人一直活到万历四十七年(1619 年),离他儿子继位仅差一年。亲妈还在,却不能亲自照顾儿子,非要这些妖姬来争,可见明朝宫闱制度有多糟糕。

虽然争着“爱”他的女人不少,但朱由校真正亲的,只是客氏。

李选侍被撵走,是得到朱由校同意的。廷臣不让客氏留在他身边,也是经他同意的。他没办法。但为了体现圣恩和眷念,在客氏搬家那天,朱由校亲临现场,升座饮宴,内廷钟鼓司还专门排了一出戏,司礼监太监们都到场祝贺。到了乾西新居,在所内侧室又摆了一桌。

客氏虽然不再在乾清宫过夜,但每天天不亮,仍照过去的习惯,赶到皇帝身边伺候,忙一天,至甲夜方回。

朱由校在即位的第二年大婚,一妻(皇后)是河南祥符人张氏,二妾(妃子)是良妃王氏和纯妃段氏。即使在娶妻纳妾之后,朱由校仍然没有表现出一个成家立业的男子应有的成熟,他在生活上还是离不开乳母。

这要搁平民百姓家,街坊四邻就会嘲笑,说朱家少爷小时候奶吃多了,现在长大了,还离不开那口奶!这小子撑不起门户,将来必是一个败家子。

当家之始,这位朱家大少爷表现得懵懵怔怔,任人摆布,宛如婴儿。人们很自然地想起，世宗也是十五岁入继大统，表现得何其成熟而有主见，和高祖爷爷比起来，当今天子的气候，实在差得太远！

在“移宫”案中，内外臣子齐心，一举击败了李选侍挟制嗣君的梦想，他们期望皇帝能够自立，却又听说朱由校对乳母言听计从，顿时感到客氏是另一个李选侍。在皇帝大婚后的第三个月，廷臣不能再忍了，科道率先上言，请令客氏出宫。阁臣刘一燝也表达了同样的态度。

廷臣说，皇上已经成婚了，三宫并立，照顾圣躬，自有贤淑，有什么理由还让奶妈继续留在宫里？廷臣在言语中还流露出更深的忧虑，他们说，客氏留居宫中，“冒擅权揽势之疑，开睥睨窥伺之隙”，对宫廷、对客氏本人，都不是好事。

外廷不能容一个奶妈子，要求皇帝将有养母之义的乳母撵出宫去，这在明代历史上是前所未有之事。

如果朱由校稍知自尊，他应该接受廷臣的意见，可能还会因为廷臣将这件宫闱之事宣诸奏章而大为光火。可是他竟如此呆萌地答道：“今朕尚在冲龄，三宫年幼，时赖调护。”他说，我还小哩，虽说娶了媳妇，可仨媳妇也都年幼不晓事，我现在还离不开奶妈。

这真叫人笑到无语。

这道旨意显然出自太监之手。如果在位的是世宗皇帝，哪个太监敢如此行笔？分明是欺今上年少无知嘛！

其实，除了朱由校本人对客氏有很深的倚赖心理，内廷许多太监也舍不得她离开。他们知道，皇帝离不开奶妈，这理由说出去叫人笑掉大牙，这只是缓兵之计，所以不得不表示，“等皇考妣梓宫发引，神主回京奉安毕”，答应等光宗夫妇的丧事办完，再让客氏出宫。

时间过得好快，转眼光宗已经下葬庆陵，廷臣又来催了。

朱由校只好礼送客嬷嬷出宫。可客氏离开才两天，他就“思念流涕，至日旰不御食”。没了奶妈，少爷吃不下饭，莫非“圣天子”还欠奶吃么？传出去，这白痴儿的举动，直是贻笑天下，竟还好意思写在圣旨里！

当然,这“圣旨”仍是太监的代笔。这帮刁奴才,当斩!

皇帝想奶妈了,连饭都吃不下,别把御体饿坏了。这是大事。借着这由头,又把客氏请回去了。这回客氏荣归,就不再住在一般宫人居住的乾西所,而是堂而皇之地住进了咸安宫。

一个乳母,有什么资格占一间宫殿?廷臣又来争了。可这回皇上和太监是王八吃秤砣——铁了心了,不管外人怎么说,客氏就在宫里住下来。

在宫里,论谁最舍不得客嬷嬷?

那一定是魏忠贤。

魏忠贤原名魏某某。下面先从魏某某说起——

第三章 从魏某某到魏忠贤

魏某某,生于隆庆二年(1568 年),北直隶肃宁县人。

在他不到二十岁时,就已娶妻,还生了一个女儿。当时北方农村有许多男子,一辈子讨不上老婆,魏某某有妻有女,在阶层上应高于赤贫的无产者。

据说他“少无赖,与群恶少博”。博是赌博,魏某某经常出入赌场,有一定的挥霍,说明他手里还趁几个钱。可他不是那种能把心思放到经营生计上的人,喜欢大酒大肉的放荡生活,交一班宰猪屠狗的朋友,经常围坐在一起吹牛说大话,好比“爷将来富贵了如何”,听者嗤之以鼻。

我们读史,不难发现,史上由“混混儿”出身而干成大事业的人,还真是不少。拔头份儿的,便是汉高祖刘邦。刘邦在年轻时很让他爸爸刘太公伤神挠头,经常训责他:“你整日在外瞎混,何不学你二哥,好好做营生,整治一份家业?”对老人之言,刘邦呵呵不语,全不放在心上。可他某日偶遇秦始皇车驾,居然感叹:“嗟乎,大丈夫当如是!”这不说梦话么?谁能想到,数年之后秦失其鹿,天下大乱,刘老三风云际会、乘势而起,真让他成就了一番伟业。

不管是英雄还是枭雄，雄杰之起，必须借助时势，如果连浪花都没有，社会一片沉寂，如何弄潮？弄潮儿，须踩在时代的潮头上的。

然而，魏某某生活的时代，平庸得连让人梦里骂娘的脾气都没有。

大明王朝已走过二百多年的历程，它衰老了，在它的晚景里，一身是病，艰难地踯躅而行。

晚明社会，延续了宋以来的大势，南北差距不断拉大。南方基于优厚的地理和自然条件，具有绵绵不尽的活力。北方则在频繁的自然灾害、恶化的环境、封闭保守的民风、沉重的赋役的持续压迫下，陷入贫困和破产的泥潭，无法自拔。尤其是北直隶、北京一带，是权贵最集中，也是豪强统治力最强、掠夺最残酷的地区，那里，是中国人文地图上的荒漠中心。魏某某就生活在这里。

他可能是一个失去土地的农民，由于卖了祖宗留下的薄产，手里有几个闲钱，就不安心在田间劳作，撇下妻女，漫无目标地跑到京城混世界去了。

当时的北京，人口约在百万之众。都城昔日的辉煌早已不复存在，它就像一条腐烂中的大鱼：破屋烂房如鱼鳞一样散乱展开，腥腐的污水横流，翻露的肚肠里，藏污纳垢，熙攘的人群宛如无数的苍蝇，翻飞喧沸。

在这样一个大城市里，生存不是难事，遍地都是饭辙，只要有把子力气，肯卖力气，糊口没有问题——但也毫无前途可言。魏某某二十出头的年纪，体阔腰圆，力气是卖不完的，可这位混了上顿没下顿的主儿，却瞧不起卖力气的人，认为那低贱，不是他该干的。做点小本生意吧，他一没本钱，二算不来小账，也没耐心一个铜子一个铜子地攒辛苦钱。那他还能做什么？找一个收入稳定，事体轻松的活儿吧，得靠熟人介绍。可他是外地人，北京四九城里，初来乍到，两眼一抹黑，连道熟悉的墙根儿都没有。

在城里闲逛了几天，正是灰头土脑，百无聊赖，忽然看到一间赌馆，登时眼光一亮！那里吆五喝六的热烈气氛，是他熟悉和喜欢的。二话不说，一步迈了进去。

赌就是个局，魏某某落在局中，输多赢少，但他在这里找到了存在感，并且结交了一批新的狐朋狗友，每天呼卢喝雉，倒也不乏不累，快活自在。只是没两天就把盘缠输光了。

北京的冬夜，十分寒冷，待到形单影只，白日的繁华加倍了凄冷之感。魏某某瑟缩在被窝里，嗅着被面的霉臭，心情低落，觉得他的人生就是一个绝境。

到了早上，忍着腹饥，辗转在床，不知今日如何打发。赌馆最温暖了，可他空攥个拳头，手中无钱。不去赌馆吧，实在也无他处好去。或许找哪位好友借点赌资，说不定时来运转，来个大翻本儿，也未可知。想到这儿，魏某某将空腹一收，从床上蹦下来，脸也没洗，系紧腰带，就出门了。

街上不知从哪里冒出许多破衣烂衫、面如焦菜、容貌狞恶之人，三五成群，像麻雀布阵一样，到处乱飞。所到之处，敲门打户，大声喧闹，有一种乱兵来了的慌乱之象。人们避之唯恐不及，沿街店铺也像避瘟一样，紧赶着上板关门。

魏某某来京不久，不知这是何等气象，有人告诉他：

"都是花子太监，谁也不敢招惹他们。"

"花子太监"是明代后期北京的一大突出的社会问题。它的形成，还得从北方民间盛行"自宫"说起。

我在《大太监是怎么炼成的》里曾经介绍过，由于做宦官福利好，有前途，可以欺负人，早在永乐年间，就有军民自宫求进——自己割去阳根，争取入宫做宦官。明代有案可查的第一份自宫禁令，就颁布于永乐十九年(1421年)七月。那时，明朝刚刚颁诏，正式迁都北京。

由于北方天荒人贫，小民更容易采取这种极端而简单的方式以求改变命运。成化、弘治以后，北京周边府县的穷苦百姓将阉割入宫作为一条重要的出路，自宫之潮，一潮高过一潮。早在正德年间，自宫者的人数就已远远超出宫廷的需要。

万历中，财政危机、经济衰退、社会矛盾激化，人们愈觉生活没有出路，忍心自宫的家庭越来越多。由于自宫人数已经远超宫廷的需要，内府容纳不了，导致大批阉人流离京都，成了叫花子。这些花子裆下少了那话儿，倒有点“奉旨乞讨”的意思，三五成群，在京城游荡，甚至公开抢劫，时不时还到顺天府衙门大闹一场，希望迫使朝廷收用。京城之人，见到成群结队出没的花子太监，没有不远避的。朝廷迫于压力，几次开恩例收用，每次都有好几千人。

听到这些，魏某某心中一动。

他是个聪明人，看问题的角度与众不同。他想的是，连花子太监都如此令人生畏，如果是真太监，还不晓得如何威风呢！又想到自己穷困潦倒，前途无路，心中陡然亮堂了，生出做太监的想法。

他这脑洞一开，历史就改变了。

魏某某不是做事拖泥带水的人，说干就干，一刀下去……二十郎当岁的无业游民魏某某，忽然自宫，成了“准太监”。

《明史·魏忠贤传》说，他是因与恶少赌博，总是输，输不起了，“恚而自宫”。魏某某忽然自宫的理由，他自然不会对人讲，也没人敢向他本人请教。《明史》的说法，是猜测之词，然近于情理：他没本事，苦活累活不愿意干，赌又总是输，输了遭人羞辱，天天债主上门，他是没得法了，干脆卸掉包袱，轻装前进，换个活法试试。

魏某某有一个优势，就是他头脑灵活，善于结交，虽然上京时间不长，已经结识不少朋友。等到伤养好了，马上托人找关系。经过一番活动，在万历十七年(1589 年)正式换上宦官冠服，做了“一名光荣的太监”。那一年，他二十二岁。

魏某某成年自宫，却不必沦为与花子为伍，足见他为人是颇有手段的。

魏某某入宫后，“变姓名曰李进忠”。

魏某某改名换姓的原因不详，考虑到他是成年自宫，不在“当收”之列(外面还有上万自宫人挤破脑壳要进宫呢),他很可能是通过贿赂,冒名顶替入宫的。

这在明末时挺常见,是晚明贪腐横行、制度败坏的一个缩影。具体来说,就是宫里某个太监死了,管事的瞒下来,不上报除籍开缺,而是从宫外偷偷拉一个人进来,顶了死人的名号,同时也顶了他的差粮。魏某某很可能就是顶了"李进忠"的包进宫的。

李忠贤在宫里混了几年,稍有起色,便复了本姓,成为魏进忠。

那魏进忠怎么又成了魏忠贤?

这是朱由校即位后的事,"忠贤"是赐名。

忠贤者,既忠且贤,可惜他姓魏,成了"未忠贤"。皇上赞他忠贤,内外大臣无不颂他忠贤,这是魏忠贤在天启间的隆誉;后来他坏了事,大家齐来拱他、骂他,称他"逆贤",遂正式成了"未忠贤"。

魏忠贤姓名变化,图示如下:

魏某某(入宫前本名,不详)→李进忠(顶名)→魏进忠(复本姓)→魏忠贤(赐名)

每一次变名,都意味着魏忠贤人生的一次转折。他做魏某某时,是穷极无聊的赌徒。随即摇身一变,顶包做了太监。我们不知道"李进忠"到魏忠贤接手时,已经转过几"包",但这个名字能够拿到黑市上来卖,说明它的本主儿是个很低级的火者。魏忠贤做李进忠好多年,这是他在宫廷下层生活的一段潦倒期。魏忠贤进宫多年后,他的侄女和外甥女还被迫卖给富人家为奴婢。直到恢复本姓,成为魏进忠,才开始涨了些派头。再到他成为皇帝赐名的魏忠贤,就已经是权势煊赫的大太监了。

这几步,魏忠贤走了三十多年,不容易。

魏忠贤没发达前,有关他的记事并不多,且因为"魏阉小说"太多,造成魏忠贤故事虚虚实实,真真假假,难以辨别。

《明史》讲,魏忠贤入宫后,"隶太监孙暹名下,夤缘入甲字库"。这是一条重要史料,它透露的信息是:魏忠贤的本官是大太监孙暹。孙暹在万历二十四年(1596年)继张诚之后提督东厂,万历二十六年(1598年)卒,葬西山碧云寺(这里也是魏忠贤为自己所择葬所,详见后)。

孙暹是内府大老,魏忠贤投入他门下,可谓大树底下好乘凉。依照当时内廷"拉名下"的习惯,像孙暹这样的大太监,是不会随便收人为"名下"的。不知魏忠贤凭何机缘,有幸投到孙暹门下,难道他以什么特殊才能吸引了孙暹?我看未必。最大的可能,应是魏忠贤得到了某位重要人士的推荐。在这位朋友的帮助下,魏忠贤顺利顶包入宫,还被介绍到孙太监门下。在当时民间自宫风气很盛的环境下,这位朋友很可能是魏忠贤的同乡或干脆就是他的什么拐弯亲戚。有亲朋拉线,魏某某才能钻营入宫。

不过,孙暹虽然收魏忠贤为名下,对他未必青目相看,认真提携他。尽管如此,有孙暹这样一位有力的老板做后台,再加上他肯刻苦钻谋,还是"夤缘入甲字库",在内府十库之一的甲字库谋到份差事。

魏忠贤在内府东混一下西混一下,十几年时间很快蹉跎过去了。

终于,随着后宫呱呱一声婴儿的啼叫,他人生的大机遇来了。

万历三十三年(1605年)冬,皇长孙朱由校诞生,王选侍生子有功,进封才人,生活待遇相应提高,左右需用人手。消息传开,有人推荐了魏忠贤。

就这样,魏忠贤来到东宫,成为王才人的典膳。

东宫这份工作,不算美差。

当时东宫地位风雨飘摇,太子继位前景不明,宫里条件很差。比如万历四十三年(1615年)的"梃击案","疯男子"张差提溜根枣木大棍,从东宫大门一直打到正殿滴水檐前,如入无人之地。不是东宫无人,而是守门的都是年老宦官,根本抵挡不住。那时,除非等死的人,哪有青壮有志的宦官愿去东宫守那冷灶!

长孙降生之初,神宗还十分欢喜,甚至破天荒地"以元孙生,诏告天下",但激情很快就冷淡了。长孙一直得不到册封。

魏忠贤在东宫烧冷灶,一烧十来年,也没捞到啥好处。

魏忠贤在东宫为长孙的妈王才人"办膳",相当于才人的私人厨子和生活总管。厨子是管油水的,油水都在菜钱里,可惜才人这里油水并不丰厚。传说魏忠贤穷得受不了,不惜风尘数千里,跑到四川,找到在这里当税监的老友丘乘云,想打几个抽丰,可丘太监根本不睬他,还把他捆起来打了一顿。

如果说魏忠贤到东宫当差,是眼光独具,做了一桩收益巨大的长线风投,那这条"线",也实在是太长了——整整十六年哩!

其实,如果说魏忠贤有野心,他野心的天花板也是很低的,轻易便能碰到。

首先,他只是一个半文盲,做太监最大的前程就是入司礼监做秉笔太监,可是要请魏忠贤整日价低头看本章,提笔批文件,那也太难为他了,恐怕他做梦都没想过。何况他年纪不小了,熬到太子即位,已经五十出头,又岂能预知朱常洛是个"一月天子"?皇孙继位,还不知猴年马月呢!他这一位皇孙身边的人物,何时才能立起来?就算二十年后皇孙即位,那时他已经是七十老汉了。

因此我判断,魏忠贤到东宫当差,纯粹是偶然的。

魏忠贤善于结纳,对上,就是捧臭脚。

他在东宫捧的,是一个叫魏朝的太监。

魏忠贤对魏朝甚是"谄事",两人都姓魏,他便认了魏朝做大哥。魏朝的本官是东宫大太监王安,大哥照顾小弟,经常在王老公公那里替小魏美言,魏忠贤因此得到王安的"善遇"。岂料后来大魏与王老双双遭了小魏的毒手。

小魏与大魏交恶,缘于一个女人,而小弟之所以敢与大哥闹翻,也因这个女人。

这女人不是旁人,正是朱由校的乳母客氏。

第四章　魏上公是个什么样的“傻子”

清末太监的一句话，令我印象深刻。他说，在宫里做老公①，地位再高，也是苦人！宦官因受阉而身体残疾，宫女虽不必受一刀之苦，可她们幼龄入宫，圈在红墙之内的小天地里，终身服侍人，没有自由，还不照样是苦人？

同是苦中之人，在后宫的小天地里，很自然会选择结合。

宦官和宫女做对儿，早在汉代宫廷就已十分普遍，成为一种特有的宫廷文化，并且有了“菜户”“对食”这样一些专有词汇。

最初在宫里找伴儿的，都是“贵珰近侍”，就是有身份、经常在皇帝身边活动的大太监。他们在宫内有“直房”，可以办公，也可以住宿。本来在宫里“直宿”，能带来很大的便利，比那些只能在本衙门或“廊下家”囫囵挤一挤的强之太多，但有一样，直房密迩宫殿，严禁烟火，不敢私自开火造饭，宫里又没有集体食堂，吃饭只能在外头做好了，用食盒盛了送进来，再用木炭小炉温一温。想吃口热腾腾喷香的饭菜，对太监们倒成了件难事。

太监不能在“近御”处生火，宫女就没有这样的限制，一些宫女还有专门的小厨房，可以自做自吃。就有太监涎了脸，请宫女帮忙热饭，顺便请宫女吃点好的，以做报偿。久而久之，情热耳熟，干脆两家搭伙，两双筷子一并，一个锅里吃饭，渐渐结为相好，滚到一个铺盖卷里，做了夫妻。这由吃菜做成的一户人家，就是“菜户”。

太监与宫女名为夫妇，没有明媒，也无正娶，但夫妻之义还是有的。订好婚约后，一起跪在星前月下，郑重盟誓，誓言的主要内容就是“更无别遇”，跟普通人一样，从此白头偕老，不许变心！从此两个人像民间夫妇一样过日子，在深宫里相互帮扶，饱暖与共。有些重情感的太监，在“妻子”死后，将其牌位供奉于寺庙中，每年忌日，必往致奠展拜，哭起来“擗踊号恸，情逾伉俪”。还有的未亡人立誓，终生不再婚配，“如人间所称节义”。

---

① 宦官俗称“公公”，又称“老公”。有意思的是，今人管丈夫也昵称“老公”，而“公公”反成了“老公”的爹。

宦官宫女结菜户，最早还是偷偷摸摸，不叫人知，后来就公开了。到了晚明，法禁解弛，这些事更没人管了，于是“内中宫人，鲜有无配偶者”，只要稍有能力，总要找个伴儿！

后宫男女比例极不平衡，许多宦官在宫里找不到伴儿，便在外头眠花宿柳，与娼妓交好，还有的把娼妇娶回来。万历时人沈德符亲眼看到，宦官多蓄姬妾，他认识的三四个宦官，都娶纳了平康歌妓。京师坊曲所谓“西院”者，就是宦官养女人的外宅。

还有更奇的，有些“猥下”的京城妇人，因为和宦官昵爱偷情，竟把自家老公抛弃了，自愿许与宦官。万历中，有个妇人女扮男装闯入禁廷，审问得知，此妇是宦官在外包奸的娼妓，因宦官欠下嫖资，藏匿内府不出，这娼妇只好扮成宦官混入内廷，以追讨嫖债。这些都是广为传播的“时事新闻”，那时没有报纸，被记录在时人的笔记里。这些俗鄙之事，“皆（宦官）废退失职，及年少轻佻者为之”，不大为宫里人瞧得起，“同类俱贱之，不屑与齿”。没品没德的人，在太监界也是公认的败类！

在宫里找伴儿，不看门第，看势力。女寻夫如此，男寻妇亦多如此。

以势利的眼光看，寡居的客氏，是皇帝的乳母，又比较年轻，自然成为太监眼里的热门女性。谁讨她做了老婆，不单有了对食的伴儿，还将得到一份厚厚的政治嫁妆。

客氏早有郎了，那就是魏朝，魏忠贤的结拜大哥！

谈情，便不免为情所伤。

万历间，郑贵妃宫里有个宫人，名叫吴赞女，原与内官宋保相好，后来移情别恋，与一个叫张进朝的好了。宋保不胜愤恨，竟然辞官做了和尚，一去不返。为此得到好评，“侪类咸高之”。想想宣德以前，宦官私自逃跑，到庙里做和尚，犯的可是死罪！宦官是宫奴，没资格像有清操的士大夫一样，不想干了，挂冠而去。可见到了晚明，纲纪弛废，凡事都不讲究了。

客氏也是一个性如杨柳的女人。

她自选为乳母，常年在宫里生活，丈夫死后，便“私侍”了魏朝，二人结为菜户。魏朝出身东宫,在朱由校即位后,升任乾清宫管事兼掌兵仗局印,已是有头有脸的大太监。

魏朝与客氏,小日子过得好好的,忽被魏忠贤一脚插进来,客氏渐渐移情别恋,对"魏小三"产生了兴趣。万历四十七年(1619年)三月,王才人去世,魏忠贤一下子没了着落,亏得他与客氏勾搭上,才人的死,对他影响不大。在客氏的帮助下,他还在惜薪司谋了份差事。

大魏不忍自己的女人为小弟所夺,大魏与小魏,为了客氏,一言不合,甚至在御前动了拳脚,当着皇帝的面打起来。朱由校不仅不生气,反而乐不可支,亲自出面为乳母断官司,让客氏自己挑选夫婿。客氏靠着主子做主,毫不犹豫地选择了小魏。大魏狠狠吃了个哑巴亏。

二魏争风吃醋、大打出手的事,传到魏朝的本官太监王安耳朵里。王安是个秉性刚正之人,他对自己名下官做出此等丑态,深恶痛绝,当着众人的面,给了魏朝几个大耳刮子,还罢了他在乾清宫的差。

魏朝告病在兵仗局调理,不久被撵出北京,发往凤阳守陵。后来他见小魏势力越来越大,为了避祸,干脆一逃了之,抓住后遭到缢杀。

是什么让客氏撇开老情人,归心于魏忠贤?

说起来魏忠贤也不年轻了,朱由校即位时他五十三岁,算是老太监了。魏朝要年长一些,但应该大不了太多,四十岁的客氏未必稀罕魏忠贤是"小鲜肉"或"年富力强"。

最大的可能是,小魏的秉性脾气,令客氏心生偏爱。

晚明朱长祚在《玉镜新谭》中说,魏忠贤"形质丰伟,言辞佞利,目不识丁,性多狡诈,然有胆气"。明末清初的记载,对魏忠贤形象的刻画大体相同。如《花村谈往》卷一"魏客始末"说,魏忠贤"少黠慧,善赌博,喜驰马,能左右手彀弦。目不识丁,亦有胆,遇事擅用"。张岱《石匮书·魏忠贤传》说,魏"目不识丁,然有胆力,能决断,顾猜狠自用,喜事尚谀"。

归纳起来,魏忠贤有这么几个特点:

其一，丰于形，长得漂亮。

其二，便于辞，黠于性。口才好，能说会道，为人聪明，嘴巴还甜。

其三，不识字，性粗有胆力，好交游。许多记载都说，魏忠贤好酒能啖，尤爱狗肉，喜驰马，右手执弓，左手开弦，射石多奇中。

其四，为人猜狠自用，就是敢作敢为，心黑手辣。

魏忠贤外号“傻子”，不是说他真傻，而是在众人心目中，他是个憨直之人，如刘若愚称其“憨猛好武”。为何天启中，宫里宫外的奸人一齐来托魏傻子做老大？就是因为魏忠贤这样的人，颇具“大哥气质”，愿意照顾小弟，又很好播弄利用，成为别人追逐利益的工具。看官想想，魏忠贤一个人，能与多少人结仇？天启中遭迫害甚至杀害的官员那么多，不过众人借魏忠贤害人杀人罢了。

魏忠贤就是这样的傻子！

想来，如果客氏只爱魏朝一人，痴心不变，那么明朝的历史很可能会改变走向：太监王安不会死，没有朝堂的大决裂，也没有太监专权……明朝玩儿完归玩儿完，至少会多几年阳寿。魏朝玩不到那么嗨，只有人称“傻子”的魏忠贤能玩到嗨翻天。

魏忠贤心豪胆粗，性情刻毒的客氏正喜欢这样的男人——敢替她出头下黑手嘛！

对此人们本着娱乐精神，有一些猜测，如说魏忠贤阉之未尽，还能行“人道”，所以格外得客氏垂青。还有的故事编得更离谱，说魏忠贤在入宫前就与客氏相识，两人有一本旧情账等等。

客氏与魏忠贤的关系，并不是简单的男欢女爱，客氏“薄（魏）朝而爱忠贤”，二人一拍即合后，从此“深相结”，结成“害人精联盟”。魏忠贤之得帝宠，敢于为所欲为，很大程度上，是因为后面有客氏罩着。所以魏忠贤遇到什么麻烦，必到咸安宫看望客氏，而每次相见，“必将宫人、官人屏开，语秘不得闻”。

客、魏联手扳倒的最大一个人物，便是司礼太监王安。

第五章　王安大意丢性命

王安，北直隶雄县人，是冯保的名下官。万历六年（1578年）入宫，万历二十二年（1594年）做皇长子朱常洛伴读，从此不离左右。

王安这个人，有两个非常突出而且看似矛盾的特点。

一方面他为人严肃冷峭，待人严厉，有清高之气，朱常洛对他“优礼虽加，而心疏畏之”。这方面王安可能受了他本官冯保的影响，神宗与冯保的关系也是这样，外热内冷。王安这性子，却跟外廷士大夫十分投脾气，王安在朝有许多朋友，特别是与一些东林干将声气相通，在捍卫东宫地位上发挥了重要作用。

另一方面，王安长于理财。东宫收入主要靠财政拨款，由于神宗刻薄寡恩，东宫经常处于收支不抵的状况。多亏王安经营调剂，增加收入，不然太子爷都要靠借贷度日了。

我在以前曾议及明代的太子教育，提到过王安，对他有所非议。说他在争取朝臣对东宫的支持以及调剂窘困的东宫财政上，都非常得力，可说是皇子、皇孙的第一大功臣，但在更为重要的太子教育与储君培养上，他的作为就相当不够。① 当然，我们不能苛责于人，许多时候，一个人成材不成材，不是旁人苦口婆心就能做到的。这既是一个人的命运，也是大明的国运。

话说光宗、熹宗相继即位，昔日的冷灶火旺旺地烧起来。

天启初年的司礼监掌印太监是卢受，是神宗任命的，当皇权完成过渡，他就要考虑退休问题了，掌印的位置空出来。这个地位，非王安莫属。

王安也是这么认为的，所以当众太监推他接任掌印时，老头子乐呵呵

---

① 见本系列《大太监斗法》。

地说:“愚不才,掌印枢机任重,咱可做不了。”

他是假谦虚,假谦虚也是一种套路,或者说规定动作。其程式是:凡官员受命,不能撸起袖子直接干起来,照例要上本请辞(当然只是重要官员,虾兵蟹将可不用),称自己德不配位,还差火候等等,望皇上另择高才。辞疏递上去,皇帝要还他一个“嘉奖令”,在御批里表扬他几句,说你就是不二的人才,此事非你莫属,“不准辞”! 一般来说,经过这一轮往复客套,大臣就可以上任了。

以上是升官时的假辞,还有一种,是真的辞职不干,辞疏递上去,皇帝明明知道你不想干了,也没真心想挽留,但照着套路,仍旧是不准所辞。请辞人就要再次上疏力辞。如此往复多次后,皇上才批一个“准”字,说朕委实不乐意,但考虑到你去意已决,实在没法子,只好允准。然后还要意思一下,赏点好处,如加个虚衔,赐些钱物,准许他免费乘坐驿站公营的车马等。

套路是过去官场的繁文缛节,大家都得这么做,包括内官,不然就不合规矩。好比王安得掌司礼监印,终于熬出头了,很有春风得意之感,本来马蹄是很疾的,可是他不能表现出来,还得装出很惶恐的样子,说我干不了啊,万岁爷还是另择高明吧。皇帝当然不会答应,三催四请,老太监才出来上任。大概不如此,不足以显示官员的淡泊名利吧。在我国传统的政治文化里,“急于功利”被认为是不道德的,所以要装。可不料王安照例一装,却装坏了!

王安接到任命后,照例上了辞疏,然后带一彪人马到西山庄园避暑去了。他这叫“避位”,实际上是在西山坐等皇帝派人捧诏书来请,他再扭扭捏捏回京上任。

可是他永远等不来那份诏书了。

一场夺取司礼监掌印之位的宫廷阴谋,正紧锣密鼓地谋划着。

而其主谋,竟是被王安视作“道义友”的太监王体乾。

王体乾,北京昌平人,他与王安一样,也是内书堂出身,并长期供职于东宫。光宗即位后,擢任司礼监秉笔,兼掌尚膳监印。

王体乾这个人城府极深,他外表宽和,内心刻毒,与外躁而内和的王安恰恰相反。一直以来,王安都把他当作一个好同事和得力的助手。因为王安做事和待人都比较急,而王体乾较为稳重,有他在旁帮忙,很得其力。可惜王安眼拙,没有认清王体乾的本质,最后不幸为其所卖。

在朱由校即位前后的“移宫”风潮中,王安与廷臣紧密配合,一时成为众望所归的人物,外廷对他的评价和期许非常高。可是,王安也因此在内廷得罪了不少人,尤其是客氏很讨厌这个“爱管闲事”的老头。

王安对魏忠贤本有栽培之恩,可是王安驭下太过严厉,对皇帝的管束也比较多,令客氏很不高兴。王安要做了掌印,老头子还不更烦人?

让“情人”不爽的人,魏忠贤自然要挤对他,过去那点恩义,算得什么!

王体乾了解到这些情况后,他没有告诫或警告王安,而是迅速辨明形势,没有多做犹豫,就背弃了老朋友和老上司。

于是,天启元年(1621 年)夏天,当王安躲到西山演戏时,一份弹劾他的奏疏,忽然在京城流传。

上疏人名叫霍维华,他说“长安道路之口,皆以为王安迫欲得司礼掌印,以为大作威福之地”,又称王安“举动乖张,启人情惊疑之端,生群小趋赴之念”,没来由地对已经奉旨掌印的王安进行了攻击。

司礼监掌印位尊,廷臣轻易不敢弹击。熟悉政治规则的人都清楚,这一本就是挑事儿,背后一定大有来头。

霍维华是著名的阉党,他上疏力攻王安,只是充当枪手,真正在后面拿主意的,是王体乾和魏忠贤。王体乾说:“老王不在京,这一本进来,他做不了主,还不由着咱们的意思弄?”魏忠贤连连点头,客氏也赞王体乾有计谋,还伸出大拇指,给他点了一个赞。这一赞,为王体乾赢得八年司礼监掌印之位。

霍维华的弹章进来,王体乾亲自将着,送到朱由校面前。朱由校见弹劾的是王老太监,不免迟疑,询问王体乾的意思。王体乾趁机下药,然后客、魏联袂翩跹地从后台走出来,顺势一推,王安大事去矣。

等到王安发觉事情不对,急忙赶回宫时,不仅掌印之位飞了,他本人还被降为净军,发南海子执役。

这一年来，王安是何等炙手可热的人物，一旦从云端跌下，立时被无数双脚踩在粪堆里，遭到所有人的抛弃，内府与外廷，无人敢为他说一句好话。

老太监倒台了，怎么处理他，就显出政治的黑暗来了。

魏忠贤本无意对王安下毒手，可客氏说了，你今天手下留情，来日他翻了身，准叫你死无葬身之地。客氏才是正在隐隐形成的“魏氏集团”的幕后老大，她的话，魏忠贤不敢不从。于是一道密令，王安便被人缢杀于南海子的荒草篱落间。

几个太监合伙推倒了老大王安，这不仅仅是一场宫廷内斗。王安作为东宫干城，一直以来，与外廷朝臣，尤其是与东林党关系良好。王安在，内外朝的关系就和谐，尚可同克时艰，当他为人所害后，未来政局的走向就不明确了。

天启元年（1621 年）冬天，魏忠贤由惜薪司太监直接躐升为司礼监秉笔太监兼提督宝和三店。他是通过裙带关系得到这个重要职位的，故称“夤缘得之”。而王安的“毒友”王体乾，则得到了梦寐以求的司礼监掌印之位。

第六章　秉笔太监是文盲？

万历三十五年（1607 年）冬，陈矩去世，司礼监印由秉笔成敬接掌，魏伸掌东厂。

成敬死于万历三十八年（1610 年）秋，由东厂魏伸继之，秉笔李浚掌东厂。

魏伸死后，按照惯例，本该由东厂李浚接掌印务。但神宗对李浚不太满意，印务开缺后，他总说再找找看，魏伸死了一年多，还不让李浚接任。李浚只好以东厂太监代摄印务，到死都没能掌上印。

李浚死于万历三十九年（1611 年）冬天，直到第二年春，才升秉笔李恩掌监印，卢受掌东厂，这两位分别由九门提督和文书房太监升用。

司礼监掌印和提督东厂这么重要的岗位，竟然出缺一年多都不补，足见神宗晚年有多怠政，别说外朝官职有缺，他故意不补，就是“内廷亲密之官”，亦是如此。

万历四十六年(1618 年)，李恩卒，卢受接印，这是陈矩之后，再次出现司礼监掌印兼督东厂的例子。卢受一直干到天启元年(1621 年)。

一个沉闷颓废的时代结束，一个大变乱的时期开始了。

光宗继位后，马上登用一班东宫私人，典玺局郎邹义升任司礼监秉笔兼掌东厂，卢受仍掌司礼监印。

当年冬天，邹义辞任闲住，沈荫掌东厂。

卢受于天启元年五月去官，被魏忠贤矫旨发凤阳看坟。王安本望接任，却翻成他遇害的契机。王体乾趁机夺掌司礼监，从当年五月一直干到崇祯元年(1628 年)四月，其间一直掌司礼监，同时兼掌御用监和尚膳监印。

沈荫任至天启二年(1622 年)夏天，也被退斥闲住，东厂由宋晋接任。

宋晋在东厂做了一年，到天启三年(1623 年)十二月，也遭到私宅闲住的处分。

从以上缕述来看，朱由校继位后，司礼监与东厂的人事更动甚是频繁，太监们(除了善于媚人的王体乾)都难长久安位。宋晋闲住后，接掌东厂的，是魏忠贤——“提督东厂”(后改称总督)，是魏忠贤影响朝政的开始，所以第二年就有了杨涟批揭他的“二十四罪疏”。

魏忠贤以秉笔兼督东厂，位次在掌印之后，是太监中的老二。但他的实际权力，在王体乾之上。王体乾为了固位，不惜降尊，与魏忠贤的掌家太监王朝拜了把子。名为“首珰”，王体乾更像魏忠贤的马仔，“避忠贤，独处其下，故忠贤一无所忌”。这种颠倒关系，终大明之世，仅此一例。

以秉笔兼掌东厂，是一份文武兼备的工作。

可是，魏忠贤不是文武双全之人，许多书里都说魏忠贤“目不识丁”，难道在司礼监秉笔的魏忠贤，真是一个文盲？

周宗建在天启二年(1622年)五月就曾疏劾魏忠贤，称他“目既不识一丁，心复不谙大义”。那时魏忠贤刚刚冒出头，他为此勃然大怒，一次参加经筵，他见周宗建在一旁侍班，对其怒目而视。讲筵结束，一步冲到阁臣前，大声质问：“御史疏里说咱家是千人所指，目不识丁，这是什么话！”他一定要阁臣说个明白，其实是要内阁拟票严处周宗建。首辅叶向高温言宽解道：“言官的话，岂当深咎！”说言官经常言过其实，何必太过在意。魏忠贤在阁臣这里碰了软钉子，便狂呼大叫着奔到御座旁，诉说委屈，要皇上为他做主。朱由校果然为之动容，下旨杖周宗建一百。这一百棍子打下来，周宗建必死无疑，多亏叶向高力救，方才免打。

通过这件事，可知魏忠贤富贵后，开始爱惜羽毛，对言官的攻击，很难做到心平气和，常做出过度反应。他的这一弱点很快被一些心术不正的人发现，故意拿些小事来挑激触怒他，使其成为替人报复的工具。

其实不单魏忠贤本人被视作大字不识的文盲，就是他那伙子“鸡犬升天”的亲戚里道，如魏良卿、魏良弼、魏良材、魏希孔、傅应星等人，在杨涟的二十四罪疏里，也一概被指为“目不识丁”。言下之意，老魏家就是一帮暴发户——没文化！

然而从一些侧面材料可知，魏忠贤能进行简单的阅读，如某巡按御史为魏忠贤造生祠，祠内楹柱悬联，左为“至圣至神中乾坤而立极”，右为“允文允武并日月以常新”，都是吹嘘魏忠贤的肉麻话。御史把联抄了，寄给魏忠贤看。魏忠贤对联意颇为不解，指其中“立极”二字，问左右：“何事说黄阁老？”原来当时有位姓黄的阁老，就名“立极”，魏忠贤不理解“乾坤立极”的含义，以为说的是黄立极。其实这副对联的意思极为浅显，魏忠贤竟然读不通，可见他虽不是大字不识，但亦“非能通文理”(杨涟语)，大概也就是记个账、看个账本的水平吧！

大学士沈潅曾是魏忠贤的老师。《明史》载：

故事，词臣教习内书堂，所教内竖执弟子礼。李进忠、刘朝皆(沈)潅弟子。李进忠者，魏忠贤始名也。

李进忠是魏忠贤刚入宫时的名字。有人据《明史》的记载,认为魏忠贤曾在内书堂读过书,应颇识文理。

此事果可信乎?

不可信。

沈㴶是万历二十六年(1598 年)正月被任命为司礼监内书馆讲官的,主要工作就是教刚入宫的小宦者读书,同时授命的,还有编修韩爌、检讨朱国祯,这三人后来都入阁为相。沈㴶担任此职三年有余,至万历二十九年(1601 年)十二月奉命管理文官诰敕,不再教书。

魏忠贤是万历十七年(1589 年)二十二岁上入宫,沈㴶教书,又在十年之后,魏忠贤已经三十多岁了,怎么可能还到内书堂与幼阉一起读书?

沈㴶与魏忠贤关系甚密,结为内外盟友。内廷有权势的太监,总望拉一位有名望的大臣,以为外廷之助。孟冲如此,冯保如此,魏忠贤也是如此(由于王体乾名为掌印,实为傀儡,所以外臣所结者为魏忠贤)。毕竟在体制上,宫府、内外有别,没有外臣帮忙,许多事体料理不开。当然,有野心的外臣也会主动依附司礼太监,据《明史纪事本末》记载,沈㴶就是通过太监刘荣"得通于魏忠贤",然后投其所好,提议在内府大兴内操。沈㴶巴结上魏忠贤,遂由南京礼部侍郎升礼部尚书兼东阁大学士入阁。

魏忠贤能力颇强。刘若愚说:"逆贤不识字,从来不批文书,不轮流该正,然颇有记性,只在御前赞扬附和,植党徇私,或危言冷语挑激圣怒。"秦元方《熹庙拾遗杂咏》称:"忠贤目不识丁,常能强记。日奏某票宜仍,某票宜改,一一不误。"遇到章奏公事,王体乾、李永贞等人一起帮忙谋划出主意,遇到票红文书及改票动请御笔①,都是王体乾独奏,魏忠贤在旁默助之。

魏忠贤不大识字,难以独立处理政务,而且他是疏淡惯了的人,每日坐值房里批处奏章,他也耐不得那烦。故此他宁愿在头上顶着一个挂名的掌印,"为之谋主",然朝廷大政皆由他总揽,大主意由他来拿,这就够了。

---

① 司礼太监批文书,照规矩只能"依内阁票来字样",照样誊录。如果他们认为内阁票拟意见不妥,需要奏请皇帝,请御笔亲自改正,是不允许太监私自乱改的。

除了王体乾，秉笔太监李永贞、石元雅、涂文辅这些人，名为魏忠贤的同僚，实际上都是他的心腹，“凡章奏，(李)永贞等先阅视钤识款要，白(魏)忠贤议可否，然后行”，凡事都须魏忠贤点头，一切唯魏马首是瞻。

第七章　天子之戏：宦官内操

从上文可知，魏忠贤并不是熹宗一即位立刻权倾朝野。他在天启的前四年，只是一名红得发紫、令人瞩目的宦官，在内廷已达到顺我者昌逆我者亡的境界。可是自他在天启三年(1623年)接掌东厂，没有寻求再进一步，抢过“首珰”这第一把交椅。魏忠贤如果想这么做，对他来说易如反掌。然而他对司礼监掌印似乎没有兴趣，甘愿在名分上居于王体乾之次。

这就奇怪了，一个并不那么贪慕政治权势，甚至都没有坐在“首席辅政太监”之位上的人，怎么会“专权”呢?

这位权阉，是被情势推到风口浪尖的。

万历末年以来，“东林党”的政治影响越来越大，他们声气相求，占据了道德的制高点，在舆论声势上具有不可阻挡的优势。东林不仅控制了道德与舆论，他们还实际掌握了朝廷的用人权，在选拔官员时，以“东林”为线，合我者用，不合我者斥。最典型的就是天启三年春天的“京察”，主持者吏部尚书张问达、左都御史赵南星，都是东林领袖，他们考察京官的标准，就是“正人”与“小人”，“非我族类”者(即非东林和清流)皆目为“小人”和“邪党”，予以无情地贬黜。

中国自古以来就纠缠于君子、小人之辨，然则何为君子，孰为小人，哪有固定标准！这就跟政治上分左、右派一样，说到底还是打着道德、正义、先进的旗帜，实行“顺昌逆亡”的宗派主义！在一些政治议题上，同气连枝，就是正人，持不同意见，就是邪佞和小人。

一个人在仕途上跋涉，不可能如独行幽径，必然形成许多特定的人际关系，如乡党、师生、同科、同官等等。这些关系，既是官员的重要资源，也可能成为他们难以摆脱的负资产。好比一个官员是浙江人,恰好又是沈一贯的学生,那么不管他的能力、操守以及政治上的基本立场如何,都有可能被视为“浙党”,而被斥于清流之外。

在当时的舆论环境下,正邪的界限壁垒分明,很难有柔化、模糊的区域,彼此之间非黑即白,非奸即忠,党同伐异,相互攻讦,势同水火。万历末年以来的官场,已经完全失去了正常的秩序。

东林党最初以道德、正气发家,集聚了巨大的人望,声威之壮,如奔决的洪水,冲破一切试图阻拦它的藩篱。万历晚年到天启初年,东林党人几乎占据了所有重要职位,不入东林之彀,根本没法在朝堂立足。《明史》称之为“东林势盛,众正盈朝”。

然而,东林称党,未必为“党”,东林之“正”,亦不尽为正。

应该说,魏忠贤与东林之间没有本质上的利害冲突,魏忠贤还是东林势盛的受益者。东林党是东宫父子最基本的拥趸,若不是东林力挺,光、熹父子不可能顺利继位,因此,天启初年,东林声威大震,与内廷彼此相安无事(尽管东林的盟友王安被害),魏忠贤对东林党还有一些示好的表示。天启二年(1622 年)十一月,赵南星升任左都御史,魏忠贤派他的外甥傅应星前往祝贺。这要是一般大臣,见皇上驾前大红人魏公公派亲戚来了,多给面子啊,一定喜不自胜,开中门相迎。即便不想拍老公马屁,俗话说“当官不打送礼人”,人家再怎么着是来送礼的,至少要客气一下,请进来喝杯茶吧。可这不是清流的行事作风,也不符合那个乱世的“道德”标准,赵南星居然刻意高标,闭门不见,让热脸的魏忠贤碰了一鼻子灰。

东林党是道德战士,是孤独英雄,他们自然不会与太监合作。

魏忠贤的地位持续上升,先入司礼监,再秉笔,再督东厂,内府众阉无不披靡于他的威力。

这颗从内府勃然而兴的政治新星,逐渐引起东林党人的重视,他们觉得有必要弹他一下,这才有了天启元年(1621 年)因客氏出宫的事,御史周宗建上疏,责骂魏忠贤“目不识一丁”。

开始注意魏忠贤的,不仅有东林派官员,也有遭东林排斥、仕途逆厄的官员。

这些人是官场的失意者，有的还被东林党标上了奸佞、小人等标签，他们可不像那些有名的清流大臣和激愤狂狷的言路小官。他们不刚而柔，不亢而阴，他们很识时务，不会公然出头与东林作对，但他们不甘沉寂，总在想着如何将局势扳转过来。只是在强大的东林碾压机前，他们的努力看起来那么孱弱无力，亟须攀附一根粗壮的大树。

这时，他们发现了魏忠贤。

他们不担心魏忠贤与东林不成仇。因为东林似乎什么都看不惯，而且一贯口无遮拦、言辞无忌，不管是皇帝还是太监，都敢死磕硬抗，而且打仗很少讲策略，就是群殴战术，遇事一窝蜂上，拿出死战到底的决心。

东林这脾气，要么大胜，假如一旦遭挫，必然全军覆没。

他们要做的，就是居于东林、魏阉之间，挑拨离间，然后坐观成败。

魏忠贤就是他们撬翻东林这块巨石的杠杆，他们拿人格与魔鬼交换，五体投地地依附于魏忠贤。这些人，后来被称作"阉党"。

东林党人的眼睛，总是瞪得大大的，宫里一些毛病，全被放大了挑出毛病。好比客氏吧，皇上守信，俯从群言，放她出宫，算是给了廷臣天大的面子。虽说客氏出宫才两日，又被皇帝请回去，这不很正常嘛！亲戚朋友还要走动呢，何况他们"母子"情深。而且客氏回宫是秘密的，不打算让外臣知道，徒生事端。可是仍不能逃过外朝耳目，而且廷臣的反应一如既往地快捷而激烈。第二天，客氏还没出宫，御史周宗建的本章就来了，说"两日之间，乍出乍入，天子成言，有同儿戏"，公然指责皇帝使"诈"。

如往日一样，东林党配合默契，就像商量好了的，一本接一本跟着来，而且言词一个比一个激烈，一个比一个危言耸听。

自古只听说防止后妃干政，到了东林嘴里，连个奶妈都要防她干政！这样的话头，谁能信服？

对此，不仅客氏不服，客氏的帮闲们也不服，他们再一起到皇上跟前嚼嘴，糊里糊涂的朱由校自然更是大大不服。

最先上本的周宗建、侯震旸，只是遭到斥责，未予惩罚。可东林的“棒棒”们，如马鸣起、倪思辉等，继续抗议，没完没了，就遭到罚俸或贬官的处罚。

但他们不怕，继续抗争。

怕罚俸、怕罢官、怕打屁股、怕下狱坐牢，不是东林好汉！

本来一件能够好好说的事，就此戗住了，没了回旋余地，必须分个黑白香臭了。

东林党人自居清流，好以意气相激，却缺乏理性思考和政治智慧，做事大小不辨，没有大体，宛如好斗的公鸡，是很容易失败的。看官千万不要以客氏后来作孽，就由此说，东林所争者为大节，不可不争。政治是最讲现实的，客氏只是一个奶妈，她顶多擅宠宫中，以奴欺主，却没有她将来一定干预朝政、成为阉党母教主的确凿证据。既然没有，所争者何？如果东林不是那样颟顸死争，遇事留有余地，或许还令客氏有所畏惧，撕破了脸，彼此都不好看。说实话，客、魏后来干的那些事，很大程度上是为东林所激，是双方关系完全破裂促成的。

值得注意的是，朝臣在争客氏之事时，尽管提到历史上的“乳母之乱”，如东汉安帝乳母王圣、顺帝乳母宋娥、灵帝乳母赵娆，与“中涓”（宦官）内外锁连、狼狈为奸之事，但还没有指名道姓，把魏忠贤揪出来说。

有意思的是，东汉末年，乳母赵娆浊乱宫闱，宦官专权乱政，那些不满朝政的“天下豪杰及儒学行义者，一切结为党人”，促成汉末的“党锢之祸”。明末的情势与其何其相似！昔日乳母为赵娆，今为客氏，宦官为魏忠贤，东汉的党锢之祸不就是今日的“东林之祸”么！

东林党只是随意翻查史书，找到了历史上一系列乳母为乱的例子，殊不知一言成谶，预言了未来天启朝政局的基本走向。

为了客氏，东林努力抗议，没有奏效。第一回合，客、魏胜。

紧接着，第二回合开始了——

天启二年（1622 年），廷臣再次为内廷的举动所激怒。

这年三月，魏忠贤忽然组织起一支阉人军队，在内府操练起来。

内操是有先例的。

武宗时，引边军入内，号称“外四家”，设立内操西官厅，操练官军六千多人，并将阉人善骑射者专成一营，称为“中军”，由武宗亲自指挥。

武宗死后，遣还边军，罢威武团练营，内操也废了。

嘉靖二十九年(1550年)俺答进犯京师后，改革兵制，罢团营、两官厅，复三大营旧制，复选边兵六万多人分番入卫，与京军杂练，同时重开内教场，计划操练二营宦官。为此世宗下谕，在营中修建一台，备他亲自检阅。可是世宗在玄坛太忙，没有太多闲工夫操心武备这些俗事，大概将台一次都没接过圣驾吧！

很快内教场就被荒草占领了。

内操再兴，与张居正有关。

穆宗即位初，张居正在阁臣中排名最末。他知道穆宗好观武事，遂投其所好，在条陈中专列“实武备”一款，建议皇上每年秋天在京军大阅时，躬临现场检阅。穆宗正有此意，闻言大喜，立刻允行，下旨重新修复内教场，选宦官在内操习骑射。

张居正为媚主而复兴内操，遭到廷臣反对。首辅徐阶借着御史进谏，说在禁苑近地操习军事不便，此事遂作罢。

万历十一年(1583年)，神宗亲政后的第二年，下令选宦官内操，借口是谒陵时以备“军容扈从”。共选内使两千人，令太仆寺配给马匹三千匹。

第二年端午节前，又命选少年强壮内使三千人，各授兵器衣甲，在内廷操练骑射。到了节日那天，神宗亲临阅视，见他的“无垢者兵团”弯弧骋辔，云锦成群，连京营官兵都有所不及，大乐之下，当即赏银万两。这次大阅场面壮观，只是因天气炎热，操练宦官擐甲操兵，立于骄阳之下，竟暍死数人。

皇帝喜欢内操，打着重视边备的借口，实际上把练兵当成了乐子。大明京、边官军上百万，哪里还需仰仗这区区数千阉人！明代的皇帝不像清朝皇帝，可以自由地四处巡视，他们就像圈禁在皇城里的囚徒，实在闷得慌，内操便是很大一个乐子，这比内中观戏有趣多了，还可以满足一下“天子征伐”的快感。

但在廷臣看来，阉人成军，就是皇帝的游戏，毫无意义，还为本来就已经很困难的财政增加新的巨大负担。

万历十二年（1584年）端午节过后不久，南京御史谭希思就以“选兵操演内廷”有违祖制，请求停止内操。谭希思写过《明大政纂要》等好几本书，稔熟国朝典故，经常拿祖制来说事，令神宗格外恼火，批道：“内臣及内操俱系先朝建置，朕为奉慈驾（太后）春秋二次上陵和朕赴南北郊恭祀扈从，已各有旨。”他说，内操就是“先朝建置”，而且我也有旨了，你还来胡咧咧，正是“沽名建白”（借建言沽名钓誉），下令南京都察院对谭希思予以究问，然后奏报。

转眼到了九月，十五日是上陵秋祭的日子。此前一天，神宗特意下旨，让司礼监传谕总督内教场管事太监，要求在他奉两宫太后恭诣天寿山陵寝行秋祭礼时，太监等率领中军等官并各队人等，俱小心严肃，各守信地护卫，毋得喧嚷错乱。

可是事与愿违，第二天，当大队人马走到凉水河时，随驾内操军士随意进止，喧争无纪律。有一匹马受惊，冲入扈从前队，群马一时狂奔，导致内兵多人跌伤。

这件事又被廷臣抓住由头，一大批谏章如期而至。神宗郁闷异常，凡进本来谏的，多遭到降谪、革职、夺俸等惩罚。

群臣劝谏无效，首辅申时行只好游说司礼监，说：“此事关系禁廷安全，诸人擐甲执戈，天不亮就进入内廷。设若有奸人窜于其中，一旦有个缓急，外廷不得闻，宿卫不及备，这是公公的剥肤之患啊！”他向司礼太监言明利害，说这么多人持戈杖兵在御前行走，难以稽查，一旦圣驾有个三长两短，公公如何交代？首辅把利害关系一摆，太监“悚然”，开始转变态度，也劝神宗停止内操。

内里的基础打好了，万历十三年（1585年）三月，兵科都给事中王致祥再上疏谏止内操，他这一本虽然留中不发，但神宗随即传谕内阁，说“内操原有祖制，向缘扈从南北郊及皇陵恭祀，事毕而止，殆无常操之理。而言者不知,妄引非喻,亦是其职。今已停止,卿等知之”。他强调内操是祖制,之前举行几次,都是因为祭陵及南北郊祭祀护卫的需要,并不是要改为常操,言官屡次进谏,虽说不晓内情,但亦属责任所在。如今,内操已经停止了。

那时,神宗刚刚亲政,尚在意气风发,他小时候就喜欢舞枪弄棒,可是被压抑着,好容易亲政了,遂任着性子玩了把大的,结果招致不少非议。他的兴趣消散了许多,不想玩了,就把内操停了。他既然承认廷臣谏止内操“亦是其职”,此前的成分决定也一并取消。

两三年间,廷臣进言无数,神宗都不听,司礼监进谏,他就听进去了,可见对于内操这种需要太监掌管的“内事”,司礼监的发言权是很大的。如今三十多年过去了,昔日的内教场早已“鞠为茂草”,忽然皇城之内,战鼓炮声重新响起,自然也是太监在内推动的结果。

此事的发动者,是司礼监秉笔太监魏忠贤。

魏忠贤开内操,与沈漼的诱导密不可分。

《明史纪事本末》记载:“(沈漼)使其门客晏日华潜入大内,诱刘朝等练兵,顿使圣明之朝,再见江彬之事。”尽管群臣力谏止操,被太监包围的朱由校概以“祖宗故事”为由拒绝。史云,到天启三年(1623 年)秋,“忠贤益无忌,增置内操万人,衷甲出入,恣为威虐”。当时许多记载都说,凡举内操之地,鼓炮之声震骇宫阙和京城。

一次太监王进在熹宗面前试用枪铳,不慎把手炸伤,几乎伤及皇帝。朱由校的一个儿子夭亡,正当内操放炮之时,也可能是被炮声惊死的。

沈漼和魏忠贤大力推动内操,并不只是哄皇帝开心,他们有更深远的目的。

《天启宫词》注云:“阁臣沈漼请复内操,为忠贤内镇守之基。”天下镇守内官自嘉靖中裁革,已逾七八十年,魏忠贤试图恢复,他是从内操开始的。

然而魏忠贤热心举办内操,在后来被认为是他掌握禁军的阴谋。如《玉镜新谭》说:“此忠贤擅违祖制,以设伏内应之逆迹也。”内操成为他“谋反”的证据。

古代政争，最喜欢加人谋反之罪，就是太监也不例外。魏忠贤抓权为逆，称之为“逆贤”，不冤枉他，可是说他谋反，就是欲加之罪了。

第八章　与东林决裂

内操事件还成为东林与魏忠贤决裂的关键。

朱由校即位未久，已对“宫廷礼法之事，渐觉其苦”。表面来看，十六岁的天子恪守本分，每个月九次的朝会，虽然辛苦，但他很少缺席。奏章也不再像万历时那样经常积滞。但朱由校对讲学读书毫无热情，对于政事根本的奏章更不上心，一切交于司礼监去办。就是他唯一的“亮点”勤于上朝，表现也令人失望。天启二年(1622年)十月，新科状元文震孟就上了一道“勤政讲学疏”，不客气地形容皇帝的上朝之状，说：

皇上昧爽临朝，寒暑靡辍，于政非不勤矣，而勤政之实未见也。鸿胪引奏，跪拜起立，第如傀儡之登场，了无生意！

状元开骂，说皇帝像傀儡，了无生意，这还了得！这一本奏进去没多久，内廷便传旨出来，将辱君的文震孟廷杖八十。后来虽免了打，仍将其贬职外调。

朝堂上如同傀儡、朝讲时呆若木鸡的朱由校，一回到内廷，顿时生龙活虎，只听得皇城之内，日日炮石雷击、金鼓震天，再加上一些宫闱秘闻渐渐外传，廷臣们的忧虑日益加深。

于是内府权势最大的魏忠贤，吸引了越来越多的箭镞。

给事中惠世扬、侯震旸，御史江秉谦、周宗建等，纷纷疏劾魏忠贤。他们既嘲笑魏忠贤“不识一丁，不谙大义”，又批评他把皇帝带坏了，“耳目鞶笑之暇，(皇上)日与相亲，宫廷礼法之事，渐觉其苦，一切用人行政，堕于其说”。沈㴶挨不住批，被迫去职。

对魏忠贤的批判持续升级，天启三年(1623年)二月，周宗建已将魏忠贤比作前朝太监汪直和刘瑾。随后给事中刘化弘、陈良训,御史方大任、胡良机、黄尊素等上疏,对魏忠贤展开大批判。

然而无论言路怎么攻,魏忠贤都岿然屹立,与他不合的东林党大臣刘一燝、邹元标等人反而遭到排挤。

几个回合下来,形势变得愈加清晰,双方阵营及队伍逐渐分立,大决战——也是大分裂、大分崩的时刻,即将到来。魏忠贤及其党徒试图借汪文言案,将反对者一网打尽。汪原为太监王安门客,与东林党关系密切,往来线索最多,拿他做缚虎之索,最合适不过了。

决战的号角,是天启四年(1624 年)六月左副都御史杨涟弹劾魏忠贤的二十四罪疏。过去纠劾权臣权阉,不过八大罪、十大罪,冯保也不过十二大罪,这位杨先生竟能掰扯出二十四大罪。

魏忠贤的二十四条罪状,不必细大俱数,单说两桩:

第一,专擅。

杨涟说,祖宗之制,以票拟托重阁臣,然而自魏忠贤专擅,旨意多出传奉。可传奉之言可信吗?即使传奉为真,一字抑扬之间,判若天渊。如果传奉为伪,谁又能辨明其伪?

明代大太监"擅权",不外两招——

"隔绝内外"+"把持蒙蔽"

皇帝不出来接见大臣,群臣见不着皇帝,太监出来,就是皇帝的代表,口含天宪,动称传旨、传谕,群臣根本搞不清状况:所谓圣旨,到底是真是假?

除了传奉旨意,还有就是"径自内批",即不依照制度规定的程序(如旨意必须由六科抄发,不能径直下部,科臣对本章拥有驳核的权力),由太监直接传出御批,下各衙门施行。

杨涟说,自魏忠贤专擅以来,传奉和内批顿时加多,"坏祖宗二百余年之政体"。

第二,破坏法度。

杨涟指魏忠贤破坏法度,即施行已久的一整套成例和旧规。比如在会推官员时,按例御笔应圈第一人,现在却是随意圈点,让人莫衷一是。又如御批从来只批在本章上,却忽然在都给事中魏大中的履任状上批红,对正人肆意责骂恐吓,全无事体。

这些颠弄本章的做法,自然都打着皇帝的名义,但杨涟绝不相信,他说:“宫中府中,大事小事,无一不是忠贤专擅,即奉奏之旨,反觉皇上为名,忠贤为实。”

杨涟这道疏是很有杀伤力的,他告诉皇帝,在人们心目中,你是名义上的皇帝,魏忠贤才是真皇帝。但凡有心之人,都会有所触动。杨涟还为“太阿倒持,主势益孤”之下,“三宫九嫔之安危、贵妃皇子之安危”担忧,他将听到的两件事写入劾疏。一件是裕妃怀上了孩子,刚刚传封,中外方在庆幸,魏忠贤却恶其不附己,忽然矫旨勒令自尽,“是陛下不能保其妃嫔矣”。又一件,是张皇后有孕,忽然就流产了,传闻是魏忠贤与客氏的阴谋,“是陛下且不能保其子矣”!这几乎是指着皇帝的鼻子说,你连自己的老婆孩子都保护不了,你还是人吗?何等奇耻大辱,朱由校怎么也要龙颜一怒,拍案而起,要么惩办造谣的杨涟,要么严诛害人的客魏。

杨涟就等着皇上发怒呢!

他非常自信,要求将魏忠贤“面缚至九庙之前,集大小文武勋戚,敕法司逐款严讯”,并将其“正法,以快神人共愤”。

杨涟之疏,仿佛一发响箭,顿时羽箭如惊鸟,几个月里,七十余通弹疏,向同一个靶子飞来。这些弹疏,有衙门联署的,如国子监就以署理祭酒的礼部右侍郎蔡毅中为首,合监师生联名上疏,也有单独署名的,上疏者不仅有科道等言路官员,还有京堂、部属,以及阁臣、尚书、侍郎等重臣。东林党还计划像嘉靖大议礼时的慷慨前辈学习,号召同志,一起到宫门外举行请愿活动,要求皇上“憬然悟,赫然怒,雷震之威,(对魏忠贤)加以三尺之法”。

然而,东林党人自以为汲汲为皇帝着想,掏心掏肺,拳拳血诚,殊不料他们言辞激烈,在皇帝看来,却是以疏间亲。

魏忠贤、客氏长期服侍皇帝,也算是忠心耿耿,任劳任怨,主仆关系相当融洽,他们就是这世界上最忠诚的奴仆(裕妃之死,或许另有缘故)。却忽地,像“暴走团”一样,从前朝拥来一大拨不认识的中老年人,个个凶巴巴的,口气很大,硬说忠仆不忠,不仅不忠,还将不利于主上,小主子他能信吗?从情上来讲,他不会信。不仅不信,还感到十分不舒服。尽管老头子们都说自己是忠的,他们的忠是抽象的忠,而客、魏之忠,却是实实在在的忠,具体的忠。这种忠被外臣称为“小忠”,但看得见的“小忠小信”恰恰最令主上信服。自古以来,直戆的忠臣,多得不到皇帝的理解,徒有孤忠,而没有好下场,就是这个道理。

杨涟之疏宛如惊雷,在魏忠贤头上炸响,魏阉惶恐之下,“日在上前软语乞怜,巧法庇护”,王体乾、李永贞和客氏等人又极力替他周旋,遂使杨涟泣血数日而成的本章,被几把鼻涕眼泪就给抹糊涂了。内中传旨,令阁臣魏广微拟旨,对杨涟“寻端沽直”进行切责,质问他:“凭臆结祸,是欲屏逐左右,使朕孤立于上,岂是忠爱?”

当初杨涟写好本章,本来计划在早朝时面奏,不巧第二天免朝,他怕事机泄露,才在会极门上本。这就给魏忠贤留下了机会。

杨涟见一劾不成,愈加痛愤,决心在上朝时当天子之面再劾。魏忠贤就怕他来这一手,连着三天阻止皇帝御朝,等到终于要出朝了,先行传旨,敕令左班官员①不许奏事。

听到传旨,杨涟的心一沉。朝门上开始排班,今日的仪仗比往日要盛,一大队太监数百人,全副武装,怒气冲冲地从门内走出来,分列御道两旁,恶狠狠的目光在朝班中找寻,并锁定在立于三品班列中的杨涟身上。

朝会按部就班地进行,然而看不见的压力如泰山一样压在书生杨涟肩上。皇帝还跟平常一样,呆坐在龙椅上,茫然地看着朝臣像五色海潮一般,起起落落,不知他在想些什么。杨涟心怀激愤,很想一步抢上前去,拉一拉那少年,问他,你发什么呆?臣所劾之事,难道对你毫无触动?你还是个有活力的人吗?可是,他不敢那么做。群臣依照赞礼官的呼喊,跪下,起身,

① 上朝时排班,分文东(左)武西(右)站立,左班官指文官。

拜伏，再起立，再叩拜……机械地重复着一套接一套的礼仪动作。他很想举起袖子，跃出班次，大呼一声："臣杨涟有本要奏！"可是他最终没能鼓起勇气。他知道那一双双以目慑之的毒辣眼睛，就巴着他那样做呢，好抓住他抗旨的把柄，说不定会把他当场打死。

一犹豫，就错过了时机。朝散之时，杨涟叹了口气，自语道："姑且待之吧！"他将自己的命运交给了未知的未来。

可惜一条好汉，没能在朝堂之上，当着皇帝、廷臣和太监的面，以铁骨相击，铮铮作响，激励同志，号召群臣，一起来争，就是血涂天街，当场毙命，也好过后来惨死狱吏之手。

我为杨涟叹息。

魏忠贤原很担心，生怕朝会上出现意想不到的群体事件，如果朝臣不顾圣谕，一起发动，要求皇帝表态处分他，场面很可能搂不住，那就危险了。

可是，风平浪静，一切正常！魏忠贤放松地笑了，从此他看透了牙尖嘴利的书生，他们并不像写文章骂人时那般厉害。那么接下来，他将让对手瞧一下他的手段，他决定先杀只鸡给猴看。

那时，魏忠贤在北京香山选了块好地方，开始营建生圹。六月十六日，工部郎中万燝上疏，揭发魏忠贤对光宗的陵寝建设漠不关心，却为自己在香山碧云寺建了一座金碧辉煌的坟墓，他以此事证明，"一切爵赏生杀予夺之权，全不为皇上有，而尽为忠贤有"。

万燝正好撞到枪口上，成为那只"鸡"。

本章递进去的第二天，圣旨就下来了，责万燝"好生狂悖无礼，着锦衣卫拿来午门前，着实杖一百棍，革了职为民，永不叙用"。

中午时，就有许多宦官一起拥到万燝居所，将他揪出来。这些人为了替魏忠贤出气，一路上对万燝狂殴不已，等万燝被拖到午门刑所时，已是奄奄一息。

万燝重伤在身，廷杖照样进行。一百杖打完，万燝已是半死不活，抬回家挨了十几天后就死了。

万燝是东林、魏阉之役的第一个殉难者。

其后半年间，杨涟等人纷纷落职，又被捉拿到京，被诬以“党同伐异，招权纳贿”之罪，杨涟、左光斗、袁化中、魏大中、周朝瑞、顾大章六人在遭受惨无人道之刑后，丧命狱中，这便是明末的“东林六君子”。

第九章　魏公公“九千九百岁”

天启四年(1624 年)，内阁共有七位阁臣，到第二年年底，原内阁就只剩下一位顾秉谦，其余六位，都是新补入的。

魏广微，北直隶南乐县(今属河南)人，万历三十二年(1604 年)进士，天启三年(1623 年)春入阁。此人身居高位，可是从娘胎里带来的钻营劲头，愈老弥坚。他见魏忠贤得势，马上意识到，结交魏太监是他巩固相位的根本，于是率先结纳——马屁与投靠，都须快。因为魏广微是第一个公然向魏忠贤献媚投靠的重臣，所以尽管他在一年多后(天启五年八月，1625 年)就退休了，后来在立“逆案”时，他仍未能脱网，给他头上粘的标签是“首开谄附，阴行赞导”。

魏忠贤那会儿刚发达，名声还没传出去，骤见魏阁老主动来结交，既惊讶又感激，二人很快以同乡兼同姓的关系，结成莫逆之交。

魏广微得魏忠贤内助，为了显示他与魏忠贤的亲密关系，凡是他执笔写的书札，在往内传时，都要在阁揭折子外贴一张红签，上写“内阁家报”四字，仿佛家书一般。其实，二人关系的本质，不啻主奴，就像《明史》说的，“(魏广微)曲奉忠贤，若奴役然”。

魏忠贤得势后，内外文武大臣纷纷投靠，有“五虎”“五彪”“十狗”之称。其中与魏忠贤关系最深的，是崔呈秀。

崔呈秀是直隶蓟州人(今天津蓟县)，万历四十一年(1613 年)进士。初授行人司行人，天启初升御史，巡按淮扬。

崔呈秀先见东林势大，一心投靠，但他名誉不太好，没有得到接纳。而他最终投入魏门做狗，纯粹是为了保官。

淮扬是著名的盐场所在地，巡按淮扬是个肥差，崔呈秀在任上官声很不好，当地士民都说，"自来巡方御史未尝有如呈秀之贪污者"。天启四年（1624 年）八月回朝后，被左都御史高攀龙参劾，革职待问。崔呈秀见势不妙，通过他认识的内官许秉彝引见，希望得到魏忠贤的庇护。

崔呈秀明明是个赃官，可是他向魏忠贤求救，却不能拿赃说事。他到魏府拜见时，只哭诉自己如何受东林党的排挤陷害。魏忠贤正为廷臣交攻，日子不好过，内心愤懑，想结外臣为助。崔呈秀叩门，正得其时，魏忠贤开门揖客，恨相见晚，"遂用为心腹，日与计画"。崔呈秀成为魏忠贤最重要的谋士。

崔呈秀自投入魏监之门，不仅官位保住了，而且进入升迁的快车道，他在天启五年（1625 年）初还是七品御史，到当年年底，就已经升做三品侍郎了。

他任的是工部侍郎，当时正修三大殿，这是最美的肥缺，魏忠贤不便宜别人，送他了！魏忠贤让他督工，还有一个考虑，就是来往见面方便，魏忠贤"以督视（之便），日与（崔）呈秀晤，屏人私语"。——忠贤是离不开呈秀了。

崔呈秀是得势便思报复的小人，他立即造了一本《东林点将录》，托人送与魏忠贤。他做这一本账，是为了讨好魏忠贤，让他掌握反对他的人都是谁，才好冤有头债有主，一个个了账。

他搞这么一个"东林组织"，岂不可笑？难道魏公公连自己的敌人都不清楚，还要一个旁人来开列名册？何况谁是东林人，哪有确定的标准呢！东林也不开党票、不交党费！所谓"点将录"，还不是"乱点鸳鸯谱"。但这本黑册子直接推动了政治斗争的扩大化，凡与敌相攻，都称对方是东林，而凡被当作东林，就等于入了政治上的鬼簿。

《东林点将录》硬生生替魏忠贤树立了一个人数众多的反对派，并将魏太监推到了清流的反面，制造了不可弥补的分裂。这是一本大黑书。

魏忠贤见识短浅，他还以为"崔家"为他好呢，更不知崔呈秀在点将录里塞进了包袱，将他的平生之敌尽入其中，好拜托魏公公帮忙一起清账。

魏忠贤一边读，一边大乐，道："崔家爱我，替我出气报仇也！"他将《东林点将录》奉为"圣书"。

崔呈秀利用与魏忠贤的紧密关系，不仅刻意挑起激烈的党争，以党同伐异，他还趁机排挤走了大学士魏广微和顾秉谦。天启七年(1627年)，崔呈秀已以少傅(从一品)衔任兵部尚书兼左都御史(皆正二品)，官位到了人臣所能达到的顶峰。[①] 崇祯时钦定逆案，将他作为"佐逆罪魁"，说他是罪魁祸首，一点都不冤枉他。崔呈秀在《明史》里入的是《奸臣传》。

崔呈秀是一个极端的现实主义者，魏忠贤败后，他深知自己作为"逆贤"第一马仔，新皇帝肯定不会放过他。他不抱任何幻想，把家门一关，将这些年攒起来的奇珍异宝摆了满桌，让家里的姬妾和养的戏子一起陪他喝酒，每喝一杯，就打坏一件宝贝——这顿饭可真贵！

待到酒足饭饱，宝贝也砸完了，然后他上吊自杀。

以上所举魏广微和崔呈秀，只是两个典型的例子，其他文武大臣投靠魏忠贤者，难以枚举。过去党派林立，相互乱战，各争意气，如今倒简单了，一概以是否追随、孝顺魏忠贤画线，不在一个阵营的，便是敌人。

魏忠贤自天启三年(1623年)底接掌东厂，吸引了众多贪慕权势者如蝇附膻，但他真正开始"专权"(干预朝政)，走到政治的前台，还是在杨涟上疏之后，大致是从天启四年冬至七年秋，前后不过三年时间。

据苗棣《魏忠贤专权研究》一书根据《明史·七卿表》所做统计，在天启四年(1624年)十月到六年底这两年多一点的时间里，六部尚书及都察院左都御史(合称"七卿")，就有十六人被免职。而之前一百年的数据显示，七卿罢免率仅为每年1.6名。魏忠贤专权期间，部院大臣的罢免率是正常时期的四倍还多。

在天启五年到六年(1625年—1626年)中，被罢官、削籍、逮讯的官员

---

① 明朝文职大臣，在任时授"三孤"，即少师、少傅、少保(从一品)，已达到顶点。"三师"，即太师、太傅、太保(正一品)，很少授予活着的大臣，一般作为赠官，在大臣死后加授。

（多数是京官），达到数百名。这些人多数是被政治迫害，或在党案中被牵连进去的。

频繁的人事变动，官员难安于位，是朝局不稳的直观表现。

与此同时，是官员职数的滥增。

以天启六年（1626 年）冬为例，除吏、刑二部尚书只一名外，户部有三名，吏、兵二部各四名，工部尚书五名，都御史三人（其中一人为尚书兼），七卿大臣加起来达二十多名，如果再算上南京的，总数有四五十人之多。这些“尚书级”的冗官，都来自各种添注与加衔。

天启元年（1621 年）的状元文震孟，将天启时的“阉党”与正统、正德时的情况进行比较，发现权阉王振、刘瑾当道时，“小人附之者犹视为旁门曲径，惟恐人知”，而魏阉盛时，“小人附之者视为康庄大道，共知共见”。在清流看来，阉党皆是小人，然阉党反攻，却也理直气壮。故在崔呈秀的名单里，被清流视为“小人”者皆为“正人”，而清流则被斥为“邪人”。在这场相互的讦战中，是非模糊，清浊混淆，君子与小人已无从辨析。唯一可鉴的，是他们是否忠诚于魏忠贤！

就在不久前，魏忠贤还是满身攒满箭镞，这才多大会儿工夫啊，又一场欢呼九千岁，以魏上公为信仰中心的大规模造神运动开始了。

皇帝沉溺于玩乐，将政务信托于司礼监，而司礼监又唯魏忠贤马首是瞻，故东厂太监魏忠贤等于是朱由校的“治国代理人”。

魏忠贤“专权”，实际上是顽劣天子信托下的“委任专权”。

朱由校成了大明公司的名誉董事长，说了算的，是行政总裁魏忠贤。一个证据是，光棍出身的魏忠贤本人也好玩，尤喜纵马奔驰，往返京郊几百里，每当他不在京时，京里的题奏本章等机要文书都要送到他那里，经他过目，“一切事情，必星夜驰请意旨，（内阁）票拟必俟（忠）贤到始敢发批”。

明朝也有一个爱玩的皇帝武宗朱厚照，他在正德九年（1514 年）后，经常在外巡游，纵横几千里。然而圣驾不在京时，决不许内阁或司礼监擅自批处本章，凡机要文书必派文书房官送到御前。虽然这么做，常致政事迟滞，但天子大权不会旁落。可朱由校就像一个不省人事的少爷，家里家外，大事小事，一股脑托付给奶妈客氏和大总管魏忠贤，就图玩儿个干净的。如此之人，做皇帝是昏君，做少爷就是个败家子，等下人把他家搬空了、败完了，他还不知晓呢！

魏忠贤成了大明的实际负责人，随之而来的，是巨大的精神与物质奖励。

天启五年（1625 年）九月，朱由校特赐魏忠贤金印一颗，方二寸余，钮为四爪龙，印文为玉筋篆，三行九字——“钦赐顾命元臣忠贤印”。

这方印值得说道说道。它属于“非常”之礼，“非常”到十分无礼的地步。

首先看印的材质。不同的材质代表了不同的身份，这在“封建礼法制度”下，是有严格规范的。比如皇帝用印，称玺和宝，材质为金、玉，皇后和亲王用金，大臣用铜。在宣德、嘉靖等朝，都有皇帝颁赐亲近内外臣僚（宦官、大臣、道士）印记的事例，多为银质小印，上刻四字奖慰之语。而朱由校赐给魏忠贤的是金印，已是亲王的规格，而且印纽为四爪龙，文用玉筋篆，都是仅下天子一等的最高等级。

其次，“顾命”一词，前文已讲过，是皇帝临终之际，将尚在幼年的皇嗣托孤给大臣。顾命，就是辅政大臣。明代历史上，承顾命的，有大臣，也有太监。但朱由校继位，显然没有顾命之事。他父亲光宗去世时，召集十余名廷臣到病榻前托付朝政（包括杨涟），这些人尚且不敢妄称顾命，那时魏忠贤还叫“魏进忠”，根本连御榻的边儿都够不上，光宗何曾托付于他？称魏忠贤为顾命，明显违背事实！

印文称魏忠贤为“元臣”，元用来指君，如“君为元首，臣为股肱”，皇长子称“元子”，臣子用“元”字的，仅见“元辅”（即首辅）。“元”是第一的意思，“元臣”就是“第一朝臣”，等于说“一人之下万人之上”。

显然揣摩印文者是花了很大心思的。朱由校恐怕未必有兴趣玩这种文字游戏，颁印不会出自他的奇思妙想，但肯定经过他的同意。可是他哪有能力觉察到印文中的玄机？还是近臣欺负圣天子好骗啊！

吹嘘魏太监，已成为除了皇帝之外每一个臣子的义务和功课。不管你是什么样的人，只要还想在官场混，都得敷衍那么几句，不然就会沦为政治上的异己。

日常的吹捧，无处不在。

比如大学士冯铨在献给魏忠贤的祝寿诗里写道："伟略高伊吕，雄才压管商"。"伊吕管商"分别是商代的伊尹、周代的吕太公（姜子牙）、齐国的管仲、秦国的商鞅。冯相公吹嘘魏忠贤比这些古代名臣还牛、还高呢！

国子监是古代的"国立大学堂"，前不久"合监师生"还联署上疏，要求处办魏忠贤，如今才一眨眼，大学堂的监生们又集体上疏，称誉魏公公"复重光之圣学，其功不在孟子下"，请将魏太监与孔子并祀。依他们的说法，半文盲魏忠贤的地位，稍逊先师孔子，而不让亚圣孟子，应该将魏太监塑成金身，送进文庙与孔子一起祭祀。如此肉麻的吹捧，已到了令人作呕的程度。

同时全国范围内，开始为魏忠贤大建生祠，据苗棣《魏忠贤专权研究》统计，共为九十二座。另据滕艳玲《普惠生祠香火碑及魏忠贤》一文查证，北京一地魏忠贤生祠就有二十五座。

魏忠贤势如中天，不单不能称名，也不能称太监。圣旨一开口，都是"朕与厂臣"如何，还不忘盛赞魏忠贤"功高旋转，名震华夷，方寸经营，八埏瞻仰"。地方报功，更须"颂及厂臣"，做了什么好事，都要说是魏公公的功劳——已为公文的标准格式。

对于魏忠贤，日常的敬称是"魏上公"，甚至还有人发明了"九千岁"的尊称。

戏剧中才有的八千岁、九千岁，如今搬到现实中来，真是人生如戏。官员在叩拜魏忠贤时，一些动作快、尤无耻的，就称爹称爷，腿脚稍慢一些，就高呼魏忠贤为九千岁，甚至"举朝阿谀者俱拜为干父，行五拜三叩首礼，口呼'九千九百岁爷爷'"。

九千九百岁的魏忠贤，只比皇帝万岁爷差一百岁。

这不仅是明代历史上，也是中国史上前所未有的造神奇观。

尤为可笑的是，造的还是一尊阉神。

第十章 熹宗病危，阉党巧计脱身

人生得意须尽欢。穷小子出身的魏忠贤，得势后的最大快乐，就是大讲排场。杨涟在二十四罪疏里说他每次出行，“铁骑之簇拥如云，蟒玉之趋随耀目”，不单仪卫甚盛，跟从之人也非常多，如“厨传、优伶、百戏、舆隶，相随属以万数”。

魏忠贤讲究吃穿，入口的山珍海味自不必言，他穿的衣裳，不管是“亵衣”（内衣）还是“袄裤”，都用金线绣上蟒龙，平常穿的补服或战袍戎衣，也都是“苍龙头角”“较藩王止欠一爪，比御服仅让柘黄”。

对满朝吹捧的不实之词，他作为太监家奴享受的非分之福，魏忠贤毫不客气，一概接受。他一人得道，老魏家鸡犬升天，封公封侯又封伯，恩荫的锦衣卫都督、都指挥更是一大堆。

暴发户总免不了有自卑心理，御史周宗建在疏文中说他“目不识一丁”，他就特别记恨。几年后，周宗建因此被打入东林账中，遭受迫害致死。在刑讯逼供时，狱卒还提及此事，道：“看你还能骂魏上公一丁不识乎！”

骤然登临人臣之极的高位，没能让魏忠贤变得大度一些。他还记得二十多年前，他跑到四川找太监丘乘云打秋风，有个叫徐贵的太监讲了他的坏话，让他秋风没打着，还吃了些苦头。此仇，必报。徐贵很快就被他整死了。

心粗胆大、器小偏狭、睚眦必报的性格，再加上不学无术，都是魏忠贤的大弱点。他得势的那几年，党狱迭兴，用刑残酷，众人借魏上公的势，害死了许多无辜的人，最后的总账全记在他头上。

客、魏在内廷呼风唤雨，害死了好几位妃嫔，如光宗赵选侍，熹宗裕妃张氏、贵人冯氏。朱由校并非傀儡，仍“不能保其妃嫔”，实在是可悲可怜，这在中国史上都是非常罕见之事。

这还好说，妃嫔毕竟只是妾侍，最后客、魏胆大包天，竟敢向皇后动手，试图扳倒一国之母的张皇后。①

皇后有国母之尊，可不比一般宫妃轻易好碰。而且张皇后与朱由校两口子的关系还比较好，朱由校虽然糊涂，但对自己的娘子，还是有几分敬意的。客氏试着在他面前挑拨了几次，没啥效果，朱由校不过呵呵一笑，不大在意。客氏讲多了，还觉得以疏间亲，很难再开口了。

客氏不喜欢皇后，便找情人魏家来商议，看想个什么法儿把皇后搞掉。这奶妈子不信皇后就是动不了的！

魏忠贤也没啥好计，但他门下军师多，回去把手下那几条虎、彪、狗唤来，让他们帮忙想辙。

这些一品、二品、三品的老爷们，个个学问深，几句老词古事一念叨，再轻轻探手入怀，把满肚子下水一掏，妙计就有了。

他们的办法是，此事目标虽在中宫，但炮口却不能直接对准凤驾，须拿与她关系密切的人做文章。

那是何人呢？戆直的魏忠贤问。

娘娘她爹、国丈张国纪呗！此事须从皇亲家做起。

他们的计划是，诬称皇后不是张国纪的亲生女，而是京师牢里一个死囚所生。一旦这事儿坐实了，以皇后的出身，就不配坐在中宫宝座上！这些无耻打手还想到一个词，叫“德不配位”，到那时，就是万岁爷，也保不了娘娘了！

魏忠贤大喜，立刻指示，就这么办。

此计甚毒，看起来似乎能够奏效，但唯一的麻烦是谁来上这一本！

自古以来，只听说疏劾大臣，没听说过大臣纠劾皇后，哪个不要命，敢顶这个缸？

魏太监便像黑帮发布悬赏令，叫小弟们放话出去，谁来上这一本，事成之后，定有重赏。

---

① 客、魏迫害后妃，详见《大明后宫有战事》。

就看哪个胆大，敢来揭榜了。

您还别说，真有要富贵不要命的，一个叫刘志选的把榜揭了。

刘志选是个京官，资格很老，他是万历十一年(1583 年)进士，但官运一直不顺，入仕四十年，才做到一个五品郎中。这两年，他积极向魏党靠拢，在办“三案”时表现积极，刚刚被提拔为顺天府丞(相当于现在北京市的副市长)。

刘志选到老仕途才有起色，可是已年过七十，到了退休的年纪，不可能再往上爬了。老头子听到魏太监悬赏，心就痒起来，觉得这是一次千载难逢的机会，过了这个村就没这个店。可告讦皇后，不是好玩的，身家之祸患极大。他左思右想，到底还是官瘾上来了扛不住，于是壮起胆子，去把这件脏活接了。

简单地说，七十老儿刘志选就是一个变老了的坏人。

这道诬蔑皇后的奏疏，在天启六年(1626 年)十月，以刘志选的名义奏上。这简直是天下奇闻，一时地动山摇，引发朝野震惊。刘志选首炮立功，很快得到提督操江右佥都御史这个差使，扬扬打马，到南京上任去了。

刘志选这一疏所冒风险实在太大，若无惊人的胆量，很难趴在地上来驮这块碑。时人纷纷猜测，想来想去，只有一种解释，那就是刘志选已经七十多岁了，他一定以为，即使魏忠贤将来会坏事，那时他已经死了，死人还怕什么？所以才敢撄此奇险。可是刘志选千算万算，没有算到，他做都御史才几个月，魏忠贤就垮台了，而他“倾摇母后，驱逐戚臣”，就是个死罪。老头子聪明反被聪明误，他情知不妙，只得一步一叹，乖乖吊在绞索上摇头了。

魏忠贤作孽时，难道真的毫无畏惧吗？

显然不是。

有一次，司礼太监李永贞顺口说了句“外官谄哄老爷”，不想竟触动老魏的神经，“垂首冷笑，长吁短叹”，切齿道：“原来天下人都是谄哄虚誉我！”为此告病多日不出。据说，魏忠贤在看戏时，最忌讳秦桧一类的奸臣出场，他在台下见了，浑身不自在。

可是魏忠贤没有明哲保身、急流勇退的修养与见识。

他在权势达到顶峰时，在西山碧云寺修建了豪华的坟祠。在预先树立的墓碑上，刻下了自己的官衔：

钦差总督东厂官旗办事，掌惜薪司、内府供用库、尚宝监印，司礼监秉笔，总督南海子，提督宝和等店太监。

长长的职衔，可分为三段：

一是魏忠贤的本官，即司礼监太监，秉笔是“系衔”，有这个衔头，才可以“参与机务”，批处本章。

二是差使，即“钦差总督东厂”，简称东厂太监。

三是兼职，即所掌惜薪司、内府供用库和尚宝监三印及掌管南海子、宝和等店。

人活着时为自己修的墓，叫生圹，或寿藏。一般来说，墓碑在墓主人正式入葬时才会刻字，因为墓碑的内容可能会发生变化。魏忠贤为啥那么急，把自己的官衔一五一十刻在汉白玉石碑上？如果将来有所变化，岂不浪费一块好石料？

这便是魏忠贤的浅、急、躁，他做事急乎乎的，看着一块无字碑，便着急在上面刻满字，那也不是寻常之字，都是“金字”，是老魏家的金字招牌！对一个浅躁的人来说，就连墓碑都是可供显摆的。

如今的魏忠贤，印把子抓了一大把，子孙恩荫授官者众多，并得到一公一侯一伯三爵，他也是够了！

他可能偶然会怕，但忧惧只如一丝颤抖，瞬间掠过身躯，便飘然而逝。他太自信了，以为自己能把福气带进坟墓里。

传说，天启七年(1627 年)金銮宝殿复建工程完工时，夜间有一鸟大如鹅鹳，其声如枭，频频到殿上鸣呼。不太看得清形状，其声咯咯，亦不甚远，但闻之者为之魂飞毛竖，栗栗惧焉。有人说，这是熹宗上宾、逆贤伏法的妖祥。

类似不好的预兆，在天启末年频频出现，甚至发生在皇帝身上。

朱由校左颧骨上生有一撮白毛，马屁精们都说是龙须，千万动不得，却一不小心时被个叫孟兆祥的暖殿[1]误拔了。朱由校一怒之下，喝令拖出去打，若不是魏忠贤竭力救解，孟兆祥小命不保。

说来也巧，朱由校的“福毛”被拔没多久，大约在天启七年五月初，他就觉得浑身不自在。请大夫来瞧，总不见好，而且逐渐加深，变为沉疴。到了夏天，基本上就离不开床榻了。

见皇上病势来得凶猛，魏忠贤和客氏着急了，慌忙督责御医，为皇帝诊治。

除了寻医问药，他们还想出许多“禳祝”的法子，如将内库所贮的金寿字大红纱搜括出许多，从司礼监首珰王体乾，到暖殿、请小轿、御茶房、御药房等近侍内臣，只要是常在皇帝跟前晃的那些人，每人发四匹或二匹，让他们做成“贴里”，在御前穿着，以图冲喜。

他们又怀疑乾清宫有什么脏东西，让皇上沾上了，请朱由校移驾到懋勤殿住了半个月。

可是折腾来折腾去，御体不仅没有好转，反而有转危的趋势。魏忠贤和客氏这一对连理的瓜，真的害怕了！

天启皇帝的性命关乎许多人的荣华富贵，对此不单客、魏知道，就是围在他们周围的那班附膻小人亦无不知，他们都为龙体着急。兵部尚书霍维华就及时地向魏忠贤进献了一款仙方，名为“灵露饮”。

霍维华就是率先弹劾王安的那位。他弹人时任兵科给事中，现在已经高居兵部尚书之位了。

他有仙方，为何不直接向皇帝进献呢？一来因为外臣没法跟皇帝直接沟通，必须借助宦官的中介，二来魏忠贤是他们那个集团的总瓢把子，魏公公好就是大家好，所以霍维华没必要绕过魏忠贤，让他起了疑心就更不好了。

皇上的病已经很重了，魏忠贤也是死马当活马医，见有仙方，不妨一试。

---

① “暖殿”是乾清宫近侍内臣的一种名号。

他叫本家管家[1]王朝用照霍维华的方子，重新打造锅甑，交给提督御药房太监王守安，照方蒸进。

在任何时代，医生与野方都是死敌，朱由校的主治医生太医院使吴翼儒等，虽然对这样干扰治疗的仙方十分反感和抗拒，但魏太监要这么做，他们也没办法。再者说了，皇上的病他们没有手到病除，魏太监要插手，他们也乐得借此脱卸责任。于是皇帝开始服用仙药。

灵露饮的制法是：用一口银锅（霍维华说，器具忌铜锡铁，银锅是魏忠贤专门令人打造），里面放一个高和口径都是一尺的木甑（形如桶），甑底置箅，上面放大口空银瓶一个，周围铺一层淘净的粳米或糯米、老米、小米。然后在甑上盖一尖底银锅，底尖下垂正对银瓶之口，离二三分许。再将周围封固严密，银锅里加好冷水，锅下炉内放好桑柴或好炭（火忌煤），就可以生火蒸了。蒸时不可离人，热气透一层，就加一层米，直到米加到离瓶口只差七分，就不可再加了，以防米涨落入瓶中。银锅里的水热了，也要及时换冷水，这样不须换几次，瓶中之“露”就满了，是为米谷精华，取出温服。

恕我眼拙，实不知此方“仙”在哪里。米谷精华就能对了朱由校的症？

古人也许不爱探究这些医理，反正神神道道就觉有理。朱由校也是任人摆布，听魏忠贤说是仙方，就把来尝了一口，哟，味道还可以！——初喝米汤，大概都觉口感不错，不信您试试，不加糖也香。

朱由校乐了，对魏忠贤大加赞赏。

可不是么，他老太监费心找来神仙方子不说，“药”还不苦，喝着香甜，就把病治了，这还不是大忠臣？至于它管不管用，竟一时没想到。

就这样连服数日，由于灵露制作简单，来得快，仙药太多，皇上一个人喝不完，也便圣恩溥赐，司礼监太监和乾清宫近侍们都得到分饮之荣——仙方嘛，有病治病，没病防病！

如此半月，喝多了就不觉其美味，而是寡然无味了。刘若愚在李永贞

---

① 太监的管家，是太监的私臣，也是宦官。

值房办事，也沾光喝过，他就觉得灵露饮“滋味俱无”，特别是喝一口，再吃一口热饭，愈觉寡淡。朱由校也有同感，喝多了不觉得甘美了，关键是病情没有明显改善，就更不爱喝了，嫌它水汪汪的，遂传命御药房，不让再蒸进了。

仙露不服了，凡药还得照样用，可是朱由校的病，日增无减，身体日渐浮肿，什么药都不管用。

魏忠贤又气又急，不免责怪霍维华几句，霍维华心中甚为不安。但他的不安，与魏忠贤又有不同，他知皇帝的病已不可救，急于跟魏忠贤撇清关系。

朱由校病重期间，大臣们每天都要进宫，到乾清门问安，见到魏忠贤，照例要谄媚几句，顺便打听皇上的病情。魏忠贤心里焦，脸上却平静，道是“圣躬甚安”。可他是个粗人，内心的焦急，常不自觉流露出来，比如往外报平安时，总是做作太过，喧传“圣驾万安了”！动不动就闹这么一下，一惊一乍的，让群臣摸不着头脑。

霍维华心里跟明镜似的，不动声色地，开始了他的表演。

不久前袁崇焕在辽东宁远、锦州打了胜仗，霍维华也伙在大众里，在与己不相干的“军功”里捞了一块肉，现在他忽然托大起来，讲起公道话，说军功不公，要将恩荫让给袁崇焕。他们那一伙人，哪个的恩荫不是白捡的？都跟魏忠贤一个锅里吃饭，白蹭白得来的。大家都是闷声发大财，唯独霍维华来这一招，他不是清高，而是要跟哥们儿划清界限！

许多人发现，以前跟哈巴狗似的霍尚书，忽然在各方面都跟主子不同调了，魏快他慢，魏慢他快，时不时，还跟魏忠贤意见不一，吵那么两句，这都是以前绝无之事。不知内情的，还以为霍维华犯迷糊，最近有些失态，心不在“阉”。

魏忠贤也不晓得霍维华已起异心，见他整日像个刺头，不由得恼火，稍微斥责他两句，霍维华就借机撂挑子，不干了，要辞职走人。

霍维华是与魏忠贤关系最为密切的几个文臣之一，他出卖灵魂换官，官升得也快，从七品御史到宫保尚书（二品），只用了五年时间。他坐的直升机，比谁飞得都快。可是他也是背叛魏忠贤最快的，愚钝之人还觉察不到魏忠贤将败，他已经预备逃跑了。

读书出身的霍维华，书是读进去了，他明白，他们这一大伙子人，身家富贵与荣华，全系在魏忠贤身上，而魏忠贤的命运，又系在皇帝身上，他们是一根绳上的蚂蚱。皇上一旦大驾西游，新君上台，不仅富贵要翻盘，性命都将可忧。尤其是魏忠贤，这些年位高权重，招摇太甚，他就是立着的皇帝，是当代的王振、刘瑾，爬得越高，摔得愈重，他还不知啥下场呢。姓霍的，决不能陪魏太监死！

霍维华能逃，众人皆可逃，唯独魏忠贤不可逃。

当皇帝病危时，他突然意识到，可怕的事情将要发生了。

他哀叹天意弄人，目前的危局，是他无法把控的。

谁能想到，皇上年纪轻轻，才二十出头，正当青春年华，就不行了呢？

皇上要死，那是天意，没法儿。如果他留有子嗣，也还有办法，可皇上生了三个儿子，一个都没养活，这也是魏忠贤没法控制的。

早先一位皇子，据说是受了内操炮声的惊吓，在襁褓中夭折了。最小一个儿子，是皇贵妃任娘娘所生。这孩子生于天启五年（1625 年）十月，到第二年五月初六日辰时，忽然北京发生王恭厂之变——皇城西南的兵工厂弹药库发生大爆炸。这是明朝末年一次非常大的事件，如果在今天，就是发生在首都中心的一次重大安全生产责任事故。

爆炸造成上万人死伤，皇城宫城都受到波及。在建的正殿皇极殿的最高处，一块大木被震落下来。乾清宫也发生摇动，朱由校所居的东暖阁，窗户格扇被震落两处，打伤宦官二人。魏忠贤、王体乾、李永贞等太监的值房，也遭到不同程度的损伤。当时任娘娘见居室内器物随着振动东倒西歪，纷纷坠落，忙去救护孩子，还不到七个月的孩子吓得哇哇大哭，无论任娘娘怎么安抚，都没法停下来。他自受这一惊后，没几天就薨逝了。

朱由校也受了大大的惊吓，惶惶不宁，儿子死后，更添了一份忧闷。他将三个夭折的儿子全部追封为太子，足见其哀痛之心。

此事过去正好一个月，六月初五夜里三更，北京又发生一次地震。这次大震规模不小，与天启四年（1624 年）二月的那次接近，贯及整个阴山山脉，多处发生强烈地震。最厉害的要属灵丘县，据奏报，地震过后，该县多处发生地裂，从中涌出的都是黑水。

这些不好的事叠加起来，让人产生了很不好的预感。

自皇三子殇后，后宫再无所出，客、魏想了许多办法，无一奏效。眼见皇帝病得厉害，皇朝继承无人，他们内心的凄惶，除了在密室里相互安慰，是无法对人言的。

为什么只要朱由校有一个儿子存活，客、魏就不须愁了呢？

不管这孩子有多小，哪怕还在襁褓中，只要他是皇帝的骨血，就拥有合法的皇位继承权。客、魏可以在朱由校死后，拥立一个婴儿为帝。在当时的条件下，谁敢质疑反对？那时，客、魏就可以"抱天子以令诸侯"了！

也是看透了客、魏手中无牌，在朱由校去世前后，就有传言出来，说客、魏学秦朝的吕不韦，私自引多名怀孕女子入宫，欲冒充先帝子嗣。

由此我想到一个有趣的问题：假如朱由校死时，那宫女肚子里的孩子还没出世（可能是一位皇子，也可能是一位公主），那将怎么办？假如这孩子还要八个月才能降生，难道群臣就眼巴巴等八个月？还是先扶朱由校的弟弟信王朱由检摄政监国，等孩子出生，如果是男孩，信王再退位？

对今天的看客来说，历史没有如果。而对魏忠贤和客氏来说，他们时运不济，皇帝到死都没一个儿子，这使他们的命运之舟飘向未知的汪洋。

第十一章　大树倒矣，猢狲速散

魏忠贤为自己选择的葬所，是块风水宝地，位于西山碧云寺。明朝时，北京西山一带有两多，一是寺庙多，一是太监坟多。从风水上来说，魏忠贤的墓得山水之利，一准错不了。

可看官有所不知,魏忠贤选的这块墓地,原是承继他人的。原主儿名叫于经,是正德末年的大太监。这位于太监,很趁钱。他大概是个经营能手,给武宗出的坏主意,全跟发财有关。他开的那家“皇店”,名为宝和店,是官办官营的一桩大买卖,现今就由魏忠贤提督着。

可能于经把心思全放在捞钱上,于“圣意”照拂不够,一不小心就跌沟里了,忽然失宠。于经没啥学问,这点跟魏忠贤很相似,就是一个看账本的水平。他得罪了皇帝,武宗怪他不学无术,命令他到内书堂温书去。于老头子被人剪去头发,编了一个丱角童子般的小辫儿,抱着书包,与他的“同学”—— 一班十岁上下的小阉童琅琅读书。这可活活把老头儿给气死了。他过去得势时,在碧云寺后面修建了奢华的坟墓,却是没福享受了,几经倒手,落到魏忠贤手里。

看官想想,如此风水奇佳的一座坟墓,一百年里竟然无人入葬,珍稀资源就那么闲置着,是何原因?

难道是价格太贵,没人买得起?

价格应该不是问题。

那为了啥?

我猜,还是风水问题。

这块墓穴风水绝佳,不然不差钱的于老太监不会购入。可老于有钱买,没福用,垮台不说,还不得善终。人们自然会联想,这座墓地可能大大不吉——它方人儿!

于是它就像一座凶宅,区位好、环境优、周围有“名校”(诸多大太监坟墓,包括魏忠贤的本官孙暹),可就是脱不出手,探秘可以,入住不行,大家一听它的故事,没有不摇头的。

到老魏家踅摸葬地时,魏忠贤豪气地表示:只要我百年之后能安身,能福泽子孙,价钱不是问题。魏上公就要块上佳的茔地。

西山上的空闲好地已经非常少了,堪舆大师们找来找去,佳兆处处有主,最后找到碧云寺,发现这里居然还有一处上佳兆域,穴都是现成的,规模不小,价格也不甚贵。大师们如获至宝,忙报告魏上公,并且说,还是九千岁有福啊，西山最好的一块宝地，给您留着呢！魏忠贤喜出望外，亲自来看，越看越喜欢，重赏了大师，立刻投入巨资，开始修建自己的百年吉壤。

这块墓地的故事，谁敢给他讲啊！

大师们卖了乖，却害惨了魏忠贤。新坟还未完工，本主儿又完啦！

天启七年(1627年)八月，年仅二十三岁的熹宗朱由校崩于乾清宫。

天子的哀诏，迅速传播四方，此时，给九千岁建生祠的热潮，正在全国如火如荼地进行。

今天湖北十堰所属的郧阳县，在明代是郧阳抚治都御史(即巡抚)的治所，管理湖广、河南、陕西三省交界之处。由于郧阳处于大山之中，朝廷的使者先到湖广巡抚所在的武昌府，然后才到抚治驻节的郧阳府。

那时做抚治的，名叫梁应泽。几天前，梁抚治还操心呢，他一个山中巡抚，民穷财困，消息闭塞，各省大建生祠已经大半年了，郧阳境内还没开工。他开始着急了，决定在郧阳也建一座，为此召集官属开会。会上官员众口一词，热烈响应，梁应泽就顺势把建祠所需人力物力分派下去。

可是向朝廷提议建祠的本章都写好了，在请有关主官联署时，荆南道蔡善继竟不愿具名，令梁应泽大为光火。

不能让这样冥顽不化之人干扰了郧阳人民敬仰爱戴魏上公的孝心！梁应泽写了一本，对蔡善继进行了严词弹劾。

他万万没想到，本章刚派专差送出去，皇上驾崩的哀诏就来了。

梁应泽不冬烘，他立刻意识到，改天换日了，政治形势可能要变！要大变！

想着想着，他脸色都变了，赶紧招来一名心腹干员，令他即刻出发，不惜一切代价，一定要将弹劾蔡善继的本章追回来！

亏得梁应泽反应快，在即将跌入火坑的瞬间，猛地刹住了脚。后人说，“当时督抚未具疏建祠者，独郧阳巡抚梁应泽一人”。他这个唯一，就是这么来的！

可是也有糊涂透顶的，好比扬州在建的瞻恩祠，当皇上哀诏传来时，正好是预定上梁的日子。红白喜事碰一块儿了，这下犯难了！推迟上梁吧，怕对太监不敬，误了工程；照常燃鞭上梁吧，又对大行皇帝不敬。漕运总督郭尚文与众官一合计，还是觉得宁可得罪死皇帝，不可得罪生太监。但幌子还是要装一装的，他们想出一个两不耽误的折中办法，先迎接哀诏，摆好香案，披麻戴孝，伏拜大哭，哭罢了，麻溜起身，换上吉服，赶去祠堂参加上梁仪式。

这些官员，论眼力和政治敏感度，被梁应泽甩了几条街。

天启帝一死，那才是树倒猢狲散呢！

皇帝年纪轻轻就走了，有资格继位的，只是他同父异母的弟弟信王朱由检。

朱由检生于万历三十八年(1610年)十二月，他出生不久，母亲刘氏就去世了，被托付给西李选侍抚养。这位李选侍，就是"移宫案"中的主角，后封康妃的那位。她在光宗弥留之际，试图让他传旨封她为皇贵妃，她的资本，就是曾抚养过两位皇子。光宗去世后，李选侍企图继续住在乾清宫，控制嗣君朱由校，遭到内外的抵制，遂触发了移宫案。她被迫迁宫后，连朱由检也不让她抚养了，托付给另一位李选侍(为区别康妃，她被称为"东李"，后封庄妃)，同住慈庆宫，后来移居勖勤宫，天启二年(1622年)朱由检封信王后，才搬到宫外王府居住。

对皇帝唯一的弟弟，魏忠贤不敢大意，十分"尽心"。王府使唤的人，多用他的心腹。如信邸承奉司承奉徐应元，就是他安插在王府的亲信。徐应元被刘若愚称作魏忠贤的"接手后劲人"。信王一旦即位，徐应元必然入司礼监掌权，魏忠贤指望他下野后，靠徐的佑护平安着陆呢！

魏忠贤这个人笃好花木，夏天呢，茉莉花、栀子花，簪戴满头，冬春则牡丹等花罗列满堂，是个喜热闹的人。他为了巴结信王，经常弄些奇花异果、非时花木果蔬，派心腹名下内官或熹宗御前贵近内臣送过去。朱由检不过十来岁，已显出老练的手腕，魏忠贤送来的东西，无不笑着收下，对魏忠贤派来的人，无不笑脸相迎，回回都有重赏——做出相得甚欢的样子。

魏忠贤把气氛烘托得如此热烈，好似宫府一家亲似的，然而他密布亲信、随时打探的态度，给朱由检造成很大的心理压力。

且说朱由检婴年失恃，对生母的音容笑貌毫无记忆，但他对母亲怀有发乎天性的思恋。他最初由西李选侍抚养，选侍女皇八妹位下有一近侍太监，也曾侍奉过小由检。天启中的一天，朱由检忽似不经意地问太监："西山有座申懿王坟？"太监跪启道："有。"又问："生母刘老娘娘葬在此坟附近之处，尔晓得否？"太监称："晓得"。朱由检就拿出几两银子，交给太监，托他置办些香烛祭品，偷偷前往刘妃坟祭奠，并再四对他讲："你可祝告明白，就如我亲去恭祭一般。"等到太监回来复命时，朱由检详细询问坟所的情况，戚然泪下。信王府不乏可用之人，但朱由检不肯差用本府宦官，却密托这样一位老近侍，就是担心左右侍从半为魏忠贤之党，此事倘为"逆贤"所知，或致猜防忌畏，殊未便耳！

可见，朱由检还在潜邸时，虽然魏忠贤竭"诚"结交，但他终是怀有极深的防范心理，就连祭拜生母这样的事情，都如此小心谨慎。平常更是"深自韬晦"，经常称病不上朝，没事不出王府一步。

信王爷防忌如此，魏忠贤本人恐怕不会毫无知觉吧！

魏忠贤在天启后期被外廷内廷之人托到那么高的地位，风头甚至盖过了皇帝，已经不是一句"世人只知有忠贤，而不知有皇上"可概了，高处不胜寒啊！可是他已经被架在火上，无法自主了。

八月二十二日熹宗宾天的当天，朱由检即刻入临，准备继位。

明清之际的史料将朱由检即位写得危机重重——

熹宗病革时，于十一日急召信王。由校与由检，既是兄弟，也是君臣。熹宗自知不起，躺在御榻上，望朱由检道："来，我的弟弟，你当为尧舜之君。"已是托付天下的话了。朱由检大惊，不敢应声，过了许久，方道："臣死罪！陛下如此说，臣应万死！"熹宗再三慰勉他，又叮嘱道："你当善遇中宫。

魏忠贤可任也!”熹宗临终前,托付者只有二人,除了他的妻子,就是太监魏忠贤。

越在这种时候,朱由检越不敢怠慢,从病房出来,他还用非常温和的语气劳问了满面倦色的魏忠贤。

熹宗病重期间,朱由检就进宫探了这一次病。

宫里对皇上的病情严密封锁消息,但连日来,各种消息如拂过紧绷琴弦的风,在紧张的空气中加速传播,群臣已知皇帝将不起了。

二十二日这天天快亮时,宫门口已经围聚了不少人。太监出来传旨,不让入内,但是让大家回去换穿丧服。群臣便知皇帝已崩,急忙回去换上浅淡衣服。可再次来到宫门,太监又说,大行皇帝还未成服,各官还是着平常衣服为宜。群臣来回奔走了好几趟,反复向守门太监哀诉,宫门才打开,放群臣入临。

这时流言就出来了,说熹宗死得太突然,魏忠贤一时慌乱,拿不定主意,所以才故意拖延时间。

当群臣入内哭临时,司礼太监王体乾和魏忠贤等都立于丧次,只有王体乾一人对各部交代丧礼之事,魏忠贤双目红肿,一言不发。

待群臣哭临后退出,忽有太监出来,独邀兵部尚书崔呈秀一人入内。据说魏忠贤屏开旁人,与他交谈甚久,至于他们谈了些什么,却是秘不得闻。

外间议论纷纷,据说魏忠贤欲篡位自立,崔呈秀极言不可,遂力止之(这话不可信,魏绝无“自篡”的可能)。

还有一种传言,说熹宗初崩时,魏忠贤犹豫要不要即时发丧。只是皇帝“凶问”的消息根本压不住,很快就在京里传开。魏忠贤无法,只好通过皇后懿旨向外界公开了国丧的消息,同时命亲信太监涂文辅、王朝辅去迎接信王入宫,然而仍不许群臣入临。

传说信王朱由检初入宫时,在乾清门西向而坐,天落黑后,犹秉烛独坐,身边无一外臣,饿时,便取出袖中所藏干粮吃两口(史云信王“时自危”,不敢吃“大官馔”。也有记载称张皇后曾告诫他,教他不要吃宫内饮食)。

夜深了,四周寂静,寥无一人,只见一太监携剑而出,朱由检便招手让他上门,假意要看他的剑,看毕,顺手搁在几案上(他内心忐忑,留作护身之用),但答应给那太监奖赏。

忽听更鼓之声,一对巡更宦官从门下踽踽而过,朱由检亲自起身慰劳,并问左右:"我想赏他们酒饭,到哪里取?"左右道:"当取之光禄寺。"朱由检便传令旨让人去取。那巡更的更鼓房宦官,在宦官中是至贱之徒,不料得到嗣君的亲自奖慰,不由得欢声雷动。

这些记载,都描绘了朱由检一身在宫,犹如身陷危地,而对魏忠贤来说,却是相当不利的。

在这当口,九千岁真会做出什么不可思议之事吗?

在崇祯朝名臣孙承宗所撰大学士李国槽墓志里,记载了这个关键时刻,李国槽的"拥戴"之功。

李国槽"释褐十四年即登宰辅",从入仕到入阁,仅花了十四年时间,也是坐火箭飞起来的。他官运这么顺,也是魏忠贤以同乡之故大力援引的结果,但李阁老在朝,"每持正论"。墓志说,当熹宗大渐时,太监们"犹矫遗旨,窜顾命",有许多小动作。从前文介绍的武宗去世后的情况来看,皇帝崩时,只有宦官在侧,他们篡改皇帝遗旨十分方便。那么熹宗死时,太监们"矫遗旨",目的何在?

我猜可能在两方面:一是在遗旨中写入令魏忠贤"顾命"的内容,这就是"窜顾命","顾命"之辞,是太监"窜入"的。但当遗旨送内阁商议时,李国槽"奋议削之,使不得逞"。二是试图越开年长的信王,在宗藩中另择一年幼者,来京继位。然而朱由检是熹宗唯一的弟弟,伦序最近,而且就在北京,若弃之不立,却去另择他人,此为非常之事,或有灭族之祸。纵是魏忠贤胆大包天,怕也不敢公然载入遗旨,所以在熹宗去世后,他迟迟不发丧,不令群臣入临,并且召亲信入内密议,等等之事,都表明魏忠贤有很重的忧惧心理。虽然在遗旨里已经写明令信王即位,可是在与阁臣商议时,还是微微露出另立新君的意图,对阁臣的意向进行试探。当此时,最重要的就是迅速迎请信王即位,以稳定人心,不可有半分迟疑。李国槽趁到熹宗灵前祭奠时，忽然打开遗旨，当众大声“传宣皇弟”，使得信王奉遗旨即位的消息瞬间传遍京城，阻绝了魏党的非分妄想。他这么做，就是“以绝非常（之变）”。

这些记载表明，当熹宗骤崩、崇祯继位前的一天里，宫里宫外充满了种种忧虑和不稳定。

第十二章　杀魏忠贤，错了吗？

朱由检于天启七年（1627 年）八月二十四日，也就是熹宗崩后二日登基，遂由文华殿移居乾清宫。

乾清宫是大明历代皇帝的寝宫，也是他兄长生前所居及最后的宾天之所。朱由检搬进来后，见宫内陈设玩好之物，感兄长无心国事，叹物是而人非，下令将东暖阁内所有旧设玩好器具尽行撤除。虽然只是撤掉一些室内陈设，但象征意味极浓。

这一年，朱由检还不满十八岁。

他即位后做的几件事，均极得人心，大受拥护，一时朝政大有振作之色。朱由检也迅速获得了“大圣人不世出”的声誉。

崇祯初政的重大举措，多数都跟宦官有关。第一件，就是斥退大太监魏忠贤、徐应元，然后是裁撤天启中新派出去的镇守太监①，最后是钦定阉

① 天启三年（1623 年）二月，借运送兵器物资为名，差太监刘朝、胡良辅、纪用、陶文四人，前赴山海关督师处，这标志着镇守内官在裁撤八十多年后再次被差派到边地军中。其中刘朝、纪用是魏忠贤的掌家太监。太监来到边地，便留顿下来，至天启六年，遂正式任命司礼监秉笔太监、总督忠勇营兼掌御马监印务刘应坤为镇守山海关等处太监；陶文、纪用为左右镇守太监；孙茂霖、武俊、王莅朝任分守太监。这 6 名太监，又称内镇臣、监臣，俱在山海关驻扎。刘应坤后来竟称“督师太监”！宦官出镇，不得人心，朱由检在下令逮捕魏忠贤及其党羽的次日，即传旨将镇守太监全部撤回。

党“逆案”。

新君即位后，魏忠贤内心不安，上疏辞任，朱由检以“温言”挽留，对魏忠贤停止各地建祠的请求，也以“优诏”答之，表示已经赐额（祠额）的可以继续建，只是新建的不许。几天后，当江西巡抚杨邦宪、巡按刘述祖称颂厂臣、请为厂臣建祠的本章奏进来，朝廷就不再批准了，从此大规模的建祠运动戛然而止。

魏家的恩宠继续在轨道上向前滑行，魏家孩儿太师宁国公魏良卿、少师安平伯魏鹏翼都得到铁券，王体乾、魏忠贤还以“赞襄典礼功”荫授锦衣卫都指挥佥事，又录“东江功”，魏、王和徐应元等荫授锦衣卫指挥同知。看起来，魏家的风头将不会如前，但风光依旧。

皇帝换了，一切平静，唯一令魏忠贤不安的，是他的心腹李永贞被革了司礼监的差。

风向在十月中骤变，首先是御史杨维垣连发两疏，力攻崔呈秀“通内”。他说，自崔呈秀通内，开了坏头，风气都坏了，凡急于仕进者靡不趋之，“故当杨（涟）、左（光斗）之时，人皆以不参厂臣为罪，当呈秀之时，人又以不誉厂臣为罪”。杨维垣此疏，将崔呈秀与魏忠贤加以区分，说“厂臣公而呈秀私，厂臣不爱钱而呈秀贪，厂臣尚知为国为民，而呈秀惟知恃权纳贿”，似有维护魏忠贤之意。但谁不知道啊，打狗看主人，杨维垣打崔呈秀，不管他怎么说，这巴掌都啪啪地打在厂臣魏忠贤的脸上。

朱由检的批示也十分耐人寻味：令静听处分。这等于是鼓励大家一起来讨论。

四天后，工部主事陆澄源疏言四事，首言“正士习”，不客气地批评了“比来士气渐降，士节渐卑，日以称功颂德为事”。他举的例子，就是魏忠贤，说：“厂臣魏忠贤服事先帝，赞筹边务，拮据大工，亦大臣分内事。朝廷论功行赏，自有典常，何至宠逾开国、爵列三等，锦衣遍宗亲，京堂滥乳臭也！”说魏忠贤做的都是分内之事，却滥得封赏，而海内效尤从谀。这样的话，过去谁敢言之？杨维垣在疏劾崔呈秀时尚称魏忠贤为“厂臣”，陆澄源疏就已直斥魏忠贤之名，并且直言过去奏疏不敢明书魏的姓名，是“尽废君前臣名之礼”。

对这篇明显有些火爆气的奏疏，朱由检没有表达意见，他还在等待。而就在第二天，一大批太监，如承天守备李希哲、南京守备杨国瑞、太和山守备冯玉、天寿山守备孟进宝以及坝大马房太监张九卿、田德润，九门太监金良辅、张有功等，俱遭罢斥。这些人官居要职，都是魏忠贤的亲信私人。

这样的风向还不明显吗？接下来的两天里，兵部主事钱元悫、刑部员外郎史躬盛、御史吴尚默，纷纷上疏论劾魏忠贤之罪。他们已公然将矛头直指九千岁。

随着劾疏的增多，朱由检的态度也由“报闻”到实际的处分，就在吴尚默上疏的当天，宁国公魏良卿被罢官。

次日，重磅炸弹飞来！浙江嘉兴县贡生钱嘉徵上“十罪”疏，对魏忠贤进行了空前严厉的指责。这十宗罪包括：并帝（妄称“朕与厂臣”）、蔑后（皇后）、弄兵（指内操）、无二祖列宗①、克削藩封、无圣、滥爵、掩边功、朘民、通同关节。这些“罪”，有一些是魏忠贤自己做的，也有许多是大臣们做了谄媚他，得到他认可的，如今到了算总账的时候了，一齐扣在魏忠贤的头上。

魏忠贤看到钱嘉徵的劾疏后，跑到御前哭诉，但昔日温言款款的皇帝，此时已没有什么特别的表示了。魏忠贤于是听从徐应元的建议，辞去东厂②，同时将魏家滥封的公侯伯一概免去。

但他从云头跌落泥壤的命运已无法逆转。十一月初一日，内廷传谕，将魏忠贤安置凤阳，客、魏二犯家产籍没入官，其冒滥官爵的宗戚，俱永戍烟瘴地面。各地所建魏忠贤生祠，全部拆毁，变价助边。客氏则押赴浣衣

① 明代人所称的“二祖列宗”，指太祖朱元璋、成祖朱棣这二祖和其他庙号为“某宗”的皇帝们（如仁宗、宣宗，直到熹宗）。

② 厂印由司礼监掌印王体乾兼领。王体乾在崇祯元年（1628 年）四月革职下狱，也遭到籍没家产的下场。

局，由太监王文政严讯，竟招出宫人怀有身孕者八人，据说客氏借出入宫闱之便，经常携带“其家侍媵”，其异谋至此大白于天下。客氏就在局中被乱棍打死。

为了老哥着实肯出力的徐应元，在魏忠贤被贬的次日，也罢了司礼监的差，安置湖广显陵。刘若愚说，徐应元在任信邸承奉时，“每倚逆焰，屡恣肆不谨”，信王对他颇为优容，其实并非不知他的底细，只是“纤毫圭角不露也”。

在安置显陵的第二年，徐应元降净军，遣戍凤阳，后来死在那里。

魏忠贤被斥逐后，过去的谄媚者如今就要吞噬他了，有人到皇帝那里检举，说魏忠贤离京时，不思自惩，不低调一点，竟带着大批随从，这些人都是他平日所畜亡命之徒，身带凶刀，不胜其数，环拥随护，势若叛然——就像要谋叛一样。“势若叛然”这句话是写入圣谕的，可是魏忠贤他到底是像谋叛，还是真的要谋叛？这灭族之罪，岂可含糊！总之皇帝闻言大怒，马上传谕，令锦衣卫去将魏忠贤及其“跟随群奸”，即时擒拿奏报。

那时节，魏忠贤刚走到阜城（今属河北衡水），夜里住在尤氏旅舍，忽然听说皇上有旨要拿他，知道这回就逮，必不能免，当夜就和名下太监李朝钦对吊自杀了。他虽然死了，仍不免身后凌迟，首级还挂在他家乡河间府的城头上。

可叹了魏忠贤这混世魔王，他无赖出身，一度居一人之下，令举世皆狂，亦真可称为一代枭雄！

当朱由检意气风发、雷厉风行地做事时，他把国家面临的危机想简单了，以为凭着他的努力去做，大明将迎来伟大的中兴；他没法逆料到，仅仅十七年后，他，将成为明朝的最后一位皇帝，被埋葬在朱家王朝的废墟里。

天启七年的大明，虽然内忧外患，国力虚弱，但怎么也不像就快亡国的样子啊！尤其是，它还迎来了一位“明君”。

明君在上，怎会亡国呢？

明君就不会亡国了吗？未免太英雄主义了。即便再加赠这位明君十倍的“圣明”，他也无法改变亡国的命运，何况他还杀了很多与他一起努力拯救大明的臣子。人们都说朱由检是明君，他自己也说，“朕非亡国之君，臣皆亡国之臣”，而众人“有君无臣之叹，中外如一口焉”。仿佛大明是一架亡灵马车，蹄声隆隆，向终点奔驰，崇祯帝就像那个倒骑在灵车上的驾手，拼命呼喊，抽掣铁鞭，可背道而驰，全然无效……

朱由检在位一十七载，果于杀戮，被他杀死的，既有内阁大学士（竟有两名之多！）和功臣名将，也有知名的大太监。

人才是乱世最为宝贵的财富，也是国家的元气和根本，然而朱由检今日诛此、明日诛彼，毫不吝惜，难道被他所杀的，都是该死的亡国之臣？

有一些，在当时被屠戮时，人人争食其肉，后来便知杀错了，是冤杀了，是朱由检自毁长城，譬如袁大将军崇焕。

还有一些，当时授首时，也是大快人心，人人叫好，可不久后就有人为他呼冤，甚至说，如果不杀此人，国事或许还有可为，大明或许不会亡国。

此人便是魏忠贤。

那么魏忠贤之死，到底是明朝之幸，还是不幸呢？

魏忠贤杀没杀错，要看他到底对国家有没有功绩。

天启最后两三年，举朝都在说九千岁“一腔忠诚，万全筹划”，简直为大明操碎了心。吹嘘魏忠贤的好话，已到了无以复加的地步，好词都用尽了。把这张大牛皮摆出来，无外三点：

第一，“独持正义，匡挽颓风”，所谓“功在世道”。

此说以东林党为妖孽，而以魏忠贤为挽救世风治道的大圣人。

其实天启中所谓东林之党，就是以魏忠贤为线，人为划出来的。许多阉党干将，过去就曾是东林一员，或曾有过向东林示好的举动，但一旦魏忠贤当权，他们就毫不犹豫地抛弃了“组织”，转而率师与东林为敌，或将宿敌推入东林之陷坑。朝堂之上，只耳听得满耳仁义道德，满目所见，却尽是污糟龌龊的行止。

“世道”的加速败坏，魏忠贤堪为罪魁。

朝臣普遍无耻化，很大程度上是魏阉专权催发的。

随拾几例：

当时大臣小官们攀附魏忠贤，多认太监做干爹、干爷，草莽出身的“魏傻子”也好这一口，所以他膝下除了“五虎五彪十狗”，还有“十孩儿”“四十孙”——尽是当朝文武高官！

魏忠贤喜欢徒子徒孙满地跑的感觉，无廉耻之人自然投其所好，如御史崔呈秀在被人参劾、窘困狼狈之际，乘夜爬去找魏忠贤，直接就拜魏为义父。而官位已高者，若公然投怀送抱，则于体面略觉为难，可是抱粗腿之心又汲汲，只好另想转圜之策。如大学士顾秉谦，一次请魏忠贤吃饭，忽然让他的小儿子拜魏为爷爷，客气道：“本欲拜依膝下，恐不喜此白须儿，故令稚子认孙。”顾家少公子拜魏为爷，等于顾大学士本人自降一辈，拜了魏忠贤做爹。

还有一个叫张我续的大臣，他家有个婢女，姓魏，论起来，与魏忠贤还是本家。这下麻烦大了！老张收买魏家人口为婢，岂不大大得罪上公？张我续一着急，想出一个离奇的主意，他让全家把这名婢女当主子一样供起来，进京时，请她坐八抬大轿，全家人都尊称她为“魏太太”——这是一位活祖宗啊！

还有一个给事中叫李鲁生，一个御史叫李藩，这一科一道，都是言官，本该是朝廷纲纪和道德的维护者。可这二位，格外无耻，他们最初依附魏广微（阁臣），后改事冯铨（阁臣），又奉顺崔呈秀（尚书），最终拜在魏忠贤门下，成为他的“十孩儿”，人称“四姓家奴”。

从大学士、督抚、科道，到各地守臣将吏，种种献媚，各种奇葩，层出不穷。在魏忠贤当权时，举朝皆狂，举国近痴，已毫无是非、公道、正义可言。这不就是特别明显的亡国之兆吗？

其二，辽东军事胜利。

明朝对后金的战事，自万历四十六年（1618 年）开战，一直被动挨打，辽镇大半沦丧。这种颓势到了天启六年（1626 年）突然有所改观，其标志性事件，就是该年年初，努尔哈赤亲驱十余万大军，进攻辽东重镇宁远(今辽宁兴城)。时任宁远道袁崇焕率麾下两万明军坚决抵抗。努尔哈赤久攻不下,本人还中炮受伤,被迫收兵撤围。努氏自起兵以来,“战无不捷,攻无不克”,唯一不下之城,就是宁远,而且他在撤兵后不久就因伤重去世。

皇太极继位后,于次年五月再出重兵围攻宁远和锦州,仍是无功而返。此役被称为“宁锦大捷”。

袁崇焕倚危城、孤城两次击败后金皇帝的御驾亲征,一时威望无两,并升为辽东巡抚,成为明朝在辽东国防线上的干城。连胜之后,明军萎靡不振的士气大为振作,兵部尚书王永光兴奋地说:“辽左发难,各城望风奔溃,八年来贼始一挫,乃知中国有人矣!”

然而这两次胜利的意义是必须正确认识的。

首先,宁锦之战只是坚守,不是野战,没能较大地削弱敌人,改变辽东敌强我弱的形势。相反,在抚顺、辽阳、沈阳等重地先后沦陷后,明军在辽东已为我弱敌强,守住宁、锦等少数几座危城已为勉强,根本无力恢复失地。而后金(清)在暂时受挫后,改变策略,致力于向西北的兀良哈三卫及东部蒙古地区发展。一时间,辽东军事压力大为缓解。殊不知这平静,是为即将到来的更大危机做准备!待清军征服了蒙古各部,再次南下时,所攻就不再是宁远、山海关一个方向,而是从山海到山陕,东西几千里的边墙,处处皆为入寇之隙,令明军无法防守。这是崇祯年间清兵屡屡入塞,横扫北直隶、山西、山东、河南等地的根本原因。

当然,这一更加危险的局势的形成,尚需稍待数年,而在天启的最后一两年,看起来边疆较为平静,当轴大臣们没有能力洞穿这一点,被一时的胜利冲昏了头脑,大肆封爵庆贺。宁锦之捷,是边关将士流血流汗辛苦打下的,朝中却有数百人抢入分羹的队伍,获得各种嘉奖,魏忠贤家族已无人可以加官晋爵,乃至于一个襁褓中的婴儿、魏忠贤的侄孙魏鹏翼,也因“军功”封为伯爵。众人像恶狗扑食一般在功劳簿上叠罗汉,真正的立功者袁崇焕,却仅仅加了一级虚衔,还被免去了巡抚的实职。

袁崇焕没有清流习气,他做事比较务实理性,也试图尽力处理好与阉党的关系(比如他曾同蓟辽总督阎鸣泰等联名上疏,请求在宁前卫为魏忠贤建一座生祠),在掣肘和压力中腾挪伸展。他深知朝有权臣,大将难以立功于外,总望从魏忠贤那里得到更多的支持。即便如此,袁崇焕这位当时公认的“干城”,还是在最需要他的时候,被调离了辽东前线。

对于这种不正常的调动,只能理解为因为袁崇焕没有主动地去奉迎阉党,是以名望越高,遭嫉越深,从而成为排斥的对象。面对朝臣的质疑,由司礼监一手操纵的“圣旨”,给出了一个荒唐的解释——“暮气难鼓”!

在魏忠贤当权时,一切是非、功过均脱离实际,只以宗派“立场”画线,为魏忠贤立帜,坚决拥护他,就是正人君子,而不能主动逢迎者、高蹈远避者、自守清白者,乃至看不惯提出批评者,都会被压制排挤,甚至扣上“东林”的帽子,轻者罢官,重者下狱,连性命都不保。

大学士文震孟之子文秉,从自身见闻感悟写道:“天不祚明,不在于震惊九庙、闯逆(李自成)犯顺之秋,而萌于惨戮多贤、珰党煽虐之际。”他说,明朝亡国之运,正是从魏忠贤胡作非为、屠戮忠良、阉党大肆播虐时注定了的!

魏忠贤毁灭的,是明朝所余不多的一点元气。

其三,修建“三大殿”。

皇上的金銮宝殿,也就是皇极殿(今太和殿)等外朝三大殿,自万历二十四年(1596 年)为火所焚,神宗借修建宫殿为由,将矿、税太监派出去,但所筹资金并没有用于宫殿的重建,二十多年里,就任那几大堆瓦砾供在那里,大明的“前朝”,竟成了一处庞大的垃圾场!

光宗即位后,始议皇极殿复建的事,令内承运库发帑金二百万,工部先领出一百万,后余一百万“陆续凑发”。然光宗随后去世,工程耽搁下来。

魏忠贤是爱慕虚荣之人,他对朝廷的形象格外用心,当权后,将三大殿复建重新提上议事日程,投入巨资,亲自主抓,大工进展顺利,到天启六年(1626 年)十月殿工正式告成。当时人们已经适应了万历以来凡事疲沓的状况,三殿之工拖延三十余年未举,魏忠贤桌子一拍,“鼎建工程神速”,这种“魏忠贤式效率”的确令人耳目一新。

由于是魏上公亲自抓的面子工程，三殿成为朝廷工作的重中之重，不惜巨资，恰好那两年边患稍宁，左右腾挪调剂，还能凑出一大笔款子，终是把那几间大房子建好了。魏忠贤由此晋秩“上公”①。

三殿工不知花了多少银子，据天启七年（1627 年）十一月太监徐应元奏报，工完查收支账目，仅余银九百五十两。

天启中，魏忠贤“手握治平之枢”，“安内攘外，济弱扶倾”，对大明的“再造之恩”，大体就是以上几样。

其实魏忠贤哪有什么治国奇谋（有学者称之为“庸人治国”）！他解决问题的办法，不过利用手中的威权，严厉督责于下而已。举一例：当时辽东军情吃紧时，缺少军马，魏忠贤脑袋一拍，想出一个好法儿。明朝宫廷有赐大太监“内府骑马”的优待政策，但福利不是白享的，享受优待者需要每年向朝廷进献好马一匹作为报答。魏忠贤的办法是，他大发骑马“优待券”，让好几百人获得这项权利，然后不断降谕，令获得“恩宠”者进马。这法子果然奏效，一下就筹到了上千匹马，但由于管理不善，而且太监们多以病马弱马充数，这些马运到辽东时，“倒死者相望，军士啖马肉者比比也”，只如送了一大堆马肉，反费了不少草料银。

如此之人、如此之功，能挽救大明吗？

第十三章　“曹正淳”不是曹化淳

除掉魏忠贤后，朱由检开始着手定“逆案”。此时的魏忠贤，已被称为“逆贤”。

最后公示的“阉党”，共分七类，253 人，包括客、魏戚属 14 人，太监 35 人，勋戚武臣 9 人，文官 194 人，另有监生 1 人。

---

① 正史云魏忠贤“晋封上公”，或称“已晋公爵”，有人误以为魏忠贤被封为公爵，实际上晋封的是魏良卿，三殿工成，他由肃宁侯进封宁国公世袭。

其中进士出身者159人，占阉党总数的82%，科次最早的是万历八年（1580年），又以万历四十一年（1613年）、四十四年（1616年）和四十七年（1619年）这三科为最多，共有83人被定为阉党成员。

在魏忠贤当权时，这三科进士入仕都不到十年时间，多属中低级官员（值得一提的是，科道官级别不高，但权位重，故不能光看品级）。

据苗棣《魏忠贤专权研究》一书统计，阉党的近两百名文臣，在天启四年（1624年）前，只有两人任大学士（顾秉谦、魏广微，以尚书系宫保衔，从一品），另有侍郎（及系侍郎衔的总督）、左副都御史（正三品）八人，系右佥都御史衔（正四品）巡抚二人。这十名三、四品官员，只有五人为现任，其他均赋闲在家。而到了天启七年（1627年），不到三年时间，阉党成员的官职已有了普遍的跃升：文臣中有八人入阁，四十四人任尚书或加尚书衔，其中加公孤衔而官居一品者二十七人。可见，投靠魏忠贤是官职上升的重要保障。心热功利之人，岂不愿走终南捷径，投靠魏阉？且当举国皆称“厂臣”之时，这么做的道德压力也是很低的。

比如一个叫田吉的官员，万历三十八年（1610年）会试中试，可是在接下来殿试时，他竟然作弊，被当朝纠获。因此被罚三科，九年不许再参加科举考试。天启二年（1622年），罚期一满，他再次入试，一举中的。像田吉这样为士林所不齿的人物，因投靠魏忠贤成为“五虎”之一，仕途大利，从“释褐”到从一品的太子太保兼兵部尚书，只用了五年时间。在魏忠贤的卵翼下，不断有升官的“新速度”产生！

在魏忠贤“代天子”执政时，大小官员（尤其是高官）为了避祸，不得不与魏阉合作，或有不同程度的交往。然而，被迫俯首顺从，与甘心投媚、死心塌地附逆，还是有区别的，不可一概而论。

魏氏专权数年间，官箴与士风大坏，在泥沙俱下、清浊相混、泾渭不分的条件下，处理逆案，尤当从宽，不可加严，只将那些臭名昭著且有明显劣迹的首要分子罢官解职、终身不再起用即可。比如一个叫贾继春的官员，他过去拥戴魏忠贤，看着魏将失势，马上转向，率先反戈，就是一个没有道德的小人。在定逆案时，吏部认为贾继春为人虽反复善变，但持论不无可取(起码他支持“倒魏”,有立功的表现),就没有将其收入案中。可朱由检不许,说“惟反复,故为真小人”,坚持将贾继春列入阉党。“反复小人”就是阉党么?自古唯君子小人最难分辨,在天启中,唯君子小人最为混淆。朱由检以“小人”定党案,是意气用事,他在这件十分重大的朝政上,没有显露出高明政治家应有的审时度势的气度。

在确定逆案名单时,由于缺乏甄别,有明显扩大化的趋势。如内阁大学士顾秉谦、黄立极、丁绍轼、冯铨、魏广微,都被打为阉党。而以上诸人,除了魏广微较为积极外,其他人均不过随世沉浮,扮演了“碌碌徇人”“唯唯听命”的角色,将其一概列入阉党,未免过苛过重,且于国体亦大大有亏。

过去定“东林党案”,就掺杂着错综复杂的人际关系和派系矛盾,今日定“逆案”,仍旧是彼此攻讦,互相攀咬,使得许多逆案中人不服,一直都在试图翻案,使得“逆案”这件朱由检最为得意的“政治作品”,成为新的政治动荡的导火索。

总的来说,经过三四年的震荡,朝廷元气大伤,朱由检登基伊始,应注重养元固本,对于天启中的“阉乱”,应该有一个明确的政治态度,但实不宜大规模地再兴党案。这步棋,朱由检完全走错了!

崇祯朝除了开局气象颇新颇壮,后来便是一瘸一拐、跌跌撞撞走向灭亡,其残心触目之状,在此不必细讲,单议一个话题,与上文“错杀魏忠贤”有关。

有人说,当明朝已走到灭亡的边缘时,有太监对朱由检说,若不杀魏忠贤,国事必不至此!朱由检也有强烈的同感,便派人秘密收葬了魏忠贤的遗骨。

此说可信否?

绝不可信。

崇祯中用事的宦官,多是逆贤专权的受害者,他们绝不会有“魏不死,明不亡”那样的感慨。

比如在闯王破城之际与朱由检对吊而亡的司礼监秉笔太监王承恩,是太监刘克敬的名下，刘就是被魏忠贤害死的。《明史·王承恩传》说王承恩是曹化淳的名下，可能是刘死后，才转归曹代管。

据称给皇上灌迷药，说“不杀魏忠贤，国事必不如此”的，正是曹化淳，此说尤不可信。

崇祯中先后掌司礼监的曹化淳、王裕民，都是王安的名下。据刘若愚回忆，王安被杀后，其名下官曹、王、马应辰等“俱降责有差”，他们都是受过魏忠贤迫害的人。

在当代反映明朝史事的影视剧中，有一个叫“曹正淳”的东厂太监，武功了得，十分拉风，他的原型，可能就是曹化淳。

但“曹正淳”肯定不是曹化淳。

《甲申核真略》的作者杨士聪，崇祯中在京为官，是时局的目击者，他说，“曹化淳，本信府承奉”，是皇帝在潜邸的旧人。

朱由检即位后，曹化淳先在文书房任职。崇祯元年（1628 年）冬，朱由检想找几个文行优长的内官任司礼监秉笔、随堂，破天荒地在宫里举行了一次御前考试，亲自拟题曰“事君能致其身”。许多文化不错的太监参加了考试，最后中试者为郑之惠和曹化淳。二人都加了“随堂”衔，得以参与机务，曹化淳从此成为朱由检身边的重要辅佐内臣，并于第二年提督东厂，又总督京营、掌司礼监印。

曹化淳是王安的名下官，他初掌权时，也曾效仿王安，亲近东林。

崇祯十年（1637 年），常熟“奸民”张汉儒讦奏颇有时名的东林领袖钱谦益、瞿式耜师徒。因为钱谦益曾经替王安写过祠记，就凭这一层关系，曹化淳替钱谦益出头，“发汉儒等阴谋”，最后将其用立枷处死。

从曹化淳的出身，以及他和东林密切的关系来看，他都不会同情魏忠贤，特别是他本人还掌东厂和司礼监多年，如果他反说魏忠贤的好，岂不是自打耳光？

当然最关键的是，虽然“逆案”很有问题，一直以来，都有一个很大的势力，在试图推倒它，但朱由检一直坚守逆案，从未动摇过。曹化淳作为依附于皇帝的宦官，他不可能说出违背皇帝心意、大逆不道的话来。

“魏忠贤不死，大明不会亡”，这样的话，只会出自魏阉余孽之口，而其说的背景，则应是崇祯二三年后，宦官势力再次复兴。朱由检继位之初，杀客魏，用文臣，抑宦官，可是他最终离不了宦官，当有人妄称“魏不死，明不亡”时，实际上说的是宦官不灭，明朝不亡。

第十四章　以此始者，必以此终

处理“逆案”，凸显了朱由检性格上一个很突出的特点——严苛。

他在位十七年，事无巨细，“综核”最严。如廷臣本章，讹一字便教“改行”，多一字便令“删正”，多字少字写错字，他都不放过，一定要责令纠正。

俗话说，“水至清则无鱼，人至察则无徒”。如果我能穿越回去，并且有机会给崇祯帝提点意见（前提是不必冒死），我会把这句话写成条幅送给他，希望他挂在殿中，每日观省。朱由检以“至察”为聪明，以天下“至清”为目标，结果将是在他眼里，满天下没一个好人，且池中之鱼，个个难逃罗网！

因为，在苛责之后，便是诛戮。

这位大明的末代之君，打心底里瞧不起臣下，尤其对文臣，随着国事日危，他轻鄙的态度逐渐加深，这是他轻于杀戮的重要心理原因。为其所诛者，包括大学士两名（周延儒、薛国观，皆令自尽），尚书、总督、巡抚等数十名，轻掷的才臣，更不知其几。崇祯中文武大臣的非正常死亡率，可能仅次于洪武朝。

朱由检杀了那么多大臣，犹嫌不够。文秉《烈皇小识》记载，崇祯十七年（1644年）三月十七日，闯军临门，城外炮声隆隆，朱由检慌忙召见百官，要议一个御敌之策。御座之上，他忍不住落下眼泪，群臣也都相向而泣，大家哭成一片，却束手无计。朱由检遂提笔在手，在御案上写下六字——“文臣个个可杀”，指给身边近侍宦官看，然后随手抹去。

皇帝不相信文臣，便会将目光投向另一面，重用宦官。

崇祯朝本以抑制宦官为始，不料为时未久，宦官势力就开始复兴。

崇祯二年(1629 年)十二月，后金军破关而入，深入内地骚扰，朱由检怒文武官员不争气，遂命司礼太监李凤翔总督忠勇营，重开内操。次年冤杀袁崇焕后，进一步扩大了宦官参预军政的权力，从此太监四出，重新监军、出镇、掌京营，并整理漕运、盐政。司礼太监张彝宪奉命钩校户、工二部收支，为之建立衙署，称“户、工总理”，乃高踞于尚书之上。而后国势愈危亟，宦官授权愈重，这位末代天子最终还是拿宦官当了救命稻草！

京营是京师根本，兵力最多。

然而京兵战力孱弱，虽屡经整饬，无振作之色，自正德中“河北之乱”后，就很少再调动京营官兵。崇祯四年(1631 年)后，由于贼势蔓延，各地空虚，不得已调京兵南下协剿，除了总兵官统军外，还任命太监担任监军。

但京营作战并不得力，如崇祯六年(1633 年)夏的河南之役，虽然大发京兵，命总兵倪宠、王朴分将，监以太监杨进朝、卢九德，会同保定、河南诸军。官军人数虽多，可是群帅不和，势敌相轧，彼此观望，谁也不愿深入作战，最终使农民军自渑池南渡。

作战时，军中有太监监军，掣大将之肘，到战败、无功、失机时，军中有太监的好处就显示出来了：“事易掩饰，所报功多不以实。”朱由检派太监到诸帅军中，本为耳目，不想太监与将帅一起欺蒙，反而成了大将的保护伞。太监们恃着皇帝的信任，将无功说成有功，小胜夸为大捷，朱由检毫无所悟。

京营战力太弱，崇祯后期真正能发挥一些作用的，是新编练的勇卫营。

勇卫营，是勇士营与四卫营的合称。勇士营成立于永、宣时期，最初专门收纳从漠北逃回的军民，又称御马监勇士。宣德末年设立腾骧左右卫和武骧左右卫，通称四卫营，仍隶于御马监。崇祯七年(1634 年)，经提督京营戎政太监曹化淳奏请，改四卫营为勇卫营，曹化淳就以司礼监秉笔太监，总督勇、卫二营军务，兼掌御马监。

崇祯九年(1636 年)后，先后简用孙应元、黄得功、周遇吉等将领训练，勇卫营遂为劲旅。这几位都是当年七月因清军入关以援畿辅而至力战有功,遂先后进秩,“入掌禁旅”。经过他们的严格训练,勇卫营兵力得到充实,战斗力有了较大提高,如黄得功部军士在黑布上画虎头,披于战甲之上,人称“黑虎头军”,“其得力出京营上”。

孙、黄、周都是明末名将。孙应元崇祯十四年(1641 人)战死于河南。周遇吉后升任山西总兵,为阻止李闯突入京师,力战于宁武而殁。黄得功在北京失守后退至淮河,是“江北四镇”之一。崇祯末年,诸将皆挟寇自重,骄蹇不可制,只有黄得功一人“进止惟朝廷命”,成为少数殉国的大将之一。因此,勇卫营的战斗素质不仅较京营为优,更非地方军阀部队可比。

勇卫营经常由太监直接统领,以“天子禁旅”的名义,参加剿贼作战,以“勇卫营太监”知名者,有孙维武、刘元斌、卢九德等人。

崇祯十年(1637 年)八月二十五日,朱由检亲自检阅了京师部队,勇卫营给他留下深刻的印象。当时中原群盗纵横,孙应元、黄得功请求率兵前往征剿,朱由检大壮之,发勇卫营兵万余人,出征河南。跟往常一样,任命太监刘元斌、卢九德为监军(又称“督理”)。

这是勇卫营首次出征。行前,朱由检一再叮嘱,谕刘元斌等,“若等有不戢其下、苦郡县者,悉论如律”。

勇卫营作为禁军精锐,军行肃然,十月在庐州舒城首战告捷。十一月底,兵部尚书杨嗣昌亲自督师于襄阳,八方张网,试图将张献忠部一举歼灭。勇卫营作为主力,参与了这场大会战。

刘元斌、卢九德名为监军,实际上就是统帅(又称“援剿禁旅太监”),二人各统所部,孙应元、周遇吉等隶刘元斌,黄得功、宋纪等隶卢九德,两部协同作战,实际上都是独立指挥,不受督抚节制,彼此之间也互不辖制。数年间,两部时分时合,主要驻守在鄂东、皖西一带,进可援剿河南、皖西之敌,退可护卫安陆、凤阳二陵,对于稳定华中战局,起到了重要作用。

然而,经过长期战斗,勇卫营损失惨重,总兵孙应元,副将张一龙、林报国等先后战死。禁军战力急剧降低，军纪也大为涣散，开始成为民患。崇祯十四年（1641 年）洛阳陷落后，刘元斌奉调北上入豫，时李闯部在陕州、洛阳，刘元斌留四十日不进，纵诸军大掠，杀樵汲冒功。又欲攻城，城中进贿，才得免祸。十一月，刘元斌听说南阳陷没，竟拥妇女北去。朱由检命御史按视其军，刘元斌乃悉沉妇女于黄河。

刘元斌因剿贼不力，纵兵淫掠，遭到御史王孙蕃的严厉参劾，遂于崇祯十五年（1642 年）正月奉诏还京。

刘元斌知道这次被劾回朝，情况可能不妙。为此在回京途中，突然变道，渡黄河进入山东，突袭土贼李青山，斩杀千余人。他本意是“欲自以为功”，减轻罪责，同时拟好一疏，托他的本官、司礼监掌印太监王裕民代为入奏。

刘元斌刚刚回京，王孙蕃又劾他在山东张秋等处焚劫淫污，杀良冒功，欺蔽不法。

此疏经御览后，密封下科，不传抄。可是刘元斌的自辩疏马上就进呈了。王孙蕃遂将刘元斌连同王裕民一本参了，他说：“刘元斌本是王裕民的名下官，王裕民暗泄臣疏，所以刘元斌才得以按臣所奏，逐条强辩。不然，臣的本章系密封下科，未尝传抄，刘元斌何以知之？”

他指责王裕民为了保护自己的名下，向刘元斌泄露了本章机密。

对这件“泄露国家机密案”，朱由检非常重视，他在七月十三日亲临午门，待早朝结束后，传旨留百官，并召见王孙蕃。这个日期较为特殊，就在前一天，兵部尚书陈新甲刚刚下狱，而陈新甲落狱的真实原因，也与泄密有关。

听说皇上传召王孙蕃，有御史回奏说，王孙蕃是新授的试御史①，还没有发给牙牌，依例不得出入禁门。朱由检就把王孙蕃的劾疏拿出来，对百

---

① 明代御史在正式任职前，须试用一年，期满方准正式授职。试用期间，称“试御史”。

官说，"刘元斌纵兵害民，王裕民扶同欺蔽"，令将二人下法司问罪。王孙蕃发奸有功，加职二级。

十月初十日，巡按山东御史覆奏，称刘元斌纵兵焚劫"皆有状"。既然证据确凿，那还说什么，杀无赦！朱由检马上传旨，以"王裕民、刘元斌通同欺蔽，荼毒生灵，法难轻纵"，令将刘元斌立即会官处决。王裕民及领兵将弁应定何罪，由刑部在三日内拟奏。

刘元斌于当月二十一日被处决。

王裕民的案子由刑部审理。其时署理刑部的是侍郎徐石麒，作为主审法官，他感到此案十分棘手。毕竟王裕民是司礼监掌印太监，地位特殊，另外他隐约感到，皇帝的意思是要从重，可是重到什么程度，需要小心拿捏，既不可失了上意，也不能有违持法之平。

最后，刑部判决王裕民遣戍（戍边）。

可是徐石麒仍不放心，在进奏时，特将都察院、大理寺主官的姓名都列在疏末。

不料朱由检看过判决书勃然大怒，立即召见三法司主官，当面训责他们"故纵"。不判决死刑，就是故意宽纵，看来皇上是一定要王裕民死啊！

《刘子全书》所收刘宗周《行状》，记录了时任左都御史刘宗周奏对时的情形。

刘宗周并没直接参与此案，他是直到入朝时，才看到徐石麒交给他的那份爰书（判决书）。

三法司长官进宫后，朱由检首先传召刘宗周，责备他拟律不当。

刘宗周理直气壮："此事非臣鞫问，不敢妄奏。"朱由检见他不肯认罪，更加生气，又责他推诿。刘宗周老实回奏："此案前下法司时，臣未尝受事，后改刑部，臣不得与闻。然阅刑部所具案，已曲尽情事。"他直言刑部拟处并无不当。

朱由检脸色稍霁，说道："此奴钱神有灵，譬如百足之虫，至死不僵。"朱由检如此说，已是先入为主，怀疑法司受贿了。

刘宗周道："司寇（刑部尚书）所执者，三尺法耳。依法就应如此拟罪，徐石麒非有意宽贷王裕民。"

朱由检道："王裕民欺罔实甚，卿等不知耳！"

刘宗周听皇上话中有话，他不敢妄测，回道："就事论事，王裕民之罪止于是。若内廷有隐微奸，自有圣断在，非臣等所知也。"

他把话说得很明白，如果要以公罪论处，王裕民的罪只够得上遣戍，如果他还有其他欺蔽情节，不在此案中，尽可由皇上圣断，岂可降罪执法之官？

随后徐石麒入见，指着爰书，振振有词："隐人之恶与身自为恶不同，终不可以刘元斌为首犯，而以王裕民为从犯。律内'奏事诈不以实'条，止拟一流配。然则欺君之法亦止此矣，即使加等，至流放烟瘴地面已极，若再加罪，则非守法之臣所敢擅入也。"他坚持认为，王裕民为"隐人之恶"而泄露机密，依欺君之法，不过流配，就是再加重处罚，也不过流放烟瘴地面，怎么也到不了死罪（黄宗羲著《南雷文定前集》卷五《吏部尚书忠襄徐公神道碑铭》）。

法司守朝廷之法，并无包庇王裕民的情节，朱由检也无法追究，但他杀王裕民之心已定，过了两天，干脆直接传旨，将王裕民弃市。这就是以"圣断"杀人，而非以法杀之了。

王裕民本是朱由检非常信任的太监，怎么转眼间就成了必杀之人？原来，王裕民"交通外臣"，犯了朱由检的大忌。

前面讲到，兵部尚书陈新甲七月十二日下狱，刘元斌次日到京，马上同王裕民一起下狱。这三人虽不在一案，但两案存在着内在的联系。

《明史·陈新甲传》称，陈新甲"深结中贵为援，与司礼王德化尤昵，故言路攻之不能入"。王德化可能是王裕民之误。时任给事中的李清，在所著《三垣笔记》中记载，兵科给事中方士亮疏劾陈新甲，"（因）新甲与王司礼裕民昵，士亮惧为所中（报复），候命数日，须为之白"。待圣旨批下，遂切责陈新甲，随后将其下狱，最终弃市。

将陈新甲下狱并处死的原因，朱由检给出的理由是，近年来亲藩为贼所戮辱者达七位之多,大司马(兵部尚书)必须抵罪!然而这并非真实原因,之前朱由检一直通过陈新甲与清国议和,此事秘密进行,但纸包不住火,渐渐为外廷所知,有廷臣上疏力争,可就是没有证据。一天,负责联络此事的兵部职方郎马绍愉,将议和的进展密报陈新甲,陈看完后随手放在案上,不想家童以为是军中塘报,便送出去传抄了。至此议和真相大白,言路哗然,方士亮上疏首攻陈新甲。朱由检一直不承认有议和之事,但现在尾巴被人揪住,令他倍感惭怒,与清国议和的大门也从此关闭了。

陈新甲一时疏忽,既坏了大事,也令皇帝蒙羞,朱由检一定要他死,除了泄愤,也有将其作为替罪羊的成分。朱由检对王裕民与陈新甲"交通"十分恼怒,更不能容忍王裕民将机密奏章泄露给刘元斌的行为,于是借刘元斌案连王裕民一并处死。

当时内官与廷臣勾结实为常态,第二年(崇祯十六年,1643年),御史蒋拱宸举劾吏部文选司郎中吴昌时赃私巨万,连及刚刚罢归的首辅周延儒,说吴昌时密通司礼太监李端、王裕民,泄露机密,待重贿入手,再由周延儒拟写温旨减轻纳贿人的罪责。这就是指责司礼太监通同阁臣作弊,将机密奏章作为一门通贿生意来做了!

李清《三垣笔记·中·崇祯》说,李端是北京人,本为子衿生员,后为宦官,在升入司礼监后,颇与外人交通。他被列入周延儒、吴昌时案后,"以赂遗事发自杀"。

其实,李端之死,不尽然是因为贪贿事发,惧罪自杀。

周延儒、吴昌时案有着很深的政治背景。

周延儒早在崇祯二年(1629年)十二月就已入阁,次年九月任首辅,因不敌次辅温体仁[①],于崇祯六年(1633年)六月致仕,居乡达八年之久,至十四年(1641年)二月复起,再任首辅。

周延儒再相,是吴昌时替他在宦官中运动援引的结果,可是周延儒复

① 周、温在阁倾轧,周不敌温,然二人皆入《明史·奸臣传》,今论者多为周鸣冤。

出后，却力劝皇帝罢内操①、罢厂卫缉事，如杨士聪《甲申核真略》所说“凡上之信延儒，与其为上所信任者，无一不与中贵为难”。宦官平白为自己找来一个大对头。

而像周延儒这样与宦官为敌的首辅，却也是朱由检需要的，当他赋予宦官更多的权力时，也需要为宦官集团制造一个有力的牵制者。

据吴伟业《绥寇纪略·补遗上》记载，周延儒虽力主撤宦官监军及内操，可是仍与宦官往来颇厚。朱由检怕他与宦官合流，故意在诛杀王裕民的前一日，密召延儒，尽屏左右，谈了很久，可是所谈的，皆是些泛泛之语。到五鼓时，忽闻王裕民已经弃市，周延儒方恍然大悟，知道被皇上陷害了。他和皇上在杀死王裕民的当晚，造膝独对，太监们自然认为是首辅密赞皇上诛杀掌印呢！周延儒极力自辩，也没人信他，太监们对他恨之入骨，这已经决定了周延儒的命运。

此事可看出，朱由检的“帝王心术”，何其之险！

不管朱由检是多么圣明的君主，他能一人支撑天下吗？内外臣僚是他救世的左膀右臂，可是他任情诛杀，并且刻意在内外臣之间制造矛盾，令其猜忌互斗。他这样做，固然有利于防止宦官与外廷文武勾结作弊，但同样也造成了人心离散、无人可以委寄信用的结果。吴伟业就此论道：“自崔呈秀、魏忠贤之后，内珰视权宠为固然，见主上对他们且信且疑，就连王裕民、刘元斌这样的大珰都不能免于刑戮，虽然皇上对他们的恩礼没有变化，但已经大失其心，一遇危急，即涣然离矣。北京城破后，有人说，是王裕民名下太监王则尧开齐化门（即朝阳门）以纳贼，即便这是流言，难道就无端倪可寻吗？”

朱由检蓄意令内阁与宦官为敌，使得周延儒成为厂卫的眼中钉，对其极尽攻击之能事。王裕民死后，借吴昌时“通内”，将周延儒引入案中，遂激

---

① 崇祯十四年（1641 年）十二月，朱由检“谕停内操，提督忠勇营太监杨进朝所部三千人，若值大祀，仍与防护”。实际上还是保留了这支人数在三千人的宦官武装。

起圣怒,将其逮上京后赐死。

周延儒确有贪贿的实迹,然而导致他被杀的真正原因,却是阁僚的倾轧和厂卫的联合陷害。

至此,诛杀司礼太监与阁臣,明史上乃三见:

天顺元年英宗复辟,诛大学士王文与司礼太监舒良、王诚、张永、王勤;

嘉靖中,诛大学士夏言、司礼太监李彬;

崇祯中,诛大学士薛国观、周延儒(皆令自缢),诛司礼太监王裕民、刘元斌、李端。

朱由检对文臣的表现感到失望,他为自己重新起用宦官辩解说:"诸臣若实心任事,朕亦何需此辈?"然而朱由检并不偏倚宦官,他的滥杀不分内外,如此驾驭之术,只能令臣子惧罪寒心,反而加剧了因循、欺蒙的恶习。

北京城陷之时,三大营一时皆溃,朱由检所能依靠的,只能是宦官了,他甚至令司礼太监王承恩整饬内官,准备率宦官亲征!

然而,他最终也为宦官所背弃。

崇祯十七年(1644 年)三月十七日早上,京中哄传,说李闯大军已至昌平。午时,忽有数骑突至西直门外,挥刀杀人,城中大恐,于是仓促闭门,令官兵上城防守。可是京营空虚,每八个垛口仅有守兵一人。朱由检下令,让内府监局的宦官,从掌印到小火者,全部上城,这才使每个垛口站立一人(也有说募得内操宦官数千人上城防守)。

城头占满了阉人,他们却毫无斗志,乱哄哄大喊:"要我们守城,要文武官员做什么?且自罢了内操,我等兵械俱无,难道举一双空手御敌?"也有人说:"我辈月食五十万,效死固当。"司礼太监王承恩奉命提督京营,亲自上城督战,见闯军架飞梯攻西直、平则、德胜三门,急命发炮击之,连毙数人,然诸珰皆泄泄自如,不把京城的安全当回事。

前不久,朱由检派太监高起潜出监宁前军务,杜勋镇守宣府,方正化监保定军,高行至半道弃关而逃(后任弘光朝京营提督,降清),杜勋刚到宣镇就投降了闯王,只有方正化不屈战死。

十八日，随闯王来京的投降太监杜勋，缒城而上，代表李闯与皇上交涉。朱由检本以为杜勋已“骂贼被杀”，还传旨赐其荫祠(可见其为内臣蒙蔽如此!)，不料此獠竟活着，还胆敢入城，当面请皇上“自为计”。朱由检虽恨得咬碎钢牙，可因为秦、晋二王被挟持在闯军中，他也只能纵其归营。杜勋在城上与守城太监耳语良久，称“吾曹富贵固在也”。他离城不久，广宁门即大开，迎闯军入城。①

绝望中的朱由检登上万岁山，在建成不久的寿皇亭自缢而亡。颇具讽刺意味的是，这座寿皇亭正是他用来阅视宦官内操的。

城破之时，内臣殉难者，除了从帝吊死的王承恩，还有曾任司礼监掌印的高时明、司礼监秉笔太监李凤翔、监局提督太监褚宪章、张国元四人。东厂太监王之心，家资富厚，被闯军逼勒赀产，将其拷打至死。南渡后，建旌忠祠祭祀北京死难诸臣，以王承恩为正祀，内臣方正化等附祀，王之心亦得滥厕其间。

北京陷落后，另一支京军禁旅在太监卢九德的统帅下，仍在南方作战，与黄得功、刘良佐形成一个军事集团。

卢九德，扬州人，南渡之初，他因从小服侍老福王朱常洵，得了一个“胎里红”的外号。

卢九德首见于正史，是崇祯六年(1633 年)，因“贼躏畿南”，命王朴、倪宠为总兵，将京军六千南征，太监杨进朝、卢九德任监军。崇祯十年(1637 年)，张献忠东掠仪真，扬州告急，命督理太监刘元斌、卢九德选勇卫营万人往援。此后卢九德长期在河南、南畿，尤其是凤阳、泗州一带作战，屏蔽中都和南京。尽管卢九德所用名义只是“监勇卫营太监”“剿寇内臣”“监臣”等，但他在军，身穿蟒玉，“尊严如王者，自督

① 当时多处城门为阉所献。广宁门之启，有说是为太监曹化淳所献，也有人说，曹化淳守的是东直门。曹化淳降清后，上疏奏辨甚力，坚决不承认他曾献门降贼，《明史·宦官传》说，“时仓卒莫能明也”。

抚及通侯大帅咸遵约束”。

卢九德“性勤干,谙练兵机”,有一定的军事才能。如崇祯十一年(1638年)九月双沟营之战,总理熊文灿谋分其兵,乘便掩袭。卢九德说:“不然,兵分则力薄,一处失利,全军必摇,莫若厚集一路,兵力击之,胜则余众瓦解矣。”以此大败农民军。时称“自文灿出师以来,双沟之捷为第一。其后罗汝才、李万庆降,张献忠不遽叛,皆此捷有以持之也”。但卢九德跟许多人一样,有个“唯贿是急”的毛病,贪财又溺佛,每当“贼急时,辄募群僧诵佛号,以祈免死”。

刘元斌处死后,给事中方士亮请撤回卢九德,讨贼专任督抚,不报。崇祯十七年(1644年)初,闯军西来,如滔滔洪水,一路无敌,虽京师空虚,也没有调卢九德回防,而是仍令其与凤阳总督马士英协剿张献忠。

北京陷落后,卢、马与总兵黄得功、刘良佐等驻防凤、泗,成为南都建政的重要军事保障。卢九德对福王朱由崧即位,起到了关键作用。

卢九德出身福邸,故力主拥立“性暗弱”的福王由崧。高(杰)、黄、刘诸大将皆俯首听命,可见卢九德对他们具有很大的影响力。

卢九德既是“胎里红”的福邸旧人,对福王即位又有定策之功,他更是拥兵防护凤阳、南都的军事集团的领袖,在弘光政权建立后,成为炙手可热的大太监。

卢九德入朝后,与原任南京守备司礼监太监韩赞周一起提督京营,原领禁旅余部由已晋封靖难侯的黄得功兼领。

崇祯十七年五月,南京重新编练勇卫营,由韩赞周节制,至年底定员为一万五千人。次月,韩赞周因“伤心时事,杜门休沐”,以养病为由,隐居于南京报恩寺,勇卫营由其名下太监李国辅提督。

李国辅在宫中,每有匡救,人以张永目之。马士英为夺他的兵权,让亲信诓骗李国辅具疏前往浙江云雾山开采。等李一走,营篆即为所夺,授其子马锡。

弘光元年(1645年)五月,清军迫近长江,小朝廷新组建的禁军毫无战斗意志,几乎一触即溃。初八日,清军渡江,第三日夜间弘光帝朱由崧遁走太平。韩赞周在听到弘光帝出走的消息后,于报恩寺坠楼身亡。十五日,南京文武降,卢九德亦在降臣之列。

五月二十五日,逃亡半月的朱由崧被捕送至南京,九月被送北京处决,明朝灭亡。

（全书完）

附　录

明代宦官史的分期问题[①]

对明代宦官问题，一般的见解是：太祖启其渐，然朱元璋严驭宦官，不准其识字，厉禁其干政，故宫府谧如，无阉寺之患。继位者少帝建文，驭阉尤严，故多有宦官逃入燕军，或为之耳目。朱棣篡登大位，宦者"言功不已"，于是遣之四出，干政、专征、刺臣民隐事诸大权自此始。永乐至仁、宣诸帝，勤于政事，宦者犯法，必严惩不贷，故干政而不至于为害。明代之有"宦祸"，自英宗重用太监王振始。王振专权，明朝中衰。以后天子越发昏庸，深居后宫，不见朝臣，宦官趁机攘权窃利，宦祸愈演愈烈，最后与王朝大厦一起倾覆。总之，宦官问题与明王朝相伴始终，发展轨迹呈一条向下的黑线。这一"图示"正是"宦官亡明论"的基础。

但这种观点是值得商榷的，据本书的研究，明代宦官史可分五期：

一、洪武、建文是一期。

洪武朝奠定了宦官制度的组织基础。建文祚短，且不改太祖任用宦官的旧制，故通入一期。

---

① 摘自胡丹著《明代宦官制度研究》(2017 年浙江大学出版社出版）第六章"宦官的'势力'及其影响"

二、永乐至宣德为一期。

永乐中，宦权顿张，宦官广泛地渗入到国家政治、经济、军事等事务中，初步形成“三元二轨”的体制①。仁宗祚短，不及更作。宣宗处处仿效其祖，并正式确定宦官守边制度。宦官阅视与文臣巡抚共同奠定“三堂体制”的基础。永、宣二帝皆多欲，遣宦官到各地采办、买办、闸办，骚扰为害亦多。这是宦官势力的一个扩张期，宦官权力的一些方面，例如“专征”兵权，在这一时期达到顶峰。

三、从正统至正德为一期。

这一时期最长，近百年，差不多与整个明代中期重合，是各种势力互相角逐，并进行政治调整而达到新的平衡的时期。分述如下：

正统朝御内颇严，初年进行了大规模的土木建设，但内府所用物料多命在京各库支用，并不轻易科派有司扰民，内臣也不再轻遣出外。大太监僧保、金英、范弘等恃势私创塌店，各令无赖子弟霸集商货，皆被治下狱。并清查南京权贵（中官、外戚）所占官司田地，清出田地62350亩，房屋1228间，等等。② 应该说正统中政治清明之象，太监王振实有力焉。上引不遣内臣、治理权贵诸事，非在内者主持，单靠外廷是无法实现的。

然而王振发挥作用的一个重要背景，是他借助“票拟—批红”制度在中枢取得了优势地位。参预机务从此成为内官最为核心的职权，并通过内朝制度得到保障。尽管正统朝也是文官权力的一个重要释放期，在内之票拟、廷议、部覆，在外之巡抚、总督、提督，都使文臣迅速摆脱过去的束缚，扩张并巩固其权力。但正统十四年（1449年）八月的“土木之变”，仍被刻意阐释为王振专权的恶果，视之为“宦祸”。

变后，臣下要求停罢监军、裁抑宦官的呼声顿时高涨，但景泰帝以祖制为由，一概拒绝。部覆亦多徇之，如景泰元年（1450年）工部办事吏徐镇

---

① 明代政治“三元二轨”体制的详细论述，参见《明代宦官制度研究》。简略言之，“二轨”分指内府与外廷，“三元”指内官、文官、武官三种政治势力。

② 《明英宗实录》卷二十九，正统二年（1437年）四月辛未、壬申，579至581页。

“乞监前失，宦官有参预朝政及监军镇守者悉令还内，各守原职。如此则宦官无召衅之端，国祚有历之兆矣”。“有司以无实迹”，皆寝不行。[①] 不仅如此，景泰时期，宦官力量有了很大突破，主要表现在原先设立于边疆的镇守内官复增置于内地，东厂缉事权大为加强。

英宗复辟不久，就为太监王振等人平反。英宗被禁锢多年，养成了极端猜忌的性格，在位期间，他赋予锦衣卫极大的权势，校尉四出，以肃贪之名，将内外臣子都置于监视之下。而他首先除掉的就是帮助他夺门复位的国公石亨、太监曹吉祥等人，内阁学士除了李贤，皆不能令终。英宗每日亲读奏章，以防左右欺弊。但恰恰对所有人的疑忌，最终要落到对宦官的不自觉倚信之上。天顺数载，赐宦官庄田最多，常常差宦官出外逮官，籍没大臣，领兵捕盗，这些使命自正统以来，实已不轻用宦官。也许是补偿心理作怪，晚年的英宗对财富有着比以前更为强烈的欲望，派到地方开矿、烧造、织造的宦官多起来。他的这些做法在宪宗登极诏书里等到更正。

宪宗之初，南京给事中王徽上疏，以“保全内官”为题，希望禁止宦官参政、管军、管匠，防止内外官交接，以及禁止内官子弟任事置产。[②] 虽然史云“上多采纳之”，实不能用。十月间太监牛玉把持选婚事发，王徽等再请，进一步提出从三方面抑制内官，“一不许内官与国政，二不许外官与内官私相交结，三不许内官弟侄在外任事并置立产业”，皆以“妄言要誉，希求进用”调官远方。[③]

成化朝是一个皇帝“隐身”、佞幸乱政的时代。但成化一朝，却是各项新制度逐渐固定和稳固的关键时期，这一点在本书“三堂体制”的相关章节多有论及。然就宦官史而言，成化是宦官内斗最为激烈的时期，自宪宗即

---

① 《明英宗实录》卷一百八十八，景泰元年(1450 年)闰正月乙卯，3830 至3831 页。

② 《明宪宗实录》卷五，天顺八年(1464 年)五月癸酉，130 至 135 页。《明史·王徽传》。该疏戴冠《濯缨亭笔记》卷一引录最详，参见《明刻本史料二种要录》，王春瑜主编《明史论丛》，中国社科出版社，1997 年。

③ 《明宪宗实录》卷十一，天顺八年十一月丙寅，241 至 247 页。

位之初即有王伦、牛玉之败，中期先有司礼太监黄赐、陈祖生之败，后有汪直之败，随即著名太监怀恩亦败。内廷斗争相当激烈。这一时期对政治造成较大破坏的，主要是由方士构成的佞幸，而引进方士者亦皆好术的佞幸内官，如梁方、韦兴、陈喜、钱义等，他们都以宝货和方术得宠，害政不以其所居之官，而以其近倖的身份。

成化朝“宦官政治”的特点从孝宗初的群臣建言中可见一斑。这些谏议主要集中在两方面：一是以“复旧制”的名义，要求裁革成化间泛设滥增的内官员额，主要是各地镇守、守备等项内臣，以为“革监军之号则兵之积弊去矣”；至于存留标准，或以天顺元年为准，或以正统间为例。一是严厉抨击由于宫廷多欲而导致的各处“内外镇守官员”，尤其是“镇守、守备内官，征敛民财，远市珍异花鸟进贡，络绎于道”的现象。① 值得注意的是，虽然“禁近习”“处内官”之议不少，但一概禁其干政的言论非常少见，即有之，也常被视作“浮泛难行”。同时，请司礼监与内阁共理机务的言论诉诸奏牍而人不以为怪。官员们一面弹劾几个“奸邪乱政”的内臣，一面又推荐“迴出同辈，忠清守法”者如司礼太监怀恩等“在位之臣”，曰内臣“恃势纵横”者当取回，而“安静忠谨者”亦“宜奖劝之”。这表明随着各项制度的规范和完善，宦官作为体制一部分的合法性已得到现实承认，“三元二轨”体制正式确立。

孝宗初，在革除前朝弊政上主要做了两件事：一是因内官滥升及传奉官之弊，将内官论年递降。二是清理包括内官在内的畿内庄田，对赐与内官的田亩及其继承做出具体规定。但由于弊根未除，未久复开乞升之渐，又开传奉之路；滥升内官、滥赏蟒衣庄田，弊复如初。弘治朝“宦官史”的特点与成化相似，官愈冗，费愈增，传奉之习寖盛。唯孝宗晚年颇思振作，命查奏裁革腾骧等卫冒滥勇士及坝上马牛等房钱粮，然功未就而寿不永，孝宗遽尔崩逝，所议乃入于遗诏中行之，然“（内官）盘踞成窟

① 《明孝宗实录》卷六，成化二十三年（1487年）十一月己酉，107至110页。

穴,其议遂寝”,[1]所谓“诏墨未干,悻门复启”。接下来是宦官乱政的正德朝。

正德之初,先有“八党”,随之“刘瑾用事”,五年(1510年)八月刘瑾诛,然宦官之势不挫,有谓“一瑾死,百瑾生”者。正德时期宦官乱政主要有两大特点:一是“恩礼滥施”,多“前此所未有者”,[2]如内臣父母赠官、内臣父见在授官,以及内官子弟以荫得爵,皆前朝所无。二是在外镇守内官积极扩张权力,请求“便宜”之权,运动改敕。都是对旧制的严重破坏,因而遭到廷臣的极力反对,朝廷之上,政争颇为激烈。刘瑾当国时,阁部大臣颇有依附者,此为“阉党”之始。

然自刘瑾之后,真正得宠专权者,并非司礼监太监,而是佞幸,如武臣钱宁、江彬,优人臧贤等,内官多贿钱宁以营求出镇,江彬在正德末年更是煊赫一时,十四年(1519年)八月兼领东厂、锦衣卫,“自是中外大权皆归于彬矣。”[3]

自正统以来,朝政运作方式发生了根本转变,皇帝不再公朝理政,大政决策走向后台,这使司礼监稳定地保持了对政治的影响力,从而为某些特殊时刻“专权”宦官的出现提供了温床。景泰以后,宦官作为一种制度,衙署散布全国各地,文臣在地方的统治也得到稳固,在包括宦官在内的各项体制逐渐调整规范的同时,内外官员之间的矛盾与摩擦也在发展。宦官在获得统治阶层合法地位的同时,也遭到愈来愈强烈的制约,他们与有司的斗争,其实是对束缚的反抗。这一斗争对三元体制起到了破坏作用,也加剧了对它的恶感。据此,正统到正德的五朝可通入一期。

四、嘉靖至万历晚期又为一期。

世宗以外藩入继,给明朝政治带来许多新的气象,裁撤各地镇守、管

---

① 《明武宗实录》卷四,弘治十八年(1505年)八月辛未,138至139页。

② 《明武宗实录》卷三十一,正德二年(1507年)十月丁酉,782页。

③ 《明武宗实录》卷一百七十七,正德十四年(1519年)八月壬戌,3443页。

事，以及京营提督、坐营内官等，所谓“朝野吐气”，[1]都使宦权呈现出低迷萎缩的状态。总体而言，“三元二轨”体制在地方上已告解体（除了部分要地）。

嘉、隆、万之际，宦官制度变化的一个重要特点，就是近侍官与司礼监的权力加强，常兼监局之印，完全打破内府衙门平衡的旧制，尤其是司礼监收揽了东厂厂权，“内相”地位进一步巩固。这一变化与大学士权力加强、内阁职权庶府化是相表里的，而内阁与司礼监在内朝密切的协作关系在这一时期也表现得最为突出。

五、万历二十四年（1596 年）遣宦官四出敛聚，至于明亡，以宦官史言之，此为最末一期。

明之亡国，以财政破产开其先声。明政府为了挽救濒于崩溃的财政，只好大施聚敛之术，而皇室为了满足自身的过度消费，开始与外廷争夺利源。朝堂之上聚讼纷纷，党争激烈，小人君子对立水火，神宗实际上已丧失了有效驾驭这部庞大的统治机器的能力，他最后干脆甩开外廷，径直遣内官出外聚敛，造成明朝历史上空前的政治动荡和民生痛苦，从根本上动摇了明统治的根基。

万历末年宦官为害，是以破坏正常的统治秩序为前提的。天启中期以后，一些罢废百年的稗政，如监军、出使等，又都死灰复燃。这样的局面是明末大崩溃的总形势造成的，并不取决于某位君王对宦官的态度。所以崇祯初以除魏阉、定逆案为功，不久辄反其所为，罢者复出，更以太监监督户、工二部部务，整顿漕运、盐法，内臣直驾乎外廷之上，比天启更有过之而无不及。值得注意的是，崇祯复用宦官，这一过程充满反复，宦官时遣时罢，显示了这位亡国之君异常无奈而矛盾的心理。

从这五个时期看，明代宦官史表现为一条波折的曲线：永、宣相对于洪、建，宦官势力一振，正统以来相对于永、宣，其势已抑，呈一个长期的平缓演进的状态。正德群阉乱政，也不过起了些小浪波。嘉靖以后，这条线

---

① 傅维鳞著《明书·宦官传一》。

颓然下滑，其长度与前一阶段近似。明朝最后五十年，这条线突然促急杂乱起来，浪花密集而多。此时虽有魏忠贤乱政，有启、祯二朝宦官的复出，但欲使那条曲线显出强有力的上挺态势，怎么说也嫌乏力。自嘉靖间裁撤天下内官衙门后，宦官再也没能恢复在统治体系的各个层级里原有的位置。

我们勾勒、解读的这条曲线，是不支持宦官亡国论的。